중국, 그 다양성 : 지역문화탐색

이인택 지음

UUP

중국, 그 다양성: 지역문화탐색

- 2022년 11월 10일 **초판 발행**
- **지은이** 이인택
- **펴낸이** 오연천
- **펴낸곳** UUP(울산대학교출판부) 680-749 울산광역시 남구 대학로 93(무거동) 울산대학교 출판부
- 전화 (052)259-2488 팩스 (052)277-3011 ▪ **홈페이지** http://uup.ulsan.ac.kr
- **출판등록** 제370-1996-000001호(1996.3.13)
- ₩ 21,000

이 저서는 2021년 울산대학교 연구비에 의해 연구되었음.

ISBN 979.11.6726.017.8 (03300)

들어가면서……

이웃 나라 중국은 모든 방면에서 큰 파도를 일으키며 우리에게 다가오고 있다. 중국은 현재 우리나라 최대 교역국으로서 경제 무역에 상당히 긍정적인 영향을 미치는 동시에, 정치, 외교, 국방, 문화의 영역에서는 갈등 국면을 불러일으키기도 한다. 이처럼 양국 간에는 빛과 그림자가 공존하는데, 간과해서는 안 될 부분은 긍정과 부정이라는 명과 암 모두 그 영향력과 파괴력이 크다는 점이다.

따라서 동반자이자 경쟁자인 중국에 대한 올바른 이해는 필수적이다. 중국의 본질을 파악하는 지름길은 중국의 사회 시스템 파악, 다양한 중국문화에 대한 올바른 인식, 그리고 그 문화를 형성하고 있는 중국인의 다양한 사유방식의 이해일 것이다.

본서에서는 우선 특색을 지닌 지역을 몇 개 선정하여 실크로드를 중심으로 한 문화, 시짱자치구와 티베트의 문화, 네이멍구자치구의 몽골유목문화, 윈난성과 구이저우성의 소수민족문화, 전통적인 중원문화로 나누어 소개한다. 이어서 중국 전체를 크게 남북으로 나누어 남방문화와 북방문화를 설명한다. 마지막으로는 또 하나의 중국인 타이완과 홍콩의 문화 및 중국 밖의 중국문화를 살펴보고자 한다.

본서는 8장으로 구성되는데, 1장에서는 중국 지역문화에 대한 인식과 이해에 관해 서술하고, 2장에서는 실크로드문화의 특징을 다룬다. 3장에서는 서부 티베트문화와 북부 네이멍구 유목문화를, 4장에서는 서부 소수민족과 쓰촨성 파촉문화를 다룬다. 5장에서는 중국 중원문화의 특징에 대해, 6장에서는 북방문화의 특징에 대해 설명한다. 이어서 7장에서는 홍콩과 타이완을 포함한 남방문화를 소개하고, 8장에서는 중국 밖의 중국문화로서 한국 속 차이나타운과 세계 속 차이나타운 문화를 다룬다.

2018년 교육부의 온라인 무료공개강좌인 KMOOC <중국, 그 다양성: 중국 지역문화 그리고 중국인>이라는 주제로 강의를 제작하고 강좌를 3년간 개설하여 수업을 진행하여왔다. 이후 관련 내용을 책으로 출간하는 것도 의미가 있다는 생각하고, 본서를 준비하게 되었다. 따라서 본서의 내용은 당시의 강의 원고 내용을 근거로 하고 있다.

그동안 필자가 출간한 『중국문화의 이해』, 『중일문화의 이해』, 『현대중국의 이해』, 『차이나개론』, 『문화여행중국어』, 『문화여행 차이니즈-남방편』 등에서 지역문화와 관련하여 서술했던 부분 중에서 일부를 발췌, 정리하여 보완하였음도 밝힌다.

본서의 출간 과정에 많은 도움을 받았다. 특히 편집과 교정 및 출판에 수고를 아끼지 않은 출판부에 감사드린다.

이인택

2022. 10. 10.

목차

제1장 서론: 중국 지역문화의 존재

1. 지역문화 존재에 대한 인식과 이해

광활한 대륙 중국! 무엇이 떠오를까? 중국에는 많은 사람이 여러 지역에 흩어져 있는데, 이들은 각기 다른 문화와 관습을 유지하며 살아가고 있다.

중국, 그리고 중국문화를 이해하려면 중국이라는 나라의 다양성과 함께 지역문화를 탐색하는 것이 필수적이다. 한족(漢族) 중심의 단일문화가 아닌 다민족의 다양한 다원문화(plural culture)라는 시각에서 중국을 들여다보아야 한다.

중국문화는 지역별로 그 특색이 다르다. 주류문화와 지역별 문화가 공존한다. 한족 중심의 문화와 소수민족자치구 등에 거주하는 소수민족이 형성해온 문화가 공존하고 있다. 중국의 인구는 14억 2천만 명 정도인데, 인구 구성을 보면 90-92%의 한족과 8-10%의 소수민족으로 이루어져 있다. 소수민족은 55개 민족으로서 전 국토의 64%를 차지하는 광시좡족(인구 1,600만)·시짱·닝샤후이족네이멍구·신장위구르 등 5개 자치구와 다수의 자치주에 주로 거주하며 나름의 문화유산을 잘 보존해오고 있다. 따라서 중국문화 전반을 제대로 이해하려면 중국의 지역별 문화 상황 및 특색을 탐색해야만 한다.

선사시대로 거슬러 올라가더라도 중국이 다민족의 다원문화 구조를 지니고 있음이 확인된다. 예를 들면 중국대륙에는 화하계, 동이계, 묘만계 등 다양한 민족들이 함께 거주하였다. 황하 문명, 양자강 문명, 요하 문명이 공존하면서 앙소문화, 대문구문화, 용산문화, 하모도문화, 마가빈문화, 홍산문화 등 다양한 문화권이 형성되었다. 그래서 서양학자 에버하르트는 "고대 중국에는 지방문화(local cultures)만이 존재하였다."라고 주장한다.

이처럼 중국은 고대로부터 현재에 이르기까지 다양한 지역문화를 유지해오고 있는데, 중국문화와 중국인을 올바르게 이해하고 그 본질에 접근해갈 수 있는 지름길은 바로 중국의 지역별 문화가 존재한다는 인식과 더불어 지역의 특성을 탐색하고 이해하는 일일 것이다.

2. 다양한 문화의 존재

1992년 한중수교 이후 장쑤성(江蘇省) 난징(南京)을 시작으로 중국 전역을 탐방하였는데, 얼마나 오랜 시간이 걸렸을까? 중국은 동서로 5,200km, 남북으로 5,500km로 나라 안에서도 4시간의 시차가 나고, 북한, 러시아, 몽골, 카자흐스탄, 키르기스스탄, 타지키스탄, 아프가니스탄, 파키스탄, 인도, 네팔, 부탄, 미얀마, 라오스, 베트남 등 십여 개 국가와 접하고 있는 큰 나라다.

(그림 1–1) 20여 년간 방문한 지역(깃발로 표시)

그래서 왕래한 지 20여 년이 지난 2015년이 되어서야 중국 전역에 대한 탐방을 마칠 수 있었다. 이 직접적인 탐방 경험을 통해 확인한 바는 바로 중국은 지역별로, 민족별로 다양한 문화가 존재하고 있고, 각각의 특질이 상당히 독특하다는 점이었다.

중국 탐방 중 겪은 특이한 경험을 소개하면 다음과 같다. 북쪽 산둥 쯔보 사람과 남쪽 후난성 단체여행을 한 적이 있는데, 쯔보사람이 식사를 하다가 불편함을 토로하는 것이다. 산둥에서는 면과 만두, 빵, 찐빵, 전병 등을 주식으로 먹는데, 남쪽 관광지에서는 주식인 쌀밥만 계속 나오니까 견디기 힘들었던 모양이다. 외국인인 필자보다 남방의 식습관이 익숙하지 않은 중국 북방인을 보면서 지역 간 문화 이질감이 외국 문화만큼 크다는 점을 느끼게 되었다.

중국은 지역별로 광둥어, 민난어 등 발음 체계와 성조가 다른 방언이 많고, 표준어를 사용하더라도 억양이나 악센트가 달라서 의사소통에 문제가 발생하기도 한다. 예를 들어 표준어인 푸퉁화로 1에서 10까지의 숫자를 '이, 얼, 싼, 쓰, 우, 류, 치, 바, 주, 스'라고 발음하는데, 광둥어로는 '얏, 이, 삼, 세이, 윰, 록, 찻, 밧, 가오, 삽', 민난어로는 '제, 노, 사, 시, 고, 락, 칫, 베이, 카오, 잡'으로 발음한다,

특히 서남부 윈난성 리장에 거주하는 소수민족 나시족은 중국어 외에 자신들만의 고유 언어와 동파문이라는 완전히 다른 상형문자를 보존하며 사용하고 있다.

택시 승차 후, 한국인끼리 한국어로 이야기하면 기사는 어느 나라에서 왔냐고 묻지 않고, 어김없이 어느 지역에서 왔냐고 묻는다. 워낙 서로 알아듣지 못하는 방언이 많으니, 생김새가 비슷하면 이처럼 중국인으로 여기고 어느 지역 사람인지를 묻는 것이다.

3. 지역별 기질 차이

중국 대륙은 워낙 면적이 넓고 지형과 토양 및 기후가 다양해서 체형이나 기질 역시 지역별로 차이가 난다. 체형과 외모를 비교해 보면, 북방인은 기골이 장대하고 치아 골격이 넓은 편인 데 비해, 남방인은 체구가 다소 왜소하고 치아구조가 좁은 편이다. 음식 면에서도 북방인은 만두와 면 같은 밀가루를 주식으로 하고 다소 짠 맛을 선호하는 데 비해, 남방인은 쌀을 주식으로 하며 달콤한 맛을 선호하는 편이다.

동북지역 사람은 청나라 말에 산둥인이 많이 유입하면서, 그 영향을 받아 기질이 산둥인과 상당히 흡사하다. '산둥출호한(山東出好漢)'이라는 말이 있을 정도로 산둥인은 호한(好漢) 기질이 강하다. 그래서 동북인은 돈보다는 의리와 우정을 중시하는 중의경리(重義輕利) 사고가 강하다. 성격이 호탕하고 친구라면 물불을 가리지 않고 나서며, 손님을 대접할 때는 인사불성이 되도록 술을 권하고 마

시면서 우정을 쌓아간다. 술을 마시지 않으려 하는 사람에게는 친구답지 못하다고 여기며 사업상 도움을 주지 않으려는 경향도 보인다.

동북인은 동북 호랑이답게 용맹하고 호방하며 싸움을 즐기기에 다소 거칠다는 평을 받기도 한다. 음식은 큰 그릇에 담아 큰상에 차려놓고 먹는다. 또한 형식적인 체면에 신경을 많이 쓰는 편이다. 공맹 사상을 이어받은 산둥인과 그 후손에 해당하는 동북인은 예절과 절차를 많이 따지기 때문이다. 북방인에게서 소위 대륙적 기질을 발견하기는 어렵지 않지만, 변화무쌍한 기후 영향 때문인지 간혹 변덕스러운 경향성을 보이기도 한다.

반면 남방인은 체면을 따지기보다는 목적 달성을 위해 실리를 추구하는 편이다. 생존본능이 강하며 장사꾼들은 특히 지략적이고 돈을 벌어도 내색을 하지 않는다. 신의와 우정 그리고 호탕함을 추구하는 북방인에 비해 좀 더 계산적이고 경제적이며 이재에 밝고 총명한 머리를 지니고 있다. 남방인 특히 상하이인은 돈을 위해서는 친구를 배반할 수 있다고 말하기도 한다. 돈 버는 재주에 있어서는 확실히 남방인을 당할 수 없다.

그래서 북쪽에서 정치가와 장군이 많이 나오는 반면, 저명한 기업인이나 상공인, CEO 그리고 과학자는 남방 출신이 많다. 남방인은 비판력은 뛰어나지만, 의지력이나 통솔력이 부족하여 역사적으로 역대 왕조의 제왕들은 모두 북방 출신들이 차지해왔다. 북방인은 언어표현이 비교적 직설적인 데 반해 남방인은 다소 함축적이다. 술도 강권하지 않고 마시고 싶은 만큼 마시도록 한다.

비교적 보수적인 북방인에 비해 남방인은 개방적인 편이다. 특히 여성들의 사고방식을 보면 이러한 차이가 더욱 두드러진다. 젊은 청춘 남녀가 데이트 모습을 보더라도 남방 쪽이 훨씬 개방적이고 대담함을 볼 수 있다. 그들의 개방성은 아열대의 열정과 다혈질 기질과 관계가 있다고 볼 수 있다.

홍콩이나 마카오 주민들의 기질은 일반적인 남방 기질에 해당하지만, 동시에 영국이나 포르투갈의 영향을 받아 개방적이면서도 합리적인 측면이 강한 편이다. 경제 감각이 뛰어나지만 다소 인정이 부족한 측면도 있다.

또 하나의 중국인 타이완의 경우 약간은 다혈질적인 측면이 강하고 경쟁 심리도 강하며 민족 자존감이 강하기 때문에 자신들에게 부정적인 이슈가 제기되면 합심하여 강력하게 항의하고 저항하는 기질이 있다. 최근에는 지속적인 계몽과 교육의 영향으로 공중도덕심이 향상되고 친절한 모습이 돋보이는데, 이러한 측면은 강점으로 주목받고 있다.

현실적인 북방인과 달리 남방인은 종교적인 경향이 강하다. 광둥을 포함한 강남 지역과 타이완에서는 예로부터 도가사상, 샤머니즘, 조상신, 토지신, 재물신, 바다신 숭배와 같은 전통적인 민간신앙이 깊게 뿌리내려있다. 그래서 상점이나 식당, 또는 집안에 제단을 모셔놓고 향을 피우는 모습을 어렵지 않게 볼 수 있다.

(그림 1-2) 남방 일반 기업체의 민간신앙 의식

반면, 북방에서는 이러한 민간신앙 숭배 모습을 보기가 쉽지 않다. 북방인은 전통적으로 공자의 유가 사상 영향을 받아 내세의 평온보다는 현세를 중시하고 현실적이기 때문에 종교적 색채가 남방처럼 강하지 않다. 사람이 신이 될 수 있고, 신도 사람이라는 생각을 하고 있으며 신보다는 도덕, 인격, 인간성을 중시하는 경향이 강하다.

(그림 1-3) 남방의 식당 내 제단

중국의 지역 색깔과 지역감정은 우리와 또 다른 독특한 측면이 있다. 우리나라는 면적이 좁은 한반도라는 지리적 특성상 지역별로 색깔이 존재하기는 하지만, 그리 복잡하지 않고 단지 해묵은 지역 정서 차이 정도가 있을 뿐이다. 하지만 중국의 경우에는 넓은 대륙이라는 지리적 특성과 역사 배경 때문에 지역 정서가 복잡하게 나타난다.

예를 들면 산둥사람을 위시한 대다수 중국인은 허난성 출신 사람을 별로 좋게 보지 않는 경향이 있고, 상하이사람에 대한 평가도 낮은 편이다. 쑤저우사람에 대해서는 점잖고 온건하다고 평하며 후한 점수를 준다. 서울에 가면 코도 베어간다는 말처럼, 중국에서는 베이징사람이 다른 지역 특히 남방에서 온 사람을 무시하고 바가지를 씌우는 경향이 강하다는 얘기들을 한다. 특히 난징사람의 베이징사람에 대한 경계가 심한데 역사적으로 북방과 남방 간에 잦은 갈등과 충돌로 인한 앙금도 그 원인 중 하나일 것이다. 이밖에 소수민족의 한족에 대한 반감도 심한 편이다.

정치적으로도 특정 지역 출신이 정권을 잡으면, 그 지역 인사를 많이 등용한다. 그래서 상하이 근처 양저우(揚州) 태생으로 상하이

쟈오퉁대학(交通大學) 출신인 장쩌민이 집권할 때는 상하이파라고 하는 그룹이 형성되어 권력의 핵심을 차지하였다. 시진핑 역시 2012년부터 총서기와 국가주석에 오르면서 지금까지 그가 근무했던 저장성과 푸젠성의 인맥들을 전면에 배치하고 있다. 이처럼 출신 지역과 권력은 밀접한 관계성을 가지고 있다.

4. 지역문화의 유형 분류

일반적으로 중국의 영토는 6개 구역 즉 동북, 화북, 화중, 화남, 서북, 서남으로 나눌 수 있다. 동북은 랴오닝성, 지린성, 헤이룽장성, 화북은 베이징, 톈진, 네이멍구자치구, 산둥성, 산시성, 허베이성, 허난성, 화중은 상하이, 장쑤성, 안후이, 후베이성, 저장성, 화남은 푸젠성, 장시성, 후난성, 광둥성, 광시좡족자치구, 하이난성, 홍콩, 마카오, 서북은 산시성, 간쑤성, 칭하이성, 신장위구르자치구, 닝샤후이족자치구, 서남은 윈난성, 구이저우성, 충칭, 쓰촨성, 시짱짱족자치구로 분류된다.

하지만 이상의 6개 지역군으로 나누어 지역문화를 논하기에는 지역별 특성이나 차이점이 크게 드러나지 않는다는 단점이 있다. 여기서는 중국의 다양한 지역별 특색을 좀 더 구체적으로 드러내기 위해 다음의 몇 가지 유형으로 나누어 서술하고자 한다.

우선 시안에서 출발하는 실크로드문화에 대해 알아본다. 당시 당나라 수도이자 국제도시였던 장안(현 시안)은 실크로드의 출발지이자 종착지로서 중국 진, 한, 수, 당의 주류문화의 역사가 압축되어 있으며 동시에 페르시아가 기원인 후이족(回族)의 문화가 공존하는 복합문화 도시다. 실크로드를 따라 서쪽으로 가면 간쑤성 란저우가 나타나고, 다시 서쪽으로 하서주랑을 따라가면 서역으로 통하는 둔황이 나온다. 둔황 막고굴은 불교문화가 천여 년의 교류를 거치면서 찬란하게 꽃을 피운 곳이다. 또다시 서쪽으로 가면 과거 서역에 속했던 신장위구르자치구의 투루판과 우루무치, 카스와 허톈(호탄)의 위구르족 이슬람문화가 새롭게 펼쳐진다.

다음은 서부지역 티베트문화와 북부지역 네이멍구유목문화에 대해 알아본다. 중국의 서쪽 끝에 위치한 시짱짱족자치구는 짱족(藏族) 즉 티베트인의 자치구다. 과거에는 토번국이라는 강성한 나라를 건립하였으며, 성도인 라싸는 티베트불교인 라마교의 성지로서 종교와 생활이 일체가 되는 문화를 지닌 도시다. 티베트 종교와 역사, 그리고 그들의 건축양식과 음식 및 독특한 장례문화가 특징이다.

일명 내몽골I(nner Mongolia)로 불리는 네이멍구자치구에서는 몽골족의 유목문화 생활방식이 그대로 남아있다. 이 지역에는 흉노족, 동호족, 선비족, 오환족, 거란족, 타타르족 등 북방 유목민족의 유물도 많이 보존되어 있다. 몽골족의 거주 양식인 몽고포(게르), 돌산인 어보, 전통복장, 몽골어, 마두금과 같은 민속악기, 민요 오르팅도르와 흐메, 영웅서사시 게세르와 장가르 등 다양한 유목문화 유산들이 남아있다.

이어서 중국 서남부 소수민족문화에 대해 알아본다. 우선 윈난성의 이족, 바이족, 나시족의 문화 특징과 함께, 구이저우성 먀오족 문화의 특징을 살펴본다. 또한 광시좡족 및 기타 소수민족문화의 특징과 윈난성과 이웃한 쓰촨의 독특한 파촉문화에 대해 알아본다.

다음으로 중국의 전통적인 중원문화에 대해 알아본다. 고도(古都) 안양, 뤄양, 카이펑이 있는 허난성과 허베이성의 중원문화 역사와 특징을 살펴본다. 중원지역과 관련이 있는 신화 고사를 들여다봄으로써 중원역사의 발자취도 탐색해 본다. 과거 춘추전국시대에 강국 제나라가 있었고 공자의 고향 노나라 취푸가 있는 산둥지역의 유가사상과 제로문화 및 산둥 방언에 대해서도 알아본다.

다음은 중국을 크게 남북으로 나누어 북방문화와 남방문화에 대해 포괄적으로 서술하고자 한다. 북방문화 중에서 우선 베이징과 동북 3성의 역사문화를 알아본다. 베이징의 800년 역사, 사합원이나 후퉁 같은 베이징의 문화와 베이징인의 기질 등을 알아본다. 동북 3성의 역사문화와 함께 우리나라와의 역사 관계 등을 알아본다. 불교문화의 보고인 산시성과 안후이성, 후베이성 문화와 칭하이고원과 동티베트 문화, 닝샤후이족자치구의 소수민족문화에 대해서도 알아본다.

중국의 남방문화 중, 광둥성과 특별행정구인 홍콩의 광둥요리 및 광둥어 등에 대해 다룬다. 이어서 장쑤성, 저장성의 강남문화와 장시성, 푸젠성 그리고 후난성의 남방문화 이모저모를 살펴본다. 또 하나의 중국인 타이완의 폴리네시안 계열인 원주민문화와 남방 푸젠성의 민난(閩南)문화 및 중국 대륙문화와 일본문화가 결합한 복합문화 특징을 살펴본다. 마지막으로 한국 속 중국문화와 세계 속 중국문화의 면모를 살펴본다.

5. 한 · 중 교류와 지역문화

그동안 우리는 이웃 중국과 역사 지리적으로 밀접한 관계를 맺으며 지내왔다. 선사시대 알타이어계, 동이계 문화의 대륙 내에서의 영향, 병자호란, 독립운동과 임시정부 지원, 한국전쟁, 1992년의 수교, 역사왜곡갈등, 사드갈등과 관계복원, 신종 코로나바이러스-19와 반중 정서 등 양국 간에는 명과 암이 공존하며, 서로에게 상당한 영향력을 미쳐왔다.

한중수교 30년간 교역량은 33배로 껑충 뛰면서 중국은 우리나라의 최대교역국이 되었다. 사드갈등으로 인한 경제교류 급냉으로 28조 원의 손실을 보기도 하였고, 2022년 상반기에는 무역 역조현상도 발생하였다. 이웃 중국은 우리에게 부정적 영향도 크고 긍정적 영향도 크다.

그래서 이웃이고 동반자이며, 경쟁자인 중국에 대한 지속적이면서도 올바른 이해는 필수적이다. 중국의 본질을 파악하는 지름길은 중국의 사회제도를 파악하고 다양한 중국의 지역문화 존재에 대한 인식과 함께 그 문화 속에 담긴 중국인의 다양한 사유방식을 이해하는 것이다.

(그림 1-4) 1992. 8. 24 한중수교

제2장 | 실크로드문화[1]

1. 시안에서 출발하는 실크로드문화

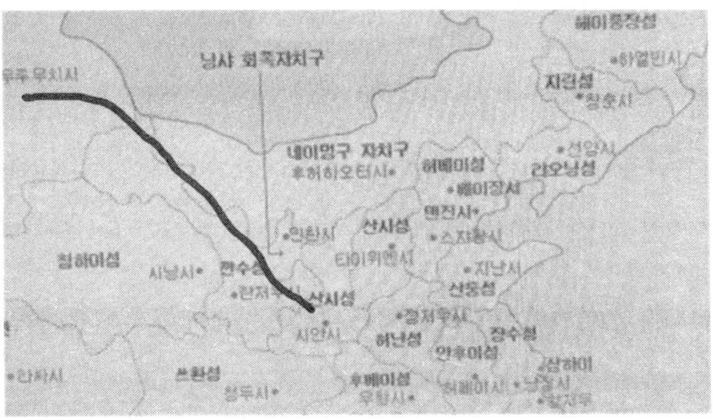

(그림 2-1) 실크로드

---

1) 실크로드는 약 7,000km에 이른다. 기원전 2세기부터 15세기까지 약 1,700년간 존재하였다. 실크로드가 최초로 기록된 문헌으로는 후한 반고의 『한서(漢書) · 서역전(西域傳)』이 있고, 그리스 프토레미(Ptolemy)의 『지리지』가 있다. 실크로드라는 말은 19세기 말 독일의 지리학자 리히드포 펜이 처음으로 부르기 시작하였다.

시안에서 출발하는 실크로드 문화 기행을 시작해보자. 시안은 주무왕이 도읍으로 정할 때는 호경(鎬镐), 진시황이 도읍으로 정할 때는 함양(咸陽)으로 불렸다. 명나라 이후에는 줄곧 평안하다는 뜻이 담긴 장안(長安)이라 불렸다. 서주, 진, 서한, 서위, 북주, 수, 당 등 10여 개 왕조가 1,100년을 다스린 수도이기도 했다. 시안은 북으로 네이멍구, 서로 간쑤성, 동으로 산시성, 남으로 쓰촨성과 접해있는 교통의 요지이며, 실크로드의 출발지이자 종착지인 국제도시였다.

실크로드가 개척될 당시인 한나라 시절, 그리고 실크로드를 통한 서역[2]과의 무역과 문화교류가 가장 활발했던 시기인 당나라 시절, 실크로드문화는 진시황의 병마용, 당나라 성곽과 화청궁 등으로 대표되는 중국 역대 왕조의 주류문화와 융화하면서 크게 번성한다.

1) 후이족문화와 불교문화의 공존

11만 점의 문물이 보관된 시안의 산시성박물관에는 당나라 시절 서역과의 교류 활성화로 탄생한 화려한 색을 머금은 당삼채(唐三彩) 유물이 진열되어 있다.[3] 당시 당나라는 북방계열 혈통이었기 때문에 개방적이고 진취적인 사고 속에서 외부와의 교류와 문화 수용에 적극적으로 임했다.

그들의 개방적 기질은 화려한 당나라 옷(唐裝)에서 나타나고 당나라의 가무 모습을 재현한 방당가무(仿唐歌舞) 공연에서도 엿보이며, 역사적으로도 측천무후와 양귀비 등 왕족 가문의 개방적 결합

2) 서역이란 간쑤성 둔황 서남쪽 양관과 서북쪽 옥문관의 서쪽 지역을 일컫는데, 넓은 의미의 서역은 중앙아시아, 서남아시아, 인도, 유럽 동부와 아프리카 북부까지 포함된다.

3) 서울의 국립중앙박물관 내부에도 당삼채가 전시되어 있다.

에서도 나타난다. 당시 시안의 분위기는 자유롭고 활기차면서 화려하였다. 장안성의 구조 그리고 문학작품에 표현된 당시의 사회상을 보면 역동적인 도시였음을 알 수 있다.

(그림 2-2) 국립중앙박물관 내 당삼채

(그림 2-3) 시안 후이족 거리

지금도 시안 시내에 위치한 후이족 거리에 가면 당시 페르시아, 즉 이란 지역에서 이주해 와 정착한 후이족이 흰 모자나 히잡을 두르고 자신들의 문화를 지키며 생활하는 모습을 볼 수 있다. 여기서는 양고기구이와 양고기를 재료로 만든 양러우파오모(羊肉泡饃)와 뱡뱡멘, 식사 후 어김없이 나오는 손으로 빚은 칼국수 과멘(掛面) 등 특산요리를 맛볼 수 있다.

2,200여 년 전 진시황 시절로 거슬러 올라가 보자. 그의 지하무덤 앞을 지키던 병마용갱에서 출토된 병용(兵俑)의 얼굴에서도 서역인이나 흉노족 등 이방인의 모습을 쉽게 목격할 수 있다. 실물과 비슷하게 병용을 표현했다는 사실에 비추어 볼 때 당시 서역 지역과의 교류가 상당히 빈번했음을 확인할 수 있다.

한편 시안에는 당나라 시절에 실크로드 남쪽 길을 따라 인도로 불경을 구하러 간 현장법사의 발자취와 불교 관련 유적도 남아있다. 서역을 거쳐 천축국 즉 인도의 뇌음사에서 불경을 구하여 시안으로

(그림 2-4) 진시황 황동마차

(그림 2-5) 시안 병마용

돌아온 현장법사는 『삼국연의(三國演義)』, 『수호전(水許傳)』, 『금병매(金瓶梅)』와 함께 4대 기서로 꼽히는 『서유기(西遊記)』에서 삼장법사로 묘사되고 있다. 현장은 자은사에 머물며 657부의 산스크리트(범문) 불경과 불상을 보존하기 위해 사찰 내에 대안탑(大雁塔)을 세운다. 대안탑은 지금까지 잘 보존되어 있으며 현장의 발바닥 지문도 남아있다. 현장은 후에 법상종을 새로 세우기도 한다.

자은사에는 현장의 제자인 신라 출신 승려 원측의 위패도 세워져 있다. 원측은 경전 번역 사업에 매진했던 인물로서, 우리가 잘 아는 『서유기』 소설 속에 등장하는 손오공의 기원이 바로 고대인도 신화 속 하누만 또는 중국 신화 속 기(夔)와 함께 원측이라는 설도 전해진다.

2) 중국의 실크와 실크로드 역사

실크로드문화를 좀 더 탐색하기 위해 중국의 실크와 실크로드(Silk Road, 絲綢之路) 역사에 대해 잠시 살펴보자.

양잠업의 발원지이자, 세계 최초로 견직업을 시작한 나라는 바로 중국이다. 1958년 저장성 우싱(吳興)의 첸산(錢山) 신석기 유적지에서 발굴된 탄화된 비로드와 비단 조각을 측정한 결과 약 4,750년 전의 것으로 밝혀졌기 때문이다. 은허에서 발굴된 갑골문에 '상(桑)'자가 존재한다는 사실도 3,300년 전인 은나라 때 이미 뽕나무를 심고 누에치는 일이 이미 보편화되었음을 말해준다. 은나라 시절, 여러 청동기 표면에는 견직물의 흔적이 남아있다.

(그림 2-6) 뤄양의 현장법사 생가

『시경』에 나오는 양잠, 물레질, 염색 등의 기록은 주나라 때 견방직업이 한층 발달했음을 보여준다. 『시경 · 위풍』의 첫 두 구절에 표기된 "맹지치치(氓之蚩蚩), 포포무사(抱布貿絲)"를 풀이하면 "그 사내 얼굴 가득 웃음 띠고, 천을 안고 견사를 바꾸러 오네."라는 뜻으로, 견직물이 이미 중요 상품으로 자리했음을 보여주는 구절이다.

춘추전국시대에는 견방직업이 매우 발달하여 제나라는 '문채포백(文采布帛)'으로 세상에 이름을 날렸다. 초나라 무덤에서는 마름모무늬의 비단 조각과 '봉(鳳)'이 수놓인 견직물이 발견되기도 하였다. 중국 비단은 그리스에까지 팔려, 그리스는 중국을 사이리스라고 불렀다. 그리스의 사학자 사니아스는 "사이리스인은 명주실을 짜서 사용한다. 이것은 식물에서 나온 것이 아니다. 그 나라에는 벌레가 있는데 사이리스인은 겨울과 여름 두 계절 동안 많은 우리를 지어 그것을 기른다. 벌레가 토하는 실은 가는 실과 같아서 여러 번 감으면 충분히 사용할 수 있다."고 말했다는 기록이 있다.

1972년 후난성 창사의 한나라 마왕퇴(馬王堆) 무덤에서 백여 가

(그림 2-7) 마왕퇴 비단옷

지의 '견(絹)', '라(羅)', '사(紗)', '금(錦)', '기(綺)' 등 다양한 견직물이 대량으로 발견되었다. 색상은 자색, 진홍색, 회색, 붉은색, 짙은 갈색, 연황색, 청색, 녹색과 흰색이며, 짜기, 수놓기, 그리기 등의 방법으로 동물, 구름, 풀 등의 도안을 만들었다. 그 가운데 '사(紗)'로 만들어진 홑옷은 길이가 128cm, 소매 길이가 190cm인데 비해 무게는 겨우 49g에 지나지 않아 실로 '박여선익, 경약연무(薄如蟬翼, 輕若烟霧)'라 일컬었다. 이는 한대의 비단제조 기술이 놀랄만한 경지에 이르렀음을 설명하는 것이다.

한나라 때에 견방직은 가장 중요한 수공업으로 자리 잡으면서 규모가 커지고 품종이 다양해졌다. 수도 장안(시안)과 산둥의 린쯔(臨淄)는 전국 방직업의 중심지로 이름을 얻었고, 각각 천명 이상의 공인들이 전문적으로 고품질의 견직물을 생산하여 황실의 수요를 담당하였으며, 이 견직물은 중앙아시아와 로마제국에도 팔려나갔다.

한 무제에 이르러서는 흉노의 침범을 격퇴하고 서한에서 서역으로 통하는 길을 열었다. 한 무제는 두 차례에 걸쳐 장건을 서역으로 파견하여 중국과 중앙아시아 및 서아시아의 관계를 강화하면서 실크로드를 개척하였다.[4] 따라서 실크로드의 실질적인 개척자는 서한 장건인 셈이다.

4) 한 무제의 묘 무릉(茂陵)은 시안에 있다. 한 무제 때 중국은 한족 중심의 중화 내셔널리즘이 꽃을 피우고 유가사상이 경국 이념으로 자리매김한다. 현재의 중국인들은 한 무제를 정통 왕조의 꽃을 피운 인물로 숭상하며 한무제 관련 드라마나 한 무제라는 이름의 술도 유행할 정도로 그에 대한 애정이 각별하다.

실크로드는 바로 장안에서 시작하여 하서주랑(河西走廊)을 통과하여 둔황을 지난 후 남북 두 갈래로 나뉜다. 천산산맥 북쪽 기슭을 따라 투루판, 우루무치를 지나 옛 오손국, 강거(康居, 카자흐스탄과 우즈벡 지역)와 대완(大宛, 타슈켄트)을 거쳐 가는 길을 천산북로라 칭하고, 천산산맥 남쪽과 타클라마칸사막 북쪽을 따라 옛 소륵(疏勒, 카스)과 구자(龜茲)를 거쳐 파미르고원을 지나 대월지국과 대하(大夏, 현재 아프가니스탄) 및 이란에 이르는 길을 천산남로라고 부른다.

또한 둔황에서 옛 누란(하미)과 우전국(于闐, 호탄)을 지나 곤륜산맥 북쪽을 지나는 길을 서역남도라고 칭한다. 남북으로 나뉜 두 길은 말리에서 만나 카스피해 동남부와 바그다드 남쪽을 지나 서쪽으로 지중해에 이른 후 다시 로마제국 각지로 전달되었다. 한나라 이후 천여 년간 대량의 중국 비단제품이 이 길을 지나 서역으로 운반되었기 때문에 실크로드라는 명칭이 생긴 것이다.

(그림 2-8) 실크로드 천산북로, 천산남로, 서역남도

실크로드 개척 이후, 다른 나라와의 경제와 문화 교류가 크게 촉진되었으며, 실크로드에는 무리를 지어 대상들과 우호 사절이 끊임없이 서로 왕래하였다. 중국의 비단이 중서아시아와 로마 등으로부터 진귀한 물품으로 간주되었고, 그밖에 주철과 착정 기술 또한 서방으로 전해졌다.

그리고 서역의 포도, 호두, 석류, 개자리, 잠두콩, 참깨, 오이 등의 식물이 끊임없이 동쪽으로 옮겨 심어졌다. 서역의 좋은 말과 낙타, 그리고 기이한 금수들과 진귀한 모직품 또한 내륙으로 전해졌다. 장건이 두 번째 서역 사절을 마치고 돌아올 때 대완국 사자가 데려온 로마 마술사는 "칼을 삼키고 불을 토하며, 씨앗과 나무를 심고 사람과 말을 죽일 수 있었다."라고 하였다.

중앙아시아의 여러 악기, 악곡, 춤, 조각, 회화 등 예술도 계속해서 중국으로 전해졌다. 예를 들면 비파는 이라크, 태평소는 터키, 호금은 중동에서 들어오면서 중국문화예술 발전을 촉진하는 계기를 만들었다.

실크로드는 아시아, 유럽, 아프리카 여러 나라의 우호 왕래의 길이었으며, 중국, 갠지스, 페르시아, 그리스 문화를 연결하는 중요한 길이었다. 실크로드 지역에서 출토된 문서와 책은 십여 종의 문자로 이루어져 있는데, 한자와 투루판, 돌궐, 몽골, 서하(티베트 계열 당항족, Tangut) 문자들 외에도 그리스, 페르시아, 아랍, 시리아 문자도 있다. 그래서 계림(季林)은 『희간신강석굴벽화전람(喜看新疆石窟壁畫展覽)』에서 "고대세계의 여러 큰 문명들이 모두 여기에 다 모였네."라고 하였다.

보충설명

• 측천무후

시안 비림에는 아무 글자도 새겨져 있지 않은 비석인 무자비(無字碑)가 있다. 중국의 여황제 측천무후를 기리는 비석인데, 그녀의 행적이 비석에 담을 수 없을 정도로 너무 많아 글자 없이 세웠다는 설이 있을 정도로 그녀는 중국 역사의 한 페이지를 장식한 인물이다.

(그림 2-9) 시안 무자비

중국에서는 우쩌텐(武則天)으로 불리는 측천무후는 14세의 어린 나이에 태종의 후궁이 되었지만, 태종이 죽은 후 비구니가 된다. 고종이 등극하면서 아버지 후궁이었던 그녀를 궁궐에 다시 불러들였는데, 이후 그녀는 황후와 소숙비를 제거하고 황후 자리에 오른다. 자신의 권력 유지를 위해 4명의 친자식 중 두 아들을 죽이고 나머지 두 아들은 폐위시키면서 대권을 장악하고 스스로 황제에 올라 국호를 주(周)라 칭하고 뤄양으로 도읍을 옮기는 무주혁명(武周革命)을 일으킨다. 중국 역사상 최초의 여황제이자 67세의 최고령 황제로 등극하였다.

이후 유폐했던 셋째 아들 중종을 다시 황제로 앉히고 50여 년간 권력을 휘둘렀던 그녀는 82세의 일기로 세상을 마친다. 현재 그녀와 고종을 합장한 묘인 건릉(乾陵)이 남아있다. 그녀에 대한 평가는 엇갈리고 있다. 정적들을 무자비하게 숙청하고 아들들까지 죽이며 권력을 유지했고 남성 편력이 있었다는 점에서 부정적 평가가 내려지기도 하고, 과거제를 실시하여 인재를 골고루 등용하였고 고구려를 멸망시키고 국력 신장을 꾀하였으며 곡물 저장을 통해 민생에 힘썼다는 점에서 긍정적 평가가 내려지기도 한다.

• 시안 병마용과 진시황

시안은 과거 진나라 도읍지로서 당시에는 함양(咸陽)으로 불렸다. 13세에 왕위에 올라 23세에 친정을 시작하고 38세에 천하를 통일한 진시황은 50세까지 통일왕조의 황제로서 권세를 누리다가 사후 이곳에 묻혔다. 그만큼 시안과 진시황은 떼려야 뗄 수 없는 관계다.

진시황 관련 유적으로는 진시황병마용박물관(秦始皇兵馬俑博物館)을 들 수 있다. 세계 8대 기적의 하나인 병마용은 양(楊)씨 성을 가진 농부에 의해 우연히 발견되었다.[5] 1974년 봄 양씨는 가뭄에 대비하기 위해 마을 남쪽에 우물을 파던 중 무언가가 곡괭이에 부딪히며 이상한 소리가 났다. 그 소리에 놀라서 계속 파 보니 물이 아니라 갑옷을 입은 토인이 나타난 것이다. 이와 함께 구리, 놋쇠, 활촉 등도 나왔는데, 이것이 바로 세상을 놀라게 한 2,200여 년 전에 만들어진 진시황병마용이다. 사람과 말의 실제 크기로 제작된 병용(兵俑), 마용(馬俑)이 약 7,400여 개 발굴되었다.

당국은 시안에서 37㎞ 떨어진 린퉁(臨潼)현 동쪽에 있는 이곳에 박물관을 건립하고 진시황병마용박물관으로 명명하였다. 1, 2, 3호 세 개의 갱에 건물이 지어졌는데, 총면적은 22,780㎡이다. 이곳은 남쪽에는 여산(驪山)이 있고 북쪽에는 위수(渭水)가 흘러 풍수지리학적으로 기세가 웅장하다는 평을 받는다.

1호 갱은 제일 큰 갱으로서 깊이가 5m, 면적이 14,260㎡이고 6,000여 개의 병용과 마용이 있다. 그 웅대한 기세는 진시황이 6국을 통일했던 위엄을 보여주고 있다. 2호 갱 면적은 6,000㎡로 서에서 동으로 기병(騎兵), 보병(步兵), 노병(弩兵)과 전차(戰車)가 혼합된 대형 군진으로 1,300여 건의 병용, 마용 및 80여 대의 전차와 대량의 금속병기가 있다. 3호 갱은 면적이 520㎡로서 1, 2호 갱과 유기적인 관계를 이루면서 삼군을 통솔하

---

5) 병마용을 처음 발견한 농부는 병마용기념관에서 기념 책자에 자신의 사인을 적어 판매하고, 그 수입으로 살아가고 있다.

는 지휘부로 보인다. 여기에서는 68개의 병용과 4마리 말이 끄는 전차가 출토되었다. 손을 올릴 때 편하도록 어깨 쪽이 거꾸로 짜인 병용의 갑옷과 살아있는 듯한 얼굴 모습은 당시 작업 기술이 상당히 섬세했음을 보여준다.

(그림 2-10) 진시황릉

1980년에는 진시황릉 서쪽에서 두 대의 대형 채회동차마(彩繪銅車馬)를 발굴하였는데, 마차 구조는 생동적이고 장식이 화려하며 제작은 정교하다. 우산 모양의 파라솔은 실은 상하좌우로 움직이며 날아오는 활을 막을 수 있도록 고안된 방패라는 점에서 흥미롭다. 실물 1/2 크기인 지하세계 마차의 정교한 모습은 국보 1호다운 면모를 지니고 있으며, 진시황이 실제로 사후 세계를 믿고 지하 군단을 만들어 사후 세계를 통치하려 했음을 이를 통해 짐작할 수 있다.

병마용은 현재 3호 갱까지 발굴된 상태이지만, 원래 채색되어있던 병마용이 발굴되자마자 산화되어 바로 탈색되는 변고를 겪으면서 현재는 발굴 작업을 상당히 조심스럽게 진행하고 있다.

지하군단 병마용갱 및 황동마차 발굴지와 일직선상에 위치한 진시황릉은 마치 작은 산처럼 우뚝 솟아있는 모습이다. 『사기』 기록에 따르면 황릉 안에는 각종 보석과 무기가 가득하고 주변에는 수은을 뿌려 타인의 접근을 막도록 설계되었다고 한다. 현재 황릉 주변의 수은 농도를 측정해보면 기록대로 매우 높게 나타난다. 현재 이 황릉은 수은 오염을 염려하여 발굴하지 않고 있으며, 기술이 개발된 30년 후쯤에나 발굴 작업을 진행할 것이라는 이야기가 들리고 있다.

진시황 유적지는 매년 전 세계에서 관광객이 방문하면서 관광수입 자원의 역할을 하고 있다. 하지만 그의 통치 일생의 일면에는 부정적 평가들이 많다. 세계 최초의 언론탄압인 분서갱유(焚書坑儒) 사건이 일어났기 때문이다. 일각에서는 진시황은 중요한 책은 남겼으며, 유생들을 매장했다는 이야기도 사실과 다르다는 주장을 펴기도 한다.

• 비림(碑林)과 비석문화

(그림 2-11) 중국의 초기 비석

서예에 관심 있는 사람이나 서예가들이 꼭 들려야 할 곳으로 시안 비림(碑林)이 있다. 이는 중국 최대의 석각도서관이다. 역대 명필가들의 글씨가 비석에 새겨져 있어서 이곳은 서예 연구의 필수코스가 되고 있다. 서예를 처음 배우는 초보자는 중국 서예가 안진경의 서체를 기본서체로 하여 학습하는데, 안진경의 서체가 새겨진 비석이 보존되어 있다. 이밖에 왕희지의 「난정집서」, 관우의 「관제시죽도」, 기독교인 경교와 관련된 문구가 담긴 비석 등도 볼 수 있다. 초기 비석의 모습부터 수천 년간에 걸쳐 만들어진 비석들이 총집합되어 있다.

• 화청궁에 얽힌 고사

시안 화청궁은 중국 근대사의 한 페이지를 장식했던 시안사변(1936년)이 발생했던 곳이다. 1911년 신해혁명에 이어 중화민국이 수립되었지만, 장제스의 국민당과 마오쩌둥의 공산당은 서로 대립각을 세우며 국공 분열을 하고 만다. 서구열강의 계속되는 침입과 군벌에 맞서 1924년에 국민당과 공산당은 국공합작을 통해 외부세력에 대항하였지만 1927년 분열과 함께 내전 양상으로 치달은 것이다.

이를 보다 못한 장제스의 부하이자 군벌이었던 장작림의 아들인 장쉐량(張學良)은 당시 장제스가 머물고 있던 화청궁 오간청을 습격하고 도망

가는 장제스를 붙잡아 테이블에 앉힌다. 그 결과, 국민당과 공산당은 제2차 국공합작을 하게 된다. 이것이 시안사변인데, 당시의 총알 흔적이 오간청 건물 곳곳에 남아있다.

(그림 2-12) 화청궁 내 오간청

이후 1937년 중일전쟁이 발발하자 국공합작으로 항일전쟁에 참여하지만 2차 세계대전이 끝나자 두 당은 다시 분열하여 전쟁을 치렀고, 결국 1949년 국민당이 패배하면서 장제스는 추종자 200만 명을 이끌고 타이완으로 피신하여 중화민국을 이끌었으며, 마오쩌둥은 대륙에서 신중국(중화인민공화국)을 선포하고 사회주의 체제를 유지해오고 있다.

(그림 2-13) 화청궁 장생전

당나라 시절, 시안의 화청지(華淸池)는 당명황 즉 당현종과 양귀비가 사랑을 나누던 별장이었다. 양귀비가 목욕하고 옷을 말리던 곳이 보존되어 있으며 아직도 온천수가 나온다. 현종은 며느리였던 양귀비를 자신의 후궁으로 삼는다. 북방 혈통의 호방한 기질을 지닌 왕족인지라 며느리를 아내로 맞을 정도의 개방적인 시기였다. 집권 초기에 나라를 잘 보살폈던 현종도 양귀비와 사랑에 빠져 지내면서 점차 국정을 소홀히 한다. 양귀비가 좋아하는 리즈(荔枝)를 구하기 위해 부하를 시켜 며칠 동안 말을 달려 산지에서 구해올 정도로.

이 틈을 타고 사촌인 양국충이 국정을 농단하고 이에 양귀비의 양아들로 알려진 안록산의 난이 일어나면서 현종과 양귀비는 궁궐을 떠나 피난

(그림 2-14) 양귀비 묘

길에 오른다. 하지만 백성들의 원성은 높아만 가고 더 이상의 방법이 없었던 현종은 눈물을 머금고 마외(馬嵬)라는 곳에서 양귀비를 사형에 처한다.[6] 현종과 양귀비의 비극적인 연애고사는 훗날 백거이의 시 『장한가(長恨歌)』와 진홍의 소설 『장한가전(長恨歌傳)』 등 여러 작품의 소재가 될 정도로 인구에 회자되고 있다.

산시성 지형은 주로 황토고원과 산지로서, 약 3,500만 명의 인구가 거주하고 있다. 북으로 네이멍구, 서로 간쑤성, 동으로 산시성(山西省), 남으로는 쓰촨성과 접한 교통 요지다. 성도인 시안 외에 중국 공산당의 혁명 성지로 여겨지는 옌안(延安), 오악 중 서악에 해당하는 화산(華山)이 있는 퉁관(潼關)이 잘 알려진 도시다.

특히 신석기 유적지인 반파의 반파유적지는 중국 황하문명 중 채도(彩陶)로 특징지어지는 앙소문화(Yangshao culture)의 발원지다. 여기에는 신석기 유물과 유적을 모아 놓은 반파역사박물관(半坡歷史博物館)이 있다.

남측과 북측 성벽에서 시안을 보면 도시 전체가 미국 워싱턴 거리처럼 동서남북으로 곧게 뻗어있어서 질서정연해 보인다. 고도 시안은 과거의 건축물과 현재의 빌딩이 공존하는 도시로서 주목을 끈다.

3) 실크로드 경유지, 서역으로 가는 관문 - 란저우

시안에서 다시 황하 서북쪽 중상류지역으로 가면 간쑤성 성도인

6) 시안에서 북서쪽 68km에 양귀비 묘가 있다. 무덤의 흙을 얼굴에 바르면 예뻐진다는 속설로 인해 찾아온 관광객들이 얼굴에 바른다고 무덤의 흙을 파는 등 훼손이 심해지자 당국은 시멘트와 벽돌로 봉한 상태다.

란저우가 나온다. 지형 자체가 산지와 고원으로 이루어져 있어서 교통은 다소 불편하다. 하지만 과거 실크로드 경유지인 이곳은 황하가 시내를 가로지르는 지형 조건으로 인해 물산이 풍부하다.

실크로드 길목에 있는 란저우는 당나라 때 최고의 황금 시기를 맞는다. 안사의 난 이후, 서역과의 교류가 서서히 줄어들고 뜸해지면서 옛날만큼의 명성은 줄었지만, 그래도 서역을 오가는 방문객들은 꾸준하였다. 간쑤성 중점대학인 100년 역사의 란저우대학은 지역 인재들이 모여 공부하는 곳으로, 캠퍼스는 활기차고 외국인 유학생이 유난히 많다. 옛 실크로드의 전통이 아직도 교육현장에서 이어지고 있다.

실크로드 길목답게 란저우 간쑤성박물관에는 종이 발명전에 사용했던 죽간서신, 로마에서 제작된 은 접시, 고대 이란의 동전, 그리고 청동기로 제작한 말의 형상인 마도비연상(馬跳飛燕像) 등 당시 실크로드의 교류사를 직접 목격할 수 있는 유물들이 다량 소장되어 있다. 이란과 로마까지 교역을 이루어냈던 당시 사람들의 흔적을 통해 실크로드가 세계 문화교류의 가교로서 얼마나 중요한 역할을 하였는지 엿볼 수 있다.

길거리는 옛 서역이었던 신장위구르자치구에서 건너온 건포도 등 견과류들로 넘쳐나고, 우육라면(牛肉拉麵)이라고 하는 소고기탕면 식당이 한 집 걸러 하나씩 있을 정도로 많다. 이러한 모습은 실크로드를 따라 서쪽으로 둔황, 신장 투루판과 우루무치까지 이어진다.

시내를 가로지르는 황하 주변 산책로를 따라 모여 있는 사람들은 대부분 후이족(回族)이다. 흰색 또는 검은색 둥근 모자를 쓴 이들의 선조는 이란 등 페르시아 지방에서 중국으로 이주해온 사람들이다. 란저우 시민 중 30%가 후이족이며 이들은 대부분 무슬림 즉 이슬람

(그림 2-15) 란저우 후이족과 함께

(그림 2-16) 실크로드 길목의 현장법사와 손오공 모습

(그림 2-17) 수상 사원 청진사

교를 믿는 사람들이다. 이와는 대조적으로 현장법사와 손오공이 서역을 거쳐 인도로 여행을 떠나는 모습을 담은 조각상도 눈에 띈다.

란저우에는 후이족이 많이 살고, 그들의 음식은 이슬람식 향신료가 강하며, 주변에는 이슬람 사원이 여기저기 산재해 있다. 백운관(白雲觀) 같은 도교 사원도 있지만, 도시가 전체적으로 이슬람 분위기로 가득하다.7)

황하케이블카(黃河索道)를 타고 황하를 가로질러 백탑산으로 오르면서 아래를 내려다보면, 초승달 모양의 이슬람 상징 문양이 걸린 사원들이 여기저기 보인다. 정해진 시간이 되면 길거리를 가다가도 돗자리를 깔아놓고 두세 명씩 모여 이슬람식 예배를 드린다.

해발 1,700m의 백탑산에 오

7) 중국에서는 사원 이름에 궁(宮)이나 관(觀)이 들어가면 도교 사원으로 볼 수 있다. 타이완 타이베이의 지남궁과 행천궁, 산둥성 태청궁, 장쑤성 쑤저우의 현묘관 등이 대표적인 예다.

르면 인도식과 중국식이 혼합된 형태의 백탑이 나타난다. 자신을 방문하러 온 티베트 승려를 위로하기 위해 칭기즈칸이 지었다고 한다. 이처럼 란저우 같은 실크로드 거점 지역은 다양한 문화가 융합하여 조화를 이루는 새로운 형태의 도시문화를 창조해내고 있다.

란저우에서 둔황으로 가는 서쪽 길목에는 가욕관(嘉峪關)이 있다. 이 관문은 만리장성의 서쪽 제일 끝에 세워진 관문으로서 '천하제일웅관(天下第一雄關)'이라는 현판에 걸맞게 둘레가 773m, 높이는 11m이다. 고비사막 하서주랑 한가운데 서 있으며, 장성의 동쪽 끝 산해관과는 6,000km 떨어져 있다. 가욕관이 당시 서북방 민족의 침입을 막고 자신들의 영토를 지키기 위해 건설된 장성의 서쪽 끝자락 마지막 관문이니까, 여기서부터는 중원에서 가장 멀리 떨어진 변방 밖으로 나가게 되는 것이다.

4) **란저우와 우육라면**(牛肉拉麵)

란저우는 중국 음식문화 중 하나인 라면(拉麵)의 주요 발원지 중 하나다. 특히 쇠고기 덩어리가 들어간 매콤한 붉은 육수에 곧고 긴 국수 면발이 들어간 우육라면으로 유명하다. 타이완에도 우육면이라는 쇠고기탕면이 있는데, 담백하면서도 간장이 들어가 짙은 색깔인 짭조름한 쇠고기 육수에 넓은 면발이 들어간다는 점에서 란저우 우육라면과 조금 다르다.

음식문화 중 면 요리 특히 라면 유래와 어원에 대해 잠깐 살펴보자. 사실 라면의 원조는 중국으로서 1,700여 년 전에 이미 만들어지기 시작했다. 라면의 한자어 어원은 '랍면(拉麵)'이다. 즉 면을 반죽한 후 길게 늘어뜨려(拉) 탕에 넣어 만든 국수다. 중국식 발음으로

(그림 2-18) 타이완 우육면

(그림 2-19) 란저우 우육라면

는 '라멘'이다. 후에 일본이 1833년 메이지유신 기간에 만들기 시작하다가, 2차대전 후인 50년대에 꼬불꼬불한 즉석라면으로 개발하여 대중화시켰다고 한다. 라면의 일본식 발음은 '라멘'이다.

우리나라에는 1960년대에 들어와 '라면'이라는 이름으로 대중화되었다. 우리가 먹는 라면은 일본으로부터 직접적인 영향을 받았지만, 라면이라는 음식의 그 첫 발원지는 중국이다. 라면이라는 발음은 중국어의 '라(拉)'와 한국식 발음인 '면'이 결합하여 이루어진 것이다. 현재 라면의 중국에서의 의미는 면발이 잔치국수처럼 직선인 면을 말하고, 우리나라에서는 즉석음식인 꼬불꼬불한 면을 말하며, 일본에서는 두 가지 경우를 다 포함하고 있다.

중국에서 우리가 아는 라면의 명칭은 편리하게 먹을 수 있다는 의미를 지닌 방편면(方便麵)이다. 중국 학생의 경험 중 하나는 바로 한국의 식당에서 라면을 시켰는데 꼬불꼬불한 면이 나와서 놀랐다는 체험이다.

이상으로 실크로드 출발지 시안에서 간쑤성의 란저우와 그 서쪽 변방까지 살펴보았는데, 중국 전통 주류문화와 후이족 문화 그리고 불교 문화가 어우러진 모습을 확인할 수 있었다.

질의응답

① 란저우가 포함된 간쑤성을 하서주랑이라고 부르는 이유는 무엇인가요?

하서주랑(河西走廊)은 하서(河西) 즉 황하의 서쪽과, 주랑(走廊) 즉 두 지역을 연결하는 복도나 회랑이 결합한 말로서, 중국 간쑤성의 좁고 긴 실크로드를 의미합니다. 먼저 지도를 볼까요?

간쑤성은 이렇게 좁고 긴 형태의 지형을 가지고 있죠. 특히 간쑤성 성도인 란저우에서 서쪽으로 우웨이, 주취안, 자위관 그리고 불교문화의 보고인 둔황에 이르는 좁고 긴 1,000km의 산으로 둘러쳐져 있는 평원 길을 하서주랑이라고 부르는데요. 여기서 자위관은 만리장성 서쪽 마지막 관문인 가욕관이죠. 당시 중국 경내인 시안에서 서쪽의 서역 즉 지금의 신장위구르자치구로 통하는 주요 도로인 하서주랑은 실크로드의 주요 길목이라고 할 수 있습니다.

(그림 2-20) 하서주랑 지도

② 란저우 인구의 30% 정도가 후이족이고 이슬람교를 믿는 무슬림이 많다는데, 중국에서 종교를 가지는 것이 허용되나요? 이슬람 사원도 많고, 이슬람식 예배를 드리는 사람도 많다는데, 이들에 대한 정부의 규제나 탄압은 없는지요?

중국민족 중에는 두 가지 유형의 무슬림이 있는데요. 하나는 질문에 나오는 란저우 무슬림을 포함하는 후이족이죠. 이들은 페르시아 즉 지금의 페르시아만 이란 지역에서 실크로드 전성기였던 약 1,300년 전 당 왕조 시기에 서역을 거쳐 간쑤성 하서주랑 란저우를 거쳐 중서부 국제도시 시안까지 와서 정착한 페르시아인 후예로서 후이족이라는 명칭으로 지금까지 이어져오고 있죠. 이들은 간쑤성 란저우 주변이나, 닝샤후이족자치구(寧夏回族自治區) 등지에 거주하며 자신들의 민족 뿌리와 이슬람 종교문화를 계승해오고 있죠.

시안 후이족거리, 닝샤후이족자치구, 간쑤성 란저우 등지에 사는 후이족은 회교 즉 이슬람교를 믿고 모스크에서 종교의식을 행하는데요. 중국 정부는 이들의 개인적 종교 활동 또는 모스크나 사원에서의 종교의식 행위에 대해 기본적인 자유를 보장하고 있습니다.

또 하나는 신장위구르자치구의 위구르족(위구르인)인데요. 성도인 우루무치의 사원이나 카스, 호탄 등 위구르 전통문화가 잘 보존된 지역에서의 종교 활동 역시 어느 정도 보장을 받고 있죠. 다만 이들은 유목민족이었던 투르크(Turk) 즉 튀르키예 계열의 혈통을 지니고 있고 과거 돌궐족 일파

(그림 2-21) 란저우 황하 변에서 기도하는 후이족 여성들

로서 신장지역에서 위구르 제국을 건설할 정도로 오랜 역사문화를 지니고 있기에, 분리 독립이나 고도의 자치권을 요구하는 시위를 종종 하고 있죠. 그로 인한 당국과의 충돌로 많은 희생자가 나오고 있지만, 지속적으로 독립시위를 벌이고 있습니다. 중국 정부는 이들의 독립운동을 분리주의자나 테러리스트의 책동으로 규정하고 있고요.

따라서 이들이 종교의식을 위한 모임에 대해 중국 당국은 상당히 민감하게 받아들이며 예의주시하고 있죠. 종교 자체가 민족 정서나 정치문화와 혼재되어 있기에 위구르 독립시위 움직임에 대해서 당국은 즉각적이고 단호한 대처를 하고 있는데요. 이 부분이 아무래도 종교탄압으로 비칠 수도 있겠지요.

물론 중국 당국은 중장기적으로는 위구르 문화, 종교, 언어를 한족화하고, 동화정책을 통해 독립 의지나 움직임을 약화시키려는 전략을 구사하고 있죠. 그래서 공용어를 위구르어 대신 중국어로 삼으려 하고, 시위자들을 비밀수용소나 노동교화소에 가두고 교화소 내에서 종교 행위를 제한하고, 할렐 음식 즉 청진(清眞) 음식도 제한하는 사례가 빈번하게 발생한다고 전해지고 있습니다.

2. 둔황(敦皇) 불교문화와 위구르족 이슬람문화의 특징

앞서 시안에서 란저우까지의 지역에서 꽃피운 주류문화와 후이족문화가 결합된 독자적인 실크로드문화를 함께 살펴보았다. 여기서는 란저우 서쪽 둔황의 찬란한 불교문화, 그리고 둔황 서쪽에 위치한 신장위구르자치구 투루판과 우루무치의 이슬람문화의 특징에 대해 살펴보고자 한다.

1) 화융(華戎) 교류 도시 둔황 막고굴의 불교문화 & 변방문화

간쑤성 성도인 란저우에서 실크로드를 따라 서쪽으로 버스로 10여 시간 달리면 둔황이라는 도시가 나온다. 하서주랑 서쪽의 해발 1,100m 지역에 위치한다. 인구 18만 명의 작은 도시이지만 한족, 후이족, 짱족(티베트인), 카자흐족, 만저우족 등 약 8개 민족이 거주하고 있다.

한 무제 때 둔황군이 설치되었는데, '둔(敦)'은 '크다'는 의미이고, '황(煌)'은 '무성하다'는 뜻으로 이 두 글자를 합치면 '성대하고 휘황찬란하다'는 의미가 된다. 그만큼 실크로드 길목으로서 중국과 서역의 교통 요도이자 중원지역과 서부 이민족 지역 간의 교류, 즉 화융(華戎) 교류의 도시였다.

둔황 쪽으로 갈수록 과거에 변방 지역이었음을 알려주듯, 황량한 들판에 띄엄띄엄 포도밭과 목화밭이 펼쳐진다. 당시에 동과 서를 왕래하던 순례자, 행인, 여행객, 무역상이 거친 황야를 말이나 낙타를 타거나 걷고 또 걸으며 목적지를 향해 한 발씩 나아갔을 모습이 눈에 그려진다.

(그림 2-22) 둔황 월아천

걷다가 물을 만나면 그곳이 바로 쉼터가 되었고, 그곳을 중심으로 작은 시장이 열렸다. 둔황의 사막 명사산(鳴沙山)과 그 안쪽의 사구(砂丘)에 둘러싸여 샘물을 머금고 있는 월아천(月牙泉)은 나그네의 달콤한 휴식 쉼터이자 숙소였을 것이다. 초생달 모양의 사정(沙井)월아천은 사막제일천(沙漠第一泉)답게 현재도 남북 100m, 동서 25m 규모의 샘의 형태를 유지하고 있다.

(그림 2-23) 둔황 막고굴

둔황은 실크로드 남쪽 인도에서 서역을 거치며 불경과 불상, 불교미술 등 불교문화가 꽃을 피운 곳이다. 특히 불교 석굴예술의 보고인 둔황 막고굴(莫高窟)은 산시성 다퉁의 운강석굴(雲岡石窟), 허난성 뤄양의 용문석굴(龍門石窟)과 더불어 중국 3대 석굴에 해당한다.

(그림 2-24) 막고굴 벽화

막고굴은 둔황 시내의 동남 방향 명사산 자락에 위치하며 석각 위주의 운강석굴이나 용문석굴과 달리 벽화와 소상(塑像)을 특징으로 한다. 막고굴은 동굴마다 벽면에 천 개의 부처가 그려져 있어서 천불동(千佛洞)이라고도 부른다. 위진남북조 시대인 366년 전진(前秦)의 승려에 의해 처음 만들어지기 시작한 이래 천여 년 간 제작된 각양각색의 동굴 735개와 벽화 45,000㎡, 채색 조소 3,000여 개가 보존되어 있다.

유물로는 불경들과 『오자서변문』, 『맹강녀변문』, 『묘법연화강경문』 등 문학적 가치가 높은 소설 장르인 둔황 변문(變文), 그리고 벽에 그려진 화려한 벽화 등이 남아있다.

3대 석굴에 해당하는 막고굴은 안타깝게도 오랜 시간 잊힌 채로 있다가, 1900년경 굴을 관리하던 관리인인 도사 왕원록(王圓籙)이 동굴에서 모래가 흘러내리는 것을 계기로 우연히 16굴을 발견한다. 이어서 청소 중에 석굴 틈으로 또 하나의 석굴인 17굴 장경동(藏經洞)을 발견하고 그 속에서 3-4만 권의 불경을 비롯한 진귀한 문서들과 불기구, 불상, 직물, 자수품 등도 발견하게 된다.

이후 1907년 영국의 스타인(Aurel Stein), 1908년 프랑스의 폴 펠리오(Paul Pelliot)와 일본의 오타니 등 학자들이 헐값에 희귀 고서와 유물들을 사들여 중국 국외로 유출한다. 이를 계기로 그동안 베일에 가려진 불교문화와 동서 문물교류 상황이 일순간에 세상에 알려진 것이다. 신라 시대 혜초의 『왕오천축국전』도 발견되었으니, 당시 실크로드를 통한 문화교류가 얼마나 광범위했는지 추측할 수 있다.

청나라 정부는 나중에서야 이 유물의 가치를 인식하고, 1910년부터 보존에 힘을 쓰기 시작하였으며, 이들 유물과 유적을 연구하는 학문 분야인 둔황학이 활발하게 진행되고 있다. 오타니의 소장품 중 일부가 광산 재벌인 구하라를 통해 조선총독부에 기증되면서 막고굴의 둔황 문서 일부와 베제클리크 천불동(Bezeklik Thousand Buddha Caves) 벽화가 한국에 남게 되었고, 현재 이 유물들은 국립중앙박물관에서 소장하고 있다.

제340굴의 벽화 중에는 반바지에 투명치마를 입은 채 가방을 든 그림이 보이는데, 최신 유행 패션과 흡사할 정도로 당시의 문화적 수준이 상당히 높았음을 보여준다. 막고굴 불교예술 문화는 그야말로 휘황찬란하다고 말할 수 있으며, 당시 천여 년에 걸쳐 형성된 벽화를 통해 과거의 의복, 음악, 악기, 생활습관, 건축양식, 미술기법, 조소의 특징과 변천사를 파악할 수 있다.

둔황 시내에서 서남쪽으로 20km 정도 가면 서천불동(Western cave of thousand Buddhas)이 있다. 내부 유물들은 진열되지 않았지만, 외부의 동굴 구조 형태는 막고굴과 유사하다.

둔황 시내 곳곳에는 후이족이 건립한 청진사, 즉 이슬람 사원도 많이 보인다. 사원 지붕 위로는 탑이 솟아있고, 그 꼭대기에는 이슬람을 상징하는 초승달(月牙) 모양의 무늬장식이 있다. 둔황의 지형은 투루판과 같은 분지 형태이고, 건축양식이나 포도 재배, 면화 재배 같은 농업형태도 투루판과 유사하여 둔황을 작은 투루판 즉, 소투루판으로 불린다.

둔황 음식 중에는 중원과 서역의 음식이 결합한 퓨전요리가 많다. 사막, 황량한 평야, 고원으로 이루어진 이곳은 운송수단이기도 한 당나귀나 낙타가 먹거리로도 활용되고 있다. 예를 들면 당나귀고기완쯔, 당나귀고기볶음(紅燒驢肉), 당나귀고기 황면(驢肉黃麵), 그리고 낙타 발의 힘줄 부분을 잘게 썬 후 여러 가지 재료와 함께 볶아 주황색의 묽은 소스를 얹고 주변을 예쁘게 장식한 낙타 발요리(駝掌) 등이 있다. 당나귀고기는 칠면조고기, 돼지고기 그리고 쇠고기 맛을 합쳐놓은 듯 부드러우면

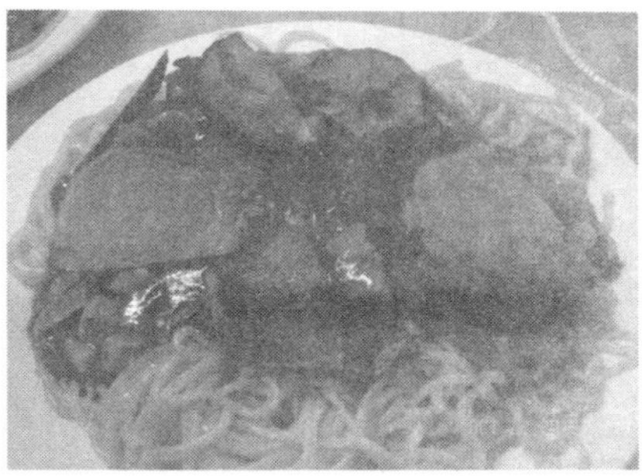

(그림 2-25) 당나귀고기 황면

(그림 2-26) 낙타발 요리

서도 쫄깃한 질감이 특징이다.

둔황 시내 동쪽에는 위진남북조 중 서진(西晉) 시기의 벽화가 그려진 서진벽화묘 유적지가 있다. 묘의 구조는 쌍실로서 천장은 바가지를 덮어놓은 돔 형태이고 중앙에는 연꽃 그림이 그려진 벽돌이 놓여 있다. 내부의 벽돌을 쌓을 때 지지대나 접착제를 사용하지 않고 상단 부분을 벽돌로 둥글게 쌓아 올린 모습은 당시 건축 기술이 뛰어났음을 보여준다.

손전등을 들고 묘 입구의 계단을 통해 13m 정도 아래로 내려가면 벽마다 신수와 신화 속 인물 그림들이 보인다. 무덤 주인은 부부이며, 이들은 합장한 채로 누워있다. 우측에는 부인의 관이, 좌측에는 남편의 관이 놓여 있다. 무덤 주인의 생존 시 모습이 벽돌에 그려져 있는데, 남자는 얼굴과 복장으로 보아 한족이고, 여자는 머리를 튼 모양새로 보아 소수민족임을 알 수 있다. 서로 다른 민족끼리 가족을 이룬 다문화가족이다. 이를 통해 민족 간, 문화 간 교류와 융화가 상당히 광범위하게 이루어졌던 시기였음을 확인할 수 있다.

둔황의 대형극장에서는 대형무대극 〈둔황신녀(敦煌神女)〉를 정기적으로 공연한다. 막고굴 벽화에 그려진 불교 관련 고사를 소재로 하여 뮤지컬, 무용, 연기, 노래, 기예 등을 펼치는 버라이어티 공연극으로서 당시의 다양한 문화가 융화된 다원적 둔황문화를 잘 표현하고 있다. 비천, 정연, 마난, 심구 등 짜임새 있게 둔황의 문화적 특색이 듬뿍 배인 무대를 보여주는데, 특히 화려한 당복(唐裝)과 서역 민족의 전통복장, 그리고 벽화 속 이야기의 연출 공연은 시종 긴장미와 예술미를 더해준다.

시내에는 소투루판답게 둔황시에서 운영하는 투루판 건축양식의 둔황박물관이 있다. 내부에는 당시의 실크로드 교류 상황과 함께 고대로부터 현재까지의 둔황의 역사가 유물과 함께 분야별로 펼쳐진다. 둔황은 동탕의 남북조시대에도 평화지역으로 남았었고, 11-12세기에 티베트계 일파인 당항족(Tangut)이 이끄는 서하국 지배를 받기도 한다. 원·명 시기에는 잠시 역사도시로서의 빛을 잃기도 하였지만, 최근 세계적인 명소로 재차 주목받으며 실크로드의 살아있는 도시로 평가받고 있다.

둔황 막고굴에서 다시 서쪽으로 40km 정도 가면 양관(陽關)이 나온다. 양관까지 가는 길은 강렬한 태양 빛이 내리쬐는 사막화되어가는 평야로서 과거 변방의 황량함이 고스란히 묻어있다. 양관 부근에 이르면 초목이 보이기 시작하고, 동네 어귀에 들어서면 포도밭이 행인을 반긴다. 지하 샘물을 끌어다가 관개농업을 하고 있는데, 이곳은 그 옛날 고원과 황야 그리고 사막을 건너 국경 지역 마지막 관문에 다다른 여행객들이 잠시 휴식을 취하며 여독에 지친 심신을 달랬던 오아시스 역할을 했을 것이다.

(그림 2-27) 둔황 양관

현재는 양관 서쪽 지역도 중국에 편입되어 있다. 하지만 당시에는 양관이 그 동북 방향에 위치한 옥문관(玉門關)과 함께 중국 측 실크로드의 마지막 관문이어서, 그 너머 서쪽 지역은 바로 중국 밖 외국인 서역 땅이 된다. 양관은 서한(B.C. 121년) 때 막강한 군사력을 보유한 흉노족이 변방에서 소요를 일으키는 것을 막고 서역을 관리하기 위해 건설한 관문이다.

당시 많은 이들이 이 관문을 넘어가며 가족과의 이별의 고통을 겪었다. 시인 왕유(王維)의 시 「안서로 떠나는 원이를 송별하며(送元二使安西)」에 그 이름이 등장하면서 더욱 유명해진다.

> 위성 땅, 아침 비가 흙먼지를 적시니
> 여관집 둘레 푸른 버들 빛 더욱 산뜻해라
> 그대에 권하노니 다시 한 잔의 술을 들라
> 서쪽으로 양관 땅에 나가면 벗이 없으리라
> 渭城朝雨浥輕塵, 客舍靑靑柳色新,
> 勸君更盡一杯酒, 西出陽關無故人.

친구 원이(元二)를 안서 즉 지금의 신장위구르 지역으로 떠나보내는 아쉬움을 양관에 비유하여 지은 시로서, 이 시는 「양관삼첩(陽關三疊)」이라고도 부른다.

이곳에는 당시 관리들이 일종의 비자 업무를 담당하던 사무실도 있고, 떠나는 사람과 환송하는 사람들이 석별의 정을 나누며 가무와 음주 그리고 공연을 함께 즐겼던 흔적이 아직도 남아있다. 실크로드는 둔황을 빠져나오면서 북쪽 길과 남쪽 길로 나뉜다. 옥문관은 서역의 북쪽 길로 진입하는 관문이고, 양관은 실크로드를 따라 서역 남쪽 길로 진입하는 관문이다. 그리고 이 길로 나가면 선선, 우전, 사차, 구자 국가와 통하였다.

옥문관 주위에는 한나라 장성(長城)과 하창성(河倉城)이 있다. 한나라 장성은 거대한 용이 누워있는 형상으로서 서한 시기에 중원 왕조가 흉노족 침입을 막고 변방 관리를 강화하며 백성을 안정시키고 실크로드의 통행이 원활하도록 하서주랑의 금탑, 가욕관, 옥문, 안서, 둔황 지역에 쌓은 장성이다.

옥문관 동쪽 15km에 자리한 하창성은 한 이후 군인이나 실크로드를 따라 동서로 왕래하는 여행객을 위한 군수 보급 창고이자 공급기지로 활용되었다. 2,000년의 세월이 지난 지금도 성내 연못은 완벽하게 보존되어 있다.

질의응답

① 〈둔황신녀〉 소재와 줄거리를 좀 더 구체적으로 설명해주세요.

둔황의 둔황대극장에서는 대형 신화 가무극 <둔황신녀>를 공연하는데요. 이 가무극은 둔황벽화 중 아홉 가지 색을 지닌 신록(신령스런 사슴) 이야기를 개편한 것이죠. 신록선자가 생사를 뛰어넘어 백성들을 불 속에서 벗어나게 하여 구해준다는 내용이죠.

(그림 2-28) 둔황신녀 공연

(그림 2-29) 막고굴 벽화 비천

이와 함께 둔황석굴 내 벽화에는 하늘로 날아오르는 선녀의 모습을 그린 비천이 자주 등장하는데요. 비천 벽화를 무대에서 실제처럼 재현하는 모습은 장관이죠. 가무극은 전체적으로 무용, 음악 외에 마술과 와이어 특수기술이 결합한 서커스 및 무술 형식을 가미하고, 신화 부분을 세밀히 잘 표현하고 있어서 상당히 신선한 느낌으로 다가오죠.

극장에는 빈자리가 없을 정도로 인기가 많고, 공연 후에는 관중들의 감동과 긍정의 박수가 끊이지 않을 정도죠. 둔황을 방문하게 되면 꼭 이 가무극 관람을 추천합니다.

② 우리가 접하기 힘든 둔황 당나귀요리나 낙타요리는 어떤 맛인가요? 메르스(MERS) 같은 세계적인 전염병이 유행하였을 때 둔황 지역은 어떤 조치를 했나요?

당나귀고기는 돼지고기와 닭고기 맛이 함께 나고 질감이 부드러운 편이죠. 고기만 따로 조리하여 먹기도 하고, 면 위에 고기 편육을 얹어 먹기도 합니다.

둔황 지역 등에서 만들어지는 낙타요리는 주로 발바닥을 사용하여 만드는데, 소의 도가니나 부드러운 힘줄 맛을 연상하면 되겠죠. 중동 지역에서는 낙타 전체를 재료로 하여 요리하는 데 비해 중국에서는 발을 주재료로 하여 음식을 만듭니다. 대체로 우리 입맛에도 맞는 편이죠.

2003년경 사스(SARS)가 중국 전역에 걸쳐 퍼졌을 때는 상당히 엄격한 조치를 했었죠. 그런데 2015년 메르스 유행 당시에는 중국 국내에는 전염되지 않아서, 외국에서 중국으로 입국하는 경우에는 엄격히 통제를 하였지만, 둔황 지역에는 특별한 조치를 하지는 않았죠.

③ 중국에는 당나귀요리 외에 어떤 특이한 음식이 있나요?

당나귀요리 외에도 다양한 음식이 있는데요. 독특한 음식 몇 가지를 소개하면 다음과 같죠.

우선 감자를 국수처럼 썰어서 볶은 감자볶음, 신장위구르 지역에서 많이 먹는 양 내장 꼬치와 양 족발, 둔황 지역의 개고기탕면, 윈난 지역의 잠자리유충볶음과 물짜장면, 휴게소에서 파는 낱개로 포장된 닭발, 티베트에서 많이 먹는 야크혓바닥요리, 야생거북이요리, 전골 등 벌레 꼬치, 노가리와 대게 내장 맛이 나는 불가사리튀김, 지역에 따라 다양한 맛을 내는 취두부, 타이완 지역의 삶은 돼지귀와 다시마간장조림, 그리고 달콤한 연두부수프(豆花), 산둥지역의 매미 등 벌레모듬, 상하이 지역의 개구리볶음, 비둘기구이와 거위요리, 쓰촨 지역의 토끼육포와 야크육포, 베이징의 오리혓바닥요리, 그리고 남쪽 푸젠성의 붉은 바나나 등 특이한 음식들은 셀 수 없이 많죠. 물론 지역별로도 다양한 음식 특징이 나타나죠.

④ 둔황은 인도에서 서역을 거쳐 들어온 불교문화가 꽃을 피웠는데, 다른 종교 중에서 특히 불교가 성했던 이유가 있나요? 그리고 둔황 막고굴이 오랜 시간 잊혀진 이유는 무엇인가요?

시안에서 서쪽으로 열린 실크로드 루트는 여러 갈래로 나뉘는데요. 그중 남로 중에는 둔황에서 시작하여 서역을 거쳐 중앙아시아를 통해 남쪽 서남아시아의 인도로 가는 길도 열려있었죠. 그 길을 통해 당나라 현장법사와 같은 인물과 미술가, 조각가, 석공, 도공 등이 왕래하면서 불교문화가 시간과 함께 축적되고 흥성하였죠.

약 1,700년 전에서부터 1,400년 전까지의 위진남북조 시기에는 북조의 북위, 북제 등 왕국의 선비족 혈통의 왕들이 불교를 숭상하게 되면서 불교문화는 꽃을 피우기도 했습니다.

그렇다고 불교문화만 꽃을 피운 것이 아니라 시안-간쑤성-서역을 거쳐 중앙아시아와 페르시아까지의 실크로드 길목 곳곳에 이슬람문화가 번성하면서 그 문화유적도 상당히 많이 남아있죠.

또한 둔황이라는 지역은 이민족들이 왕래하며 이룩한 융합문화가 꽃을 피우기도 했죠. 둔황박물관 내 유물이나 막고굴 벽화의 모습 속에서 다민족의 다양한 문화가 융합하고 공존했음을 확인할 수 있죠.

막고굴이 오랜 기간 잊혀진 이유라고 한다면 불교의 흥망성쇠와 관련이 있겠죠. 막고굴은 오랜 기간 불교문화를 축적하며 이루어진 석굴(grottos) 유적인데요. 중국의 한 왕조와 위진남북조 그리고 당 왕조를 거치며 불교가 흥성하였고, 이에 따라 1,700년 전부터 석굴 건립 역시 왕성하게 이루어졌죠.

(그림 2-30) 왕안록과 17굴 장경동

불교의 흐름상 석존 사후에 약 500년 주기로 해탈견고, 선정견고, 독송다문, 다조탑사, 투쟁언송 등의 시기를 거치는데 막고굴 건립

시기는 다조탑사의 시기로서 탑, 사원, 석굴 등이 많이 건설되는 시기였죠. 당이 멸망하고 오대와 송나라(960-1279)를 거치면서 불교 억압 정책과 함께 유가사상(Confucianism) 특히 주자의 성리학이 득세하면서 불교와 불교문화는 이면에 잠복하죠. 막고굴 역시 당나라가 멸망하고 송나라를 거치면서 해상 교통이 발달하면서 실크로드는 서서히 쇠락의 길을 걸으면서 자연스레 봉쇄되었고, 이후 천여 년 간 사람들 기억 속에서 완전히 잊혀졌죠.

그러다가 1900년 왕원록의 17굴 장경동 발견과 외국인들의 국외유출로 세상에 알려지게 된 것이죠.

⑤ 둔황은 좋지 않은 기후와 지형을 지녔음에도 실크로드 통로가 되었는데, 가는 길에 있어서 통로로 선정된 것인지 아니면 이유가 따로 있는 것인지요?

둔황은 고원, 황야, 사막 지형으로 바람도 거세게 부는 지역이죠. 동쪽에서 서쪽 둔황으로 가는 길도 황량하고, 둔황에서 다시 서쪽 신장위구르 투루판 가는 길도 그렇죠. 이러한 지역에 의도적으로 문화를 꽃피우려는 생각을 가지지는 않았겠죠.

둔황은 시안(장안)에서 서쪽으로 서역과 중앙아시아로 가는 길목에 있어서, 반드시 거쳐야만 하는 지역이죠. 둔황 서쪽으로 고비사막, 천산산맥, 타클라마칸사막, 곤륜산맥이 진을 치고 있죠. 그래서 둔황에서 길이 천산북로, 천산남로, 서역남도 등으로 갈라졌다가 다시 서역 카스(카슈가르) 지역에서 만나 중앙아시아, 인도, 페르시아, 지중해로 뻗어가게 되죠.

실크로드 길목에 위치한 둔황은 지역적 지리적 단점에도 불구하고 왕래하는 사람들의 발길이 잦아지고 그들이 간직한 문물이 수백 년간 교류되고 축적되면서 둔황의 불교문화는 찬란하게 꽃을 피우게 되었죠.

⑥ 서진 벽화묘를 통해 다문화가족이 많았음을 알 수 있는데요. 과거에는 이민족 간 교류와 소통에 어려움이 많았을 것으로 생각하는데, 다문화가족을 이룰 수 있었던 시대적 배경이 있을까요?

(그림 2-31) 서진 벽화묘

한나라가 지나고 삼국시대를 거쳐 위진남북조에 이르게 되면 다양한 민족이 중국 대륙을 할거하게 되죠. 특히 동북 만주지역의 동호 계열이 서쪽으로 진출하면서 선비, 오환 민족으로 이어지면서 북방 지역을 다스리기 시작하죠. 아울러 실크로드를 따라 서쪽 페르시아나 서역에서 사람들이 중국대륙으로 오가며 교류하게 됩니다. 따라서 다문화 시대가 자연스레 형성되었죠. 현재는 벽화나 유물, 유적 등을 통해 다문화가족의 흔적을 발견할 수 있고요.

2) 신장위구르자치구의 투루판과 다양한 종교문화

둔황에서 일반 열차를 타고 서쪽으로 10여 시간 가면 간쑤성 서쪽경계 넘어 신강위구르자치구의 투루판에 이른다. 과거 이곳은 중국 밖 서역의 땅이었다. 해발 마이너스 154m, 검고 황량한 들판,

건조한 날씨로 인한 모래와 흙먼지, 40~50도를 오르내리는 여름. 이런 곳을 상상하기란 쉽지 않다. 최악의 거주지라는 생각이 들지만, 이곳에도 위구르족, 한족, 카자흐족 등 20만 명이 거주하고 있다.

지하로 수십km의 물길을 만들어 식수와 농업용수로 사용하도록 고안한 위구르족 전통 농업 방식인 인공 지하 샘물길 카레스가 투루판 곳곳에 남아 있다.8)

(그림 2-32) 인공 지하샘물 카레스

길을 걷다 보면 히잡(두건)을 두른 행인 모습이 종종 보인다. 여인들은 검은 히잡을 두르기도 하고, 색깔 있는 히잡을 두르기도 하고 천을 두르기도 한다. 민족에 따라 두건 색깔이 다르다고 하고, 개인 취향에 따라 다양한 색깔의 히잡을 두른다고도 한다. 그중 흰색 히잡은 집에 상을 당했을 때 두른다고 한다.

(그림 2-33) 교하고성

8) 뜨거운 날씨 속에서 농업용수나 식용수 공급을 위해 지하에 물길을 만들어 수분 증발을 억제하면서, 높은 지형에서 조금씩 낮은 지형으로 인위적으로 만들어가며 물길이 이어지도록 고안한 점은 대단한 삶의 지혜이다. 카레스 주변에는 통풍이 잘되도록 벽면에 구멍이 듬성듬성 뚫린 흙집들이 있는데, 이는 포도 등을 말리고 저장하는 창고 용도로 활용되고 있다. 투루판은 길가 어디서나 포도밭이 있을 정도로 농민 대부분이 포도 농사를 주업으로 하고 있다. 포도와 함께 하미과(哈密瓜) 즉 멜론 농사도 많이 하는데, 하미과라는 과일 명칭은 투루판 근처 하미(哈密)라는 도시에서 따온 것이다.

투루판 위구르족의 결혼 풍경을 보면, 신부의 집을 방문하면서 남자 하객과 여자 하객이 각각 따로 줄지어 서서 손에 주전자 물을 적시고, 실내로 들어와서도 남녀가 따로 잔칫상을 받는 등 남녀 분별이 뚜렷한 이슬람 관습이 남아있다.

투루판 시내에서 서쪽으로 10km쯤 가면 교하고성(交河故城)이 나온다. 교하고성은 세계에서 가장 크고 오래된 흙으로 축조된 도시다. 기원전 2세기경 차사국 시절에 지어졌다가 14세기에 전화로 훼손된 역사가 있지만, 건조한 지역에 세워진 토성이라서 그나마 윤곽을 보존하고 있다. 서역 분위기가 물씬 나면서 마치 요르단이나 이집트 유적지라는 느낌마저 주는 곳이다.

고성 안에는 200기의 영아고묘가 있는데 고창국(高昌國) 시기의 유물로 추정된다. 정부 관공서 지역이었던 이곳에 어떤 연유로 사망한 영아들이 안장되어 있는지는 아직까지도 수수께끼로 남아있다.

투루판 시내에서 동남쪽으로 약 40km 떨어진 고창고성(高昌故城)이 있다. 기원전 1세기에 처음 건설되었으며, 서기 5세기 중엽에는 투루판 분지의 정치, 경제, 문화의 중심 역할을 하였다. 4세기부터 9세기까지는 티베트의 토번국이 실질적으로 지배를 하였는데, 640년에는 당의 군대가 고창에 진입하여 고창국을 물리치고 서주도호부를 설치한 적이 있다. 9세기에는 고창 회골(回鶻)왕국 즉 위구르족이 건설한 왕국의 수도로서 서역 최대의 국제도시이자 종교중심이고 아시아 최대의 인쇄중심지로서 실크로드의 교통 중추 역할을 하였다.

투루판은 여러 민족이 번갈아가며 지배하였기 때문에 다양한 종교와 문화가 꽃을 피웠다. 불교, 유교, 도교, 마니교, 조로아스터교, 기독교 문화가 유산으로 남아있다. 불교와 도교의 결합구조로 보이는 석종도 보이고, 마니교 신봉자였던 위구르족들이 불교를 수용한 흔적도 보인다. 다양한 민족의 문화와 풍습이 벽화나 조형물 등에 고스란히 남아있다.

현존하는 성곽의 주위 길이는 5.4km로서 사방형이고 외성과 내성, 그리고 궁성의 세 부분으로 나뉘며, 이밖에 옹성, 각루, 불탑, 사원 등의 유적이 남아있다. 내부에는 현장법사가 불경을 가르치던 장소를 기리는 강경탑(講經塔)이 보존되어 있다. 붉은 흙으로 둘러싸인 유적지를 모래 먼지 날리며 움직이는 나귀 수레 모습은 마치 중동의 어느 마을 풍경을 보는 듯한 느낌을 준다.

고창고성과 약 2킬로미터 떨어진 곳에는 아스타나고묘(阿斯塔那古墓)가 있는데, 아스타나는 위구르어로 수도라는 의미이다. 진나라와 당나라 시절 고창성 각 민족 공동묘지가 여기에 있다. 묘들의 군락지인 이곳은 지하역사박물관으로서 종이문서, 진흙조형물, 목각 조형물, 모직제품, 식품 등 문물이 대량 출토되기도 하였다.

(그림 2-34) 고창고성

(그림 2-35) 투루판 아스타나고묘

서진(273년)과 당(778년) 사이의 500여 년 동안에 만들어진 계약문서, 정부문서, 호적문서, 그리고 개인편지도 발굴되었는데, 여기에는 당시 정치, 경제, 군사, 문화 그리고 사상과 관련된 내용이 적혀있고 역사사건들과 역사인물들의 활동도 기록되어 있어서 중요한 역사적 자료로 활용되고 있다. 특히 진귀한 중국 미라가 이곳에서 발견되었는데, 이 미라는 당나라 시절 남녀 미라로서 이집트 미라처럼 온전한 모습으로 보존되어 있다.

낮이 되면 거리에는 사람들 왕래가 뜸해진다. 9시에 출근하여 1시 반에 귀가한 후 3시나 3시 반에 다시 출근하기 때문이다. 투루판에도 우루무치와 마찬가지로 이슬람사원이 많고 이슬람신자가 대부분이어서 매일 오전 6시, 9시, 12시, 오후 3시, 저녁 9시에 기도를 한다. 금요일은 '쭈어마'라고 하여 공휴일이다. 상점의 경우에는 여자주인이 먼저 기도를 하고나면 남자주인이 기도를 한다. 경우에 따라서는 잠시 상점 문을 걸어 잠그고 기도를 하기도 한다.

(그림 2-36) 투루판 화염산

(그림 2-37) 투루판 베제크릭천불동

투루판 동쪽 편에 위치한 화염산은 후행자(손오공)와 삼장법사가 주인공으로 등장하는 『대당삼장취경시화』와 여기에서 확장된 장편소설 『서유기』에 등장하면서 유명해졌다. 손오공이 파초선으로 불길을 잡고 나찰녀나 우마왕과 싸움을 벌인 이야기의 배경이 된 화염산은 돌과 모래로 이루어진 산으로 용광로처럼 뜨거운 열기를 측정하는 세계 최대의 온도계가 세워져 있다. 모래언덕을 손쉽게 오르내릴 수 있도록 긴 밧줄로 연결된 나무 계단이 설치되어 있다. 당시 50도를 오르내리는 이 실크로드를 여행객이 고통 속에 지나갔을 상상을 하면 인간의 의지력이 얼마나 강한지 느껴진다.

투루판에도 천불동이 있다. 바로 베제크릭천불동(Bezeklik thousand Buddha caves)인데, 동굴 벽면마다 천 개의 부처상이 그려져 있기 때문에 천불동이라 불린다. 입구에는 손오공과 저팔계, 사오정이 삼장법사와 함께 화염산을 지나는 모습을 새긴 동상이 안치되어 있고, 주변에는 작은 사막이 펼쳐진다. 일찍이 고창왕국의 왕가사원이었던 고창석굴은 필화가 많이 남아있어서 고창불교문화예술의 보고로 평가받고 있다. 한편 1777년 투루판 왕이 지었다고 하는 소공탑은 투루판의 또 다른 모습을 보여준다. 불교식 탑과는 달리 이슬람식 양식으로 지어졌기 때문이다.

(그림 2-38) 일근면 만들기

투루판 음식은 면식이 많다. 반면(拌麵)과 탕면, 면을 한 줄로 길게 만들어 또아리를 튼 뱀의 모양으로 돌려놓은 후 끓는 물에 넣어 면발이 끊어지지 않게 삶은 일근면(一根面), 우육라면, 그리고 난 등 면요리와 밀가루 음식이 주식이다. 간쑤성과 신장위구르자치구를 포함하여 중국 북쪽지방은 밀이나 옥수수가 많이 재배되어 밀 음식이 발달하였다.

(그림 2-39) 일근면

산시(山西) 지방에는 칼로 반죽을 잘라 국수로 만드는 도삭면(刀削面) 등 국수요리가 유명하고, 허난성도 빵, 만두, 라면이 유명하며, 산둥 지방은 물만두와 찐빵 모양의 포자(包子), 전병 등을 즐겨 먹는다. 산시(陝西) 지역 역시 만두와 국수가 주식이다. 반면 남쪽 지방은 양자강의 풍부한 수량과 따뜻한 기후 탓에 쌀농사가 발달하여 쌀밥이 주식이며, 쌀국수를 즐겨 먹는다.

질의응답

① 위구르 지역에 설치한 서주도호부는 무엇인가요?

640년경 당나라 태조의 군대가 신장위구르 지역 투루판의 고창왕조를 물리칩니다. 그리고 이곳을 서주라고 명명하고, 여기에 도호부를 설치하죠. 이어서 서쪽 구자(쿠처) 지역에 안서도호부 등도 설치하고요. 그래서 서주도호부는 풀어서 말하면 당시 투루판 지역의 도호부를 뜻합니다. 7세기 당시 위구르는 다섯 부족과 위구르 연합을 구성하고, 당나라와 외교 관계를 수립하는 등 중국과 우호적인 공존 관계를 유지했죠.

참고로 지금의 신장위구르 지역은 과거에 위구르족만이 거주했던 곳이 아니라, 여러 민족이 번갈아 드나들며 지배하기도 하고 공존하기도 한 곳이죠. 위구르족 역시 간쑤성, 몽골, 러시아 등 여러 지역에 흩어져 살아왔죠.

역사적으로 이 지역은 7세기 중반에 돌궐족이 군림하다가 쇠퇴하면서 멸망하죠. 이후 그 일파인 위구르족이 744년에 돌궐 제2제국을 침몰시키고 위구르제국을 건설하면서 외몽골과 서부 오아시스 지역을 지배하게 되죠. 하지만 830년경에 분열되면서 세 갈래로 나뉘었는데 그중 투루판 지역에 고창회골왕국(866-1209)을 건설합니다. 그들은 돌궐문에서 기원한 소그드문에 기초하여 회골문을 만들기도 하죠. 위구르족은 원래 샤머니즘을 믿었으나, 760년경 마니교, 840년경 불교, 그리고 960년 이슬람세력의 침입 이후에는 이슬람을 신봉하게 되죠.

토번국도 한때 이 지역을 지배하기도 했지만 9세기경에 쇠퇴하죠. 11세기에는 토번계 당항족(Tangut)의 서하가 병합하였고, 12세기에는 거란족의 서요가 점령한 바 있으며, 13세기에는 몽골제국이 병합하였다가, 15세기에 이르러 위구르족의 위구르제국이 다시 형성되면서 이곳을 정복하였죠. 그 후 명나라, 청나라, 중화민국을 거치면서 위구르족과 중국 사이에 이 지역을 두고 종종 지배권 다툼이 일어나곤 하였죠.

3) 우루무치의 이슬람문화 특징

투루판에서 다시 서쪽으로 가다보면, 끝없이 펼쳐지는 설산산맥, 황량한 평원과 돌부리들, 검은 흙과 흙집, 풀을 뜯는 양떼 풍경만이 보인다. 버스 전복 사고가 빈번할 정도로 바람도 거세다. 2시간가량 가면 신장위구르자치구 성도 우루무치가 나온다. 이 길은 타클라마칸 사막(타림분지)에서 두 갈래 길로 나뉘다가 파미르고원에서 합쳐져 중앙아시아, 서아시아를 지나 곧바로 지중해 동쪽 해안을 향한다. 7천여 리의 길고도 험난한 옛 실크로드는 중서 문화교류의 가교이자, 동서양 경제교류의 대동맥 구실을 하였다.

바다에서 2,250km 떨어진 내륙도시이자 중국 최대의 사막인 타클라마칸이 있는 이곳에서 도로변 안내판에 쓰인 '3630'이라는 숫

(그림 2-40) 우루무치 시장

(그림 2-41) 대반계 파는 청진요리 식당

자, 즉 우루무치에서 동남쪽 상하이까지 3630km 떨어졌음을 표시하는 숫자를 보면 이곳이 별도의 나라라는 생각을 지우기 힘들다.

우루무치의 위구르족 전통시장을 방문하면 중국적인 모습은 찾아보기 힘들고, 위구르족의 전통생활 모습이 눈에 들어온다. 급행수송 버스인 비알티(BRT)를 타고 남문(南門)에서 내려 조금 걷다 보면 위구르족의 전통 먹자골목이 나온다. 이곳저곳 고깃간에는 양고기가 통째로 걸려있고, 상인들은 자신들의 전통 모자를 쓰고 있다.

좁은 길목을 따라 들어가면 양고기와 내장으로 만든 꼬치를 파는 모습이 보이는데, 커다란 솥에 양의 각 부위를 꼬치에 꽂아 끓인 후 1위안씩 받고 파는 장면은 아주 흥미롭다. 한족이 애용하는 일종의 전양탕(全羊湯)과 유사하다고 보면 된다. 시장 한구석에서는 사람들이 쭈그리고 앉아 양고기 뼈에 붙어있는 뒷 고기를 뜯어 먹는다. 그만큼 이들은 양고기를 좋아한다.

위구르족과 후이족의 이슬람식 음식점에는 '청진(清真)'이라는 글자가 표시되어 있다. 돼지고기를 넣지 않고 소고기, 양고기, 닭고기 등을 재료로 하여, 이슬람식 재료 손질과 조리 절차를 거친 후 음식으로 내오기 때문에 무슬림들이 늘 애용하고 있다.

먹자골목을 지나가면 이도교(二道橋) 국제무역 시장의 활기찬 모습을 볼 수 있다. 이란이나 러시아 등 중동과 유럽에서 온 무역상들이 이곳을 다니며 물건을 거래한다. 옛 실크로드의 정취가 지금 이곳에서 재현되는 듯한 착각에 빠져들게 한다.

(그림 2-42) 이교도 국제무역 시장

길거리를 걷다 보면 이슬람 교회당이 많이 보인다. 우즈벡이나 튀르키예에서 보던 정통 모스크 모양의 건축도 있고, 중국화한 토착형 교회당도 보인다. KFC라는 햄버거 가게가 아랍식 건물의 한 모퉁이에서 영업하는 모습은 색다른 느낌으로 다가온다.

(그림 2-43) 우루무치 시내

이도교 국제무역 시장 옆에는 커다란 신장국제대바자르(新疆國際大巴札)가 위치한다. 모스크와 낙타 모형 사이로 보이는 전통시장 바자르의 아치형 입구로 들어가면 위구르족 특산품인 각종 견과류, 크고 작은 장식용 칼과 금은세공, 전통 옷과 머플러를 파는 상점으로 가득하다. 이곳에는 각종 문양이 새겨진 정교한 칼집에 들어있는 잉지사소도(英佶沙小刀), 카스(喀什)

(그림 2-44) 우루무치 바자르

(그림 2-45) 바자르 내부

의 카펫과 호탄(和田)의 옥 조각 공예품, 카자흐족 자수, 아름다운 무늬가 조각된 가구 등 화려한 물건들이 쌓여있다.

우루무치 근처 남산목장은 우루무치 특유의 분위기를 가감 없이 보여준다. 소, 양, 염소, 당나귀, 그리고 말을 키우며 목축업에 종사하는 이곳 사람들은 대부분 카자흐족인데, 그들의 주택 양식인 파오(包), 즉 게르(ger)가 눈에 띄게 많다. 파오 겉면에는 사슴 문양이 그려져 있는데, 카자흐 고유의 상징부호가 외관을 장식하고 있는 점이 아무런 무늬도 없는 몽골식 게르와는 차이가 있다.

참고로 자치구에서는 우루무치의 남산목장과 AAAAA 국가급 풍경구인 천산천지(Heaven lake) 지질공원 속 끝없이 이어지는 천산산맥과 해발 5,445m의 설산을 추천한다. 우루무치 외에 과거 우전국이 자리했고 옥으로 유명한 호탄(和田), 과거 소륵국이 있었던 이곳에 가지 않고는 신장을 둘러보았다고 말할 수 없다고 할 정도로 유명한 카스(客什)도 가볼 만하다. 과거에 구자국(龜玆國)으로 불리며 4세기에 범어로 된 법화경을 비롯하여 300여 권의 불경을 한역하는 데 지대한 공헌을 한 구마라습(鳩摩羅什)의 고향 쿠처(庫車)와 키질석굴 등은 지금도 탐방객들의 발길이 끊이지 않는다.

신장위구르자치구는 49개 민족, 1,600여만 명의 인구가 거주하고 있다. 한 무제 때 흉노족을 물리치면서 중국 영토에 편입된 이 지역은 우여곡절을 거쳐 신중국 수립 후에는 중국령으로 들어가게 된다. 하지만 현재까지도 이웃 아프가니스탄이나 중앙아시아 민족과 혈연관계가 깊을 정도로 민족이나 문화가 한족과 다르고, 위치상으로도 서북쪽 끝 외지에 속해 독립에 대한 욕구가 시위를 통해 간단없이 일어나고 있다.

이곳 위구르인은 튀르키예(투르크) 혈통이라서 대부분 동서양의 미를 조화롭게 결합한 준수한 외모를 지니고 있다. 위구르 독립운동가 단체가 표방하는 국가 이름이 동투르키스탄이라고 하는 것을 보아도 그들의 혈통이 어디인지 알 수 있다. 위구르어 역시 튀르키예 언어와 같은 체계로서 흡사한 편이다.

성도 우루무치는 자치구 중에서 최대의 면적과 인구(600만 명)를 보유하고 있으며, 천산산맥 북쪽 해발 924m에 위치한다. 위구르어로 '아름다운 목장'을 뜻하는 우루무치는 예로부터 실크로드를 여행 중인 사람이면 거의 예외 없이 발걸음을 멈추고 들렀던 곳이다. 위구르족이 가장 많이 거주하고, 다음으로 카자흐족, 키르기스족, 오로스족 등 여러 민족이 거주하는 다문화 지역이다.

버스를 타보면, 위구르족, 카자흐족(哈薩克族), 후이족(回族), 한족이 각각 자기들끼리 자기들 말로 대화하는 모습을 쉽게 볼 수 있다. 우루무치의 대형서점에는 소수민족 거주지답게 소수민족 관련 서적이 많이 진열되어 있다. 특히 몽골어, 위구르어, 카자흐어, 서하어, 러시아어 서적코너 등 지역 내 각 소수민족을 위한 전문코너가 마련되어 있다.

우루무치 역사(驛舍)에 들어서면 중국어와 위구르어로 각각 안내방송을 하고, 안내표지도 중국어와 위구르어가 병기되어 있다. 두건을 쓴 여인들과 모자를 쓴 남자들이 붐비

(그림 2-46) 역사 내에서 기도하는 모습

는 모습은 마치 중동국가에 온 듯한 느낌을 준다. 하루에 여러 차례 예배하는 이들은 기도 시간이 되면 대합실 한구석에 작은 양탄자를 깔고 신발을 벗고 올라가 손을 모으고 약식 기도를 한다.

신장지역의 과일 재배는 2천 년의 긴 역사가 있다. 이 지역은 햇빛이 강렬하고 건조하며 주야 간 온도 차가 커서 열매나 과일의 당분과 단백질 함량이 높다. 투루판의 포도, 하미의 달콤한 멜론, 예청(葉城)의 석류, 쿠처(庫車)의 살구, 이리(伊犁)의 사과, 아투스(阿圖什)의 무화과, 쿠얼러(庫爾勒)의 단배, 허톈(和田, 호탄)의 복숭아와 껍질이 얇은 호두 그리고 바단무(巴旦木)가 대표적인 과일이다.

구기자, 이란콩(開心果), 땅콩, 기다란 모양의 호두, 개구봉자(開口棒子) 등 각종 견과류와 건포도나 건대추 등 말린 과일편도 풍성하다. 건포도는 품질에 따라 1kg에 40위안에서 80위안 정도까지 다양하다.

저녁이 되면 우루무치의 야시장은 활기를 띤다. 한족 야시장, 위구르족 야시장, 남호성광야시(南湖星光夜市) 같은 혼합 야시장 등 그 형태도 다양하다. 전통방식을 고수하며 칼과 농기구 등을 제작하는 대장간도 보여 정겨움마저 감돈다.

노동가(勞動街)에 위치한 위구르족 야시장에는 양 한 마리를 통째로 구운 바비큐, 통닭, 양 내장, 양 꼬치, 양 족발 등 구이 요리로 가득하다. 고전양(烤全羊)이라고 불리는 통 바비큐는 황금색을 띨 때까지 구워서 겉은 바삭하고 속은 촉촉하고 부드럽다. 양 족발은 돼지 족발보다 부드러우면서 고소하다. 이밖에 말고기를 훈제한 훈마육(熏馬肉)과 말의 내장을 요리한 말 곱창, 그리고 군만두와 피가 얇은 만두도 판다.

우루무치 사람들도 면 요리를 많이 먹는다. 대중적인 토속음식으로는 반면(拌面)이라고 하는 비빔면이 있는데, 육반면(肉拌面), 총유

육반면(蔥油肉拌面) 등 그 종류가 다양하다. 굵은 수타면 위에 소스가 얹어 나오는데 밀 생산지답게 면발이 고소하면서 감칠맛 나고 또 쫄깃하면서 질감이 좋다. 먹으면 먹을수록 은근히 중독된다.

토속음식으로 신장대반계(新疆大盤鷄)도 있다. 안동찜닭과 비슷하게 감자가 들어가고 간장으로 간을 맞추어 큰 접시에 담은 닭볶음 요리인데, 잡채 대신 넓적한 국수가 들어가는 것이 특징이다.

보충설명

• 투루판 위구르족 결혼문화

투루판 위구르족의 결혼식 풍속은 이국적이고도 독특하다. 일반적으로 신랑은 20살 전후, 신부는 18살 전후에 결혼한다. 약혼이 이루어지면 신랑 측에서 양이나 염소를 신부 측에게 보낸 후 집을 장만하고 신부 측에게 지참금을 주기 때문에 신랑 측 부담이 큰 편이다. 결혼 비용으로 2~3만 위안 정도가 든다고 하니까, 농촌에서 그만한 돈을 마련하기가 쉬운 일은 아니다.

(그림 2-47) 손 씻는 하객들

(그림 2-48) 마당에 쌓인 결혼 축하선물

신랑 집 앞에는 신부 집으로 향하는 신랑 친지들의 차량이 행렬을 이루고, 맨 앞에는 사진기사와 흥을 북돋을 밴드부대가 자리한다. 위구르족은 대가족제도를 유지하고 있어서 결혼식 같은 잔칫날에는 언제나 북적거린다. 하객을 실은 차량 행렬이 신부 집에 도착하면 하객들은 신부 집 앞에서 혼주와 포옹 인사를 하고 따라주는 주전자 물로 손을 씻는다.

앞마당에는 각종 요리 재료가 수북하고, 커다란 솥에서는 음식이 만들어진다. 마당 한쪽에는 결혼 한 달 전부터 미리 보낸 신부를 위한 축하선물이 싸여있는데, 오토바이나 가전제품 등 생활용품이 주를 이룬다.

실내에 들어서면 신부 대기 방이 있고, 한쪽에는 여자 하객, 다른 한쪽에는 남자 하객을 위한 방이 있다. 방안에 높이 솟은 구들장 바닥에는 이불이 깔려있고, 그 중간에 테이블보를 깔고 동그란 모양의 구운 빵 난(nan, 중국어로 낭(馕))과 꽈배기 모양의 튀김인 창, 그리고 과자와 사탕이 놓여있다. 밖에서 판매하는 난은 얇게 만들지만, 집에서는 밀가루나 옥수수가루를 주성분으로 하여 크기나 두께에 제한 없이 자유롭게 만든다. 겉에는 깨나 양파, 고기를 올려 화덕에서 굽는데, 첨가물을 넣지 않아도 오랫동안 변하지 않는다.

(그림 2-49) 하객에게 대접하는 난 등 음식

(그림 2-50) 남자들이 마당에서 만든 볶음밥

귀한 손님은 방 한가운데 앉아서 음식을 즐기는데, 매콤하면서도 물기가 촉촉한 짬뽕 색깔의 고기야채볶음에 난을 적셔 먹고, 소고기 수육과 기름진 볶음밥, 면발이 굵은 잔치국수도 곁들인다. 볶음밥인 폴로(polo, 중국어로 抓饭)는 마당에서 남자들이 만드는데, 쌀에 양고기, 당근, 양파,

식용유 등을 첨가하여 조리한다.

연신 "약심수스(안녕하세요)", "라흐만(감사합니다)", "하이라후오시(안녕히 계세요)"를 외치며 예의를 다해 접대하고 접대 받는 모습에서 이들이 손님맞이를 좋아하고 개방적이면서 열정적인 기질을 지녔음을 알 수 있다.

(그림 2-51) 투루판 결혼 풍경

결혼식은 거리 피로연 파티로 이어지기도 한다. 신혼부부와 친구들이 명승지 앞에 차를 세우고 음악을 틀고 경적을 울리며 다 같이 춤을 춘다. 신랑 · 신부 친구들이 물방울을 뿌리고 종이 폭죽을 터뜨리며 분위기를 한껏 고무시킨 후 다른 곳으로 이동하여 또 다른 파티를 즐긴다.

• 신장 위구르 사태와 서북공정

2009년 7월 신장위구르자치구 우루무치에서 중국 정부에 저항하는 위구르족 시위가 일어났다. 1,000여 명의 공안 병력이 투입되어 진압하면서 140명의 위구르족이 사망하고 828명이 다쳤다. 우루무치 완전 봉쇄 조치 속에서 수백 명이 체포되고 시위주동자로 90여 명은 지명 수배되었다.

이번 사태는 광둥성 완구공장에서 한족과 위구르족 직원 사이에 집단 난투극을 벌이면서 위구르족 여성 2명이 구타당해 숨지는 사건이 도화선이 되었다. 해묵은 민족 갈등이 폭발한 것이다.

위구르족은 진상조사와 책임자 처벌을 요구하면서 대규모 반한(反漢) 시위를 하였고, 중국 당국은 공안을 투입하여 무력 진압을 감행하였다. 신화통신은 "시위대가 행인을 무차별 공격했고 차량에 불을 지르는 폭력 시위를 벌였다."라고 전하였고, 위구르족은 "시위가 평화롭게 시작됐지만,

(그림 2-52) 뮌헨 거주 위구르족 시위

공안의 과잉 진압으로 폭력 충돌이 발생하였다."라고 주장하였다.

2008년에도 윈난성 쿤밍(昆明) 등에서 버스 연쇄 폭발사건이 위구르 독립을 추진하는 동투르키스탄 이슬람운동(ETIM) 주도로 비밀리에 감행되었다고 전해졌다. 이러한 일련의 유혈사태 배경에는 위구르족의 중국 정부와 한족에 대한 뿌리 깊은 불신과 소수민족 차별에 대한 반감이 깔려있다. 그들은 체포된 위구르족 처벌 중단과 정치범 석방 및 저임금으로 강제근로에 시달리는 위구르 소녀들의 귀환을 외치고 있다. 물론 궁극적으로는 세계 위구르 대표대회와 같은 단체를 중심으로 한 신장의 독립을 목표로 하고 있다.

중국 밖에는 신장위구르 독립을 위한 두 개의 외곽조직이 있다. 하나는 독일 뮌헨에 본부를 둔 세계위구르대표대회이고 또 하나는 미국 워싱톤 DC에 있는 동투르키스탄 망명정부다. 전자는 세계 각국의 위구르족 조직을 통괄하는 최대조직으로서 위구르인에 의한 고도의 자치권을 주장하고 있고, 후자는 중국으로부터의 명시적 독립을 주장하고 있다.

현재도 신장위구르에서는 많은 사람이 희생되고 감옥이나 교화소에 구금되고 있다. 신문 보도에 따르면, 위구르자치구에는 100만 명 이상의 위구르족이 감금되어 민족성과 종교 말살을 목적으로 한 재교육 교화소에서 생활하고 있다고 한다. 물론 중국정부는 사회복귀 시 재활을 돕기 위한 직업훈련소라고 말하고 있다.

사실 위구르족은 전설시대인 하(夏)나라 때부터 존재했던 역사 깊은 유목민족이다. 서역으로 불렸던 이곳은 250년 전 청나라에 패한 후 청왕조에 의해 신장성이 설치되고, 1955년에는 신장위구르자치구로 개칭되면서 중국의 지배를 받았지만, 고유의 문자와 언어가 있고 혈통적으로는 돌궐 즉 튀르키예인 등과 친연성이 깊어 독립을 향한 꿈은 쉼 없이 이어져 왔다.

중국 정부는 종교와 혈통이 전혀 다른 이들에게 배려 차원에서 독립을 허용한다면 막대한 손실을 본다고 판단하고, 독립운동을 분리주의와 테러리즘으로 규정하고 무력제압으로 일관해오고 있다. 이 지역은 중국 최대 포도 산지이면서 127종의 광물자원이 나오는데, 그중 8종은 전국 1위를 차지하고 있고, 중국 전체 석유 매장량의 1/4, 천연가스 매장량의 1/3, 석탄 매장량의 절반을 차지하고 있다. 신장은 중국이 포기할 수 없는 전략지역인 것이다.

중국은 현재 55개 소수민족과 한족으로 구성된 다민족 다문화 국가로서, 티베트인 같은 소수민족의 연쇄 독립운동 발생도 염려하고 있다. 따라서 소수민족 자녀가 교육 혜택을 받는 제도를 마련하는 등 유화정책과 함께 한족을 이주시켜 동화시키는 정책도 병행하면서, 독립 추구에는 어떠한 희생을 감수하고서라도 강제진압을 한다는 방침을 고수하고 있다.

분리를 막기 위한 좀 더 근본적인 이론 무장을 위해 중국 정부는 서북공정(西北工程)을 추진해오고 있다. 신장지역의 과거 역사를 중국 측에 유리한 쪽으로 재편하는 작업이다. 중국과 위구르의 관계사를 왜곡하는 작업도 진행 중이다.

문제는 위구르족은 독립 의지를 꺾지 않고 있고, 중국 정부는 분리운동에 대해 테러리즘으로 규정하고 강제진압 의지를 굽히지 않는 평행선 속에서 희생자가 계속 늘어가고 있다는 점이다. 소중한 생명을 지키기 위한 현실적 대안으로는 중국 정부가 위구르족의 자치권을 확대하고, 민족 간 차별과 빈부차에 대해 좀 더 근본적인 제도를 마련하는 것이다.

국제사회도 지속적인 관심을 가짐으로써 대량의 희생자 발생을 막아야만 하는 책임이 있다. 2011년에도 위구르족이 허톈(和田, 호탄)에서 평화시위를 하는 도중, 경찰과 충돌하면서 20명이 사망하였고, 며칠 후 키스

(喀什)에서도 유혈 충돌이 발생했다고 전해졌다.

최근 위구르 사태에 대한 중국 네티즌의 반응은 강경 진압을 선호하고 있다는 설문조사 결과가 나왔다고 한다. 중국은 이제 인권과 인도주의 정신에 대해 한 번쯤 숙고해주었으면 한다. 더 이상의 선량한 민중의 희생은 막아야 할 것이다.

질의응답

① 이슬람 등 종교가 유입될 때 중국은 어떤 입장을 취하였는지요? 이슬람 문화가 어떻게 형성되었는지요? 현재는 이슬람문화가 다르게 바뀌었는지요? 위구르족이 불교문화를 수용한 역사가 있었는데, 현재는 이슬람교만 믿는지요?

예로부터 중국은 이민족의 유입되면서 그들의 종교, 문화 등이 정착하는 과정에서 어느 정도 개방적인 태도를 취했다고 볼 수 있는데요. 먼저 2,000여 년 전 한 왕조 때 무제가 흉노제국에 맞서기 위해 장건을 서역으로 보내 동맹을 맺고자 했죠. 당시 장건이 직접 보고 경험한 서역 문화에 대해 왕조는 흥미를 가지고 교류를 전개하려 했고요. 이것이 최초의 실크로드 개척이라고 할 수 있죠.

이후 1,300여 년 전, 유목민의 피가 흐르는 당 왕조 건국 그룹도 개방적인 마인드를 가지고 장안(시안)에서 출발하여 서역을 거쳐 중앙아시아와 페르시아, 그리고 유럽에까지 교류의 길을 열며, 문화융합도 적지 않게 이루었죠.

이때 페르시아 즉 지금의 이란 지역인데요. 이 지역 무역상들이 실크로드를 거쳐 중국에 들어와 거주하면서 이슬람문화를 자연스레 퍼뜨렸고, 중국은 이를 수용하면서 무리 없이 정착되었죠.

중앙아시아를 거쳐 서역 즉 신장위구르자치구와 간쑤성, 닝샤후이족자치구를 지나 시안에 이르는 이 길을 따라 지금도 흰 모자를 두르고 이슬람식 음식인 청진 요리를 먹고, 이슬람사원에서 종교활동을 하며, 후이족 언어를 사용하는 페르시아 후예들이 거주하고 있는 모습을 쉽게 볼 수 있죠.

이들은 이슬람문화 양식을 잘 보존하고 있는데요. 간혹 중국에 정착하는 과정에서 예를 들면 사원양식이 일부 뾰족한 기와지붕 위에 초승달 모양의 이슬람 상징문양이 들어간 중국식 건축형태로 변모하기도 하지만, 원형도 잘 보존하며 살아오고 있다고 할 수 있죠.

현재 이슬람문화를 따르는 소수민족으로는 페르시아에서 이주하여 정착한 후이족과, 과거 돌궐계 일파로서 우루무치, 투루판, 하미, 카스 등 신장위구르 지역에 주로 거주하는 튀르키예 계열에 속하는 위구르족이 있습니다.

10세기 경 신장 투루판 위구르에서는 마니교, 불교, 기독교(경교)가 전해졌기에 위구르족은 여러 문화권의 민족과 공존하면서 불교문화도 수용한 적이 있죠. 그러다가 11세기에는 이슬람교가 전해졌는데요. 이후 투르크계 이슬람 국가인 카라한 왕조를 통해 이슬람교가 꾸준히 동진하여 신장 지역 위구르족 전체를 무슬림으로 만들면서 위구르족의 통일 종교가 됩니다.

② 중국은 현재 경제대국으로 성장했는데요. 경제적인 이유로 실크로드를 이용하려 할 것 같습니다. 혹시 그렇다면 중국 정부는 어떤 형태로 실크로드를 이용하고 있나요?

과거에는 시안에서 출발하여 하서주랑을 거쳐 서역과 중앙아시아, 유럽으로 뻗어가는 육상 실크로드(Silk Road, 絲綢之路)를 건설하여 경제무역 교류에 힘써왔는데요.

현재는 시진핑 정부하에서 신실크로드 즉 일대일로(one belt, one road)를 추진함으로써 육상과 해상 두 군데 모두 길을 열어 경제, 무역, 교통수송, 군사외교 등 다방면에서의 중국의 이익을 위한 투자 전략을 진행하고 있죠. 일대는 중국에서 육로로 중앙아시아를 거쳐 인도, 중동, 러시아와 유럽 쪽으로 뻗어가는 프로젝트이고, 일로는 해상으로 중국 남쪽 취안저우에서 시작하여 바다를 통해 인도양과 남태평양, 지중해로 이어지는 길을 열어가는 프로젝트입니다.

일대일로에 속하는 나라와 지역들을 이어가면서 항구 건설, 철도, 도로 등의 기간산업 건설에 재정적 지원을 하면서, 결국은 중국에 유리한 조건을 만들어 가는 것이라고 보면 되겠죠. 스리랑카 등 일부 국가는 중국에 대한 채무가 늘어나면서 어려움을 겪기도 합니다.

③ 실크로드의 실질적 개척자는 서한 장건이라고 할 수 있는데요. 장건이 실크로드를 개척하기 위해 한 구체적인 활동은 무엇인가요?

실크로드는 당 왕조 이후 중앙아시아, 페르시아를 거쳐 로마까지 연결되면서 문물교환과 문화교류가 광범위하게 이루어졌지만, 최초의 실크로드 개척자는 장건이죠.

2,000여 년 전 서한(西漢) 무제 시절, 강력한 세력의 북쪽 흉노에 맞서고자 장건을 서쪽 대월지국(현 아프카니스탄, 카자흐, 키르기스스탄, 우즈벡, 타지키스탄 일대)에 파견하여 동맹을 맺고자 하였죠. 하지만 도중에 흉노에 붙잡혀 고초를 겪고 10여 년간 머물게 되었는데요. 이후 월지에 도착했지만 뜻을 이루지 못하고 돌아오다

가 또 한 번 포로로 잡히는 역경을 겪은 후 한 나라로 돌아오죠. 장건이 군사·외교적으로 크게 활약한 바는 없지만, 이를 계기로 중국은 서역과 이란, 이라크, 인도 등 여러 나라의 상황에 대해 알게 됩니다.

이후, 다시 서쪽으로 파견되어 이들 나라에 중국을 알리게 되면서 실크로드가 열리게 되죠. 이 부분이 장건이 자신의 인생을 걸고 뛰어든 외교활동이자 실크로드 개척 활동이라고 할 수 있습니다.

④ '잘생겼다', '예쁘다', '잘 먹는다' 하면 특히 안 된다는 글을 어디서인가 보았는데, 맞는지요?

신장위구르자치구에 가보았을 때도 아이들에게 칭찬하는 모습을 직접 보지는 못했지만, 그렇다고 위구르족을 통해 그러한 금기어가 있다는 사실도 들은 바 없습니다. 어린 아이를 돌보는 어른들의 사랑스런 눈빛과 아이를 자랑하는 모습을 접하면서, 과연 칭찬 금기의 관습이 있을까 하는 의문이 듭니다만, 현재로서는 정확하게 파악한 바는 없네요. 기억에 남는 한 가지는 위구르족 집을 방문했을 때 아이를 안고 있는 엄마한테 아이에 대한 칭찬을 한 적이 있는데, 엄마의 반응이 좋았던 기억이 나네요.

(그림 2-53) 신장 위구르 가족1

(그림 2-54) 신장 위구르 가족2

⑤ 한족과 소수민족 사이에서의 차별에 대해 한족의 입장과 소수민족의 입장이 다르던데, 정말 현지에서도 차별이 존재하나요?

차별이나 편견이 존재하지 않는 사회나 국가는 찾아보기 힘들죠. 중국도 예외가 아니겠고요. 계층 간, 지역 간, 도농 간, 동서 간, 그리고 민족 간 차별과 이로 인한 갈등이 존재한다고 할 수 있죠. 체험적으로 볼 때, 티베트 라싸 등지를 방문했을 때 티베트인 중에는 빈부격차와 직간접적 차별로 인해 한족에 대한 적개심이 있음을 느낄 수 있었는데요. 티베트인에게 중국어로 얘기하면 한족으로 여기고는 냉랭한 반응으로 응대하죠.

신장위구르자치구 카스 지역에서도 기차를 타면 우리를 한족으로 오해하여 태도가 냉랭한데요. 외국인관광객이라는 사실을 알고 나서는 태도를 바꾸어 친절하게 대하는 경우가 있죠.

윈난성 리장의 나시족 가이드는 관광지 입장료 수입이 엄청날 텐데 이 수입금을 현지 관광개발과 환경개선에 쓰는 게 아니라 중국당국의 손에 들어가 자신들 배만 채운다고 불평을 쏟아내기도 하죠.

이러한 불만과 불평의 배경에는 민족 간 빈부차, 무리한 소수민족동화정책, 승진에서의 소수민족 차별, 소수민족 자치구에서의 자치권의 제한 및 교육현장에서의 민족 언어 제한 등의 요인이 있다고 할 수 있겠죠. 이러한 이슈가 문제화되면서 시위와 독립운동으로까지 이어지고, 그때마다 많은 사람이 희생되기도 했죠. 물론 92%의 한족이나 대도시에서 나름의 권리를 누리는 일부 소수민족은 차별이 크게 존재하지 않는다고 인식하겠지만, 벽지인 소수민족 거주지역에 들어가서 보면 직·간접적 차별로 인한 불만이 적지 않음을 느낄 수 있죠.

⑥ 경제 발전과 함께 전통문화가 사라져가는 것이 현실인데요. 급성장하는 중국에서 소수민족 각각의 문화는 잘 보존이 되고 있나요? 아니면 자연스럽게 또는 정부의 압력으로 사라지고 있나요?

문화대혁명(1966-1976) 시절 마오쩌둥은 티베트인이 숭상하는 조캉사원(大昭寺)을 돼지우리로 만들면서 티베트 종교문화 말살정책을 편 경우가 한차례 있었죠.

하지만 이후에는 외관상으로는 소수민족 문화를 존중하고 보존하는 정책을 펴오고 있죠. 현재 나시족 고유의 문자인 동파문자 등 소수민족 언어나 문자, 종교, 전통복장, 결혼이나 장례 문화 등 다양한 민족 문화가 그 본연의 면모를 간직하고 있죠.

중국정부는 56개 민족의 화합과 단결을 위해 '대가정'이라는 모토 아래, 55개 소수민족을 우대하는 정책을 펴고 있는데요. 우선 소수민족 자치구나 자치주에는 일정한 자치권을 부여하고, 그들의 문화와 풍속, 그리고 언어와 문자 사용을 지지하고 있으며, 그들의 종교 역시 자유롭게 누릴 수 있게 허락하고 있죠. 한 가구 한 자녀 정책 시행 때에는 소수민족은 2자녀를 가질 수 있도록 하용하고, 소수민족 자녀가 대학 진학 시에는 중앙민족대학 입학우대와 학비 지원 등도 시행하고 있죠. 그 밖에 주택 건설 지원 등의 정책도 펼치고 있습니다.

다만 조선족 옌볜자치주 경우처럼 타지로의 이주 등으로 인해 그 문화유산이 조금씩 소실되는 상황이 발생하죠. 아울러 티베트나 신장위구르자치구, 닝샤후이족자치구 지역에서 독립시위 등이 발생하는 경우, 종교적 활동을 제한하고 군중집회를 불허하기도 합니다.

중장기적으로는 소수민족 동화정책을 펴 가는데, 예를 들면 한족의 소수민족 지역으로의 이주, 학교에서의 소수민족 언어 사용 제한 등을 통해 그들 고유의 문화가 희석되는 양상도 벌어지고 있죠.

⑦ 티베트족과 더불어 위구르족이 심하게 탄압을 받고 있는데요. 위구르족은 왜 중국에게 탄압을 받고 있나요?

티베트와 위구르 모두 평상시에는 평온하지만, 독립시위를 일으킬 때마다 무자비한 제압을 당한다는 면에서는 동일하죠. 두 민족 모두 독립 열기가 높고, 이들 지역의 석유, 가스 등 지하자원은 무궁무진하고 농산물 역시 풍부하며, 영토 면적 또한 크기 때문에 이 지역을 절대 놓칠 수 없는 중국으로서는 강제진압의 방식 외에는 별다른 수단이 없다고 생각하는 것 같습니다.

제3자 시각에서는 인권이나 민족의 자유권을 보장해주기 위해 독립을 시켜주는 것도 방법이라고 생각하지만, 중국 당국은 절대 허락할 수 없고 따라서 무력으로 제압하면서 반복적인 희생이 따르게 되죠.

위구르족은 고대부터 돌궐족의 일파로서, 오래전부터 위구르 왕국, 위구르제국을 형성하며 독립적인 국가를 지탱해왔죠. 18세기 청나라에 의해 복속되지만, 위구르족은 이슬람 민족의 국가를 꿈꾸며 독립 열기를 굽히지 않고 반중정서도 상당히 높죠.

따라서 중국 정부는 대규모 시위 때마다 폭력으로 제압을 하고 주동자들을 감옥에 가두고 노동교화소로 보내 강제 노역과 세뇌교육을 시키는 일을 반복하고 있죠. 위구르족의 독립운동은 타 소수민족의 독립시위에 영향을 주기 때문에 더욱 강력하게 제압하려는 것이고요. 또한 위구르족은 지리적으로나 혈통적으로 아프가니스탄이나 튀르키예와 밀접한 연계가 있어서 이들 국가와의 연계성

부분에 대해 중국 당국은 상당히 신경을 쓰고 있는 것입니다.

⑧ 중국정부는 취업관련 캠프라는 명목으로 위구르족을 교육시키고 있다고 알고 있는데요. 조금 알아보니 수용소 시설에서 한족융화 교육을 한다고 합니다. 이 역시 서북공정의 일환인가요?

중국정부의 서북공정은 티베트의 서남공정, 조선족 거주지역의 동북공정과 마찬가지로 위구르족 거주지역이 고대에는 한족의 역사가 먼저 시작한 곳이라는 역사인식을 심어주기 위해 자료를 왜곡, 편집하여 이론적 근거를 마련하는 공정인데요. 이러한 공정은 학문적 근거를 마련하는 것이기 때문에 무력이나 실력 저지 행동과는 직접적 관련성은 적다고 하겠죠.

다만 위구르 지역에서의 중국정부의 위구르족 시위에 대한 대응의 일환으로 체포, 구금, 인권유린과 강제노역, 민족성 말살 및 동화정책 실시는 그 사실 여부는 세밀히 따져봐야겠지만 국내외 뉴스를 통해 전해지는 상황이죠.

제3자의 객관적 입장에서는 독립과 자치 실현을 위한 시위운동으로 인한 비극적인 역사가 아직 진행 중이라는 사실은 안타까운 현실입니다.

⑨ 천산천지 지질공원은 5A 국가급 풍경구로 지정되어 있는데요. 국가급은 어떻게 책정되며, 5A급이면 어느 정도의 평가를 받은 곳인지요?

중국은 관광명소에 대해 우리의 문화관광부에 해당하는 국가여

(그림 2-55) 우루무치 천산천지

유국에서 심사를 통해 그 등급을 매깁니다. A, AA, AAA, AAAA, AAAAA 등 다섯 가지 등급이 있는데, 그중 AAAAA 즉 5A가 최고 등급에 속하죠. 관광환경, 위생, 교통, 통신서비스, 쇼핑시설, 관리상태, 환경보호여부, 역사문화 가치 등 항목을 평가기준으로 하여 심사를 하는데요. 우리에게 알려진 유명한 관광명소는 대부분 5A급으로 현재 300곳 가까이 있는 것으로 파악됩니다. 이러한 5A 등급 명소들은 그 등급에 걸맞게 입장료가 비싼 편이죠.

⑩ 실크로드 길목에 있는 지역 간에 문화 차이로 인한 문제는 어떤 것들이 있는지요?

한 왕조(기원전 202년-서기 220년)의 무제 때 장건이 서역에 파견되면서, 서쪽 지역 나라의 문화가 중국에 알려지기 시작했는데요. 당시 흉노제국이 강성하여 한무제가 현 아프가니스탄 지역의 대월지국 및 오손 등과 연합하여 흉노를 제압하기 위해 장건을 파견하였죠. 하지만 흉노에 잡혀 포로가 되고 결국에 도착한 곳이 지금의 우즈벡 타슈켄트 지역에 자리한 대완(大宛)국이었지요.

한무제는 흉노가 남북으로 갈려 와해하는 과정 중에 이들을 공격하여 남흉노를 제압하면서 탄탄대로를 걷게 되죠. 이러한 역사를 보면 실크로드의 개척 초기부터 전쟁이 있었음을 알 수 있죠.

한 왕조의 흉노 공격으로 이 민족이 서쪽으로 이동하게 되고 이에 영향을 받은 게르만족이 남하하여 로마제국으로 이동하면서 서로마제국이 멸망하는 간접 효과가 발생하였는데요. 이 역시 실크로드와 연관이 있는 사건이죠.

후에 당 왕조의 태종이 당시 세력을 확장하던 서쪽 현 신장위구르 지역의 돌궐족에 맞서 싸워 서돌궐을 물리치면서 이곳에 안서도호부를 설치하였죠. 그리고 실크로드 천산북로와 천산남로를 관할하였죠.

하지만 현 티베트의 원조가 되는 토번국이 강성해지면서 당 왕조를 물리치고 이 지역을 9세기까지 관할하게 됩니다. 결국 돌궐제국과 당 왕조의 전쟁, 토번국과 당 왕조의 전쟁도 실크로드를 배경으로 이루어진 것이죠. 이후 화약 등이 서쪽 유럽으로 전해지면서 종교개혁 및 근대전쟁이 일어나는 데 영향을 미치기도 하죠.

⑪ 실크로드를 통한 교류가 중국의 건축양식에 어떤 영향을 주었으며, 당시 어떤 물건들이 인기 있는 교류 품목이었을까요?

실크로드를 통한 동서 교류가 꾸준히 이어지면서 각 나라 또는 지역의 건축문화가 영향을 끼치는데요. 중국 역시 서역, 페르시아, 유럽 건축양식의 영향을 받았다고 할 수 있죠.

한 왕조 때, 실크로드를 통해 인도의 불교문화가 처음 전래하면서 허난성 뤄양의 백마사 사찰과 용문석굴, 운강석굴, 막고굴 등의 석굴 형태가 만들어졌죠. 페르시아의 이슬람문화 영향으로 이슬람식 회교사원 건축물도 많이 남아있습니다.

당시 인기 있는 교역 품목으로는 실크 견직물, 모직제품, 향신료, 화약, 종이 등이 있는데요. 실크로드라는 이름에서 보듯이 실크 즉 비단, 견직물이 품질이 좋아 부유층이 선호했던 물품으로 인기가 높았었죠. 동서로 수천 킬로미터가 넘는 거리에서는 먼 지역의 것일수록 희귀성이 있어서, 특정 물건이 전 지역에서 인기가 있었다기보다는 한 지역에서는 이런 물건이 인기가 있고 또 다른 지역에서는 저런 물건이 인기가 있었을 것입니다.

특히 음식 조미에 사용되는 향신료가 서쪽에서 동쪽으로 많이 팔렸고, 추운 지방에서는 모직제품 수요가 많았다고 하네요. 1,500년에 걸친 실크로드 교역은 점차 해상무역이 빈번해지면서 바닷길이 더욱 활성화된 반면, 육상 실크로드는 자연스럽게 힘을 잃어가게 됩니다.

⑫ 다민족의 다원문화로 이루어진 중국은 그만큼 문화와 종교의 차이로 인해 분쟁이 많았을 것 같은데요. 종교적 차이로 인한 분쟁 사례가 있나요? 실크로드가 활발했던 시기에 종교로 인한 문제점이 있었나요?

중국은 그동안 종교에 대해서는 포용하고 융합해온 전통이 있었는데요. 당 왕조 때만 해도 유가사상과 도교 그리고 불교 및 민간사상이 서로 공존한 예가 있었지요. 지금도 이슬람, 불교, 유가사상, 도교 등이 서로 공존, 공생하고 있고요.

이슬람 사원 중에는 중국식 전통건축양식인 기와집 형태로 만들기도 하는데요. 이렇게 중국화, 토착화 과정을 거치면서 공존해온 것이죠. 실크로드가 활발했던 시기에 종교로 인한 문제는 크지 않았다고 봅니다.

다만 그동안의 분쟁과 전쟁의 역사를 보면, 종교 갈등이 분쟁과 전쟁으로 이어진다기보다는 서로 이질적인 문화를 지닌 민족 간

갈등이 시위와 독립운동 그리고 강제진압이라는 형태로 악순환한다는 점이죠.

물론 티베트 라마교나 티베트 영향을 받은 네이멍구의 라마불교, 신장위구르 이슬람교, 낭샤후이족의 회교 등 각 민족이 유지해온 종교가 존재하기 때문에 외관상 종교탄압, 종교 전쟁으로 보이나, 근본적으로는 민족 간 갈등이 자리하고 있죠.

문화대혁명 기간 중 마오쩌둥의 티베트인들이 신성시하는 조캉사원 모독, 티베트자치구와 네이멍구자치구 및 신장위구르자치구의 민족언어 교육 제한, 신장위구르의 이슬람식 생활문화의 개조 등의 조치를 보아왔는데요. 중국정부 입장에서는 소수민족의 독립운동이 종교시설에서의 모임 형식으로 이루어지고 민족의 언어문화를 유지하면서 독립열기를 이어간다고 판단하였기에 독립 기세를 꺾기 위해 일정 부분 종교문화에 대한 제한을 두는 것이라고 설명할 수 있습니다. 결국 종교 갈등이나 탄압은 수단이고, 목적은 소수민족 분리 독립을 막는 것입니다.

⑬ 중국은 동서 간 시차가 실제로는 4시간이라고 하는데요. 그러면 중국은 표준 시간을 어떻게 설정하나요? 수도에 맞춰서 설정하려 해도 시차가 4시간이면 다른 지역에서의 불편이 상당할 것 같은데요.

중국은 미국처럼 뉴욕 시간이나 하와이 시간 같은 지역별 시간이 설정되어있지 않습니다. 수도인 베이징 시간으로 통일하여 적용하고 있죠. 그래서 방송을 보면 "현재 베이징 시간은 몇 시 몇 분입니다."라고 알립니다.

그런데 중국은 동서 길이가 5,200km로서 동과 서는 실질적으로

4시간 정도 차이가 나죠. 동쪽 베이징이 베이징 시간으로 오전 6시에 해가 뜬다고 하면, 서쪽 신장 지역은 실질적으로는 네 시간이 늦기 때문에 새벽 2시경에 해당하죠. 따라서 베이징 시간으로 오전 10시가 넘어야 해가 뜨기 시작합니다. 그래서 신장 우루무치에서는 베이징 시간으로 오전 11시 출근하고 오후 9시 넘어 퇴근한다고 보면 됩니다.

(그림 2-56) 베이징까지의 거리가 3396km

제3장 서부 티베트문화와 북부 네이멍구유목문화

1. 티베트문화 이모저모

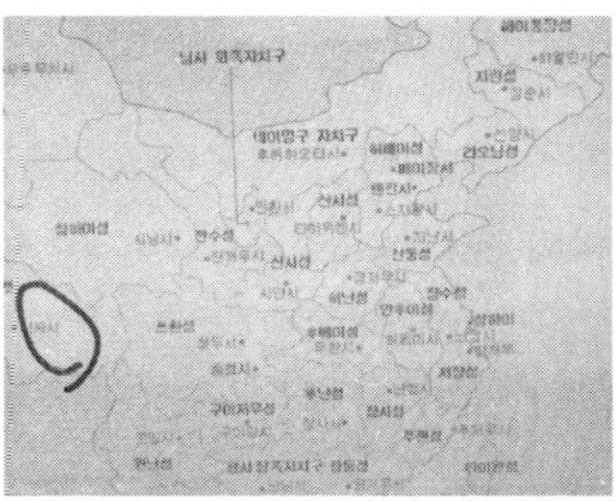

(그림 3-1) 티베트

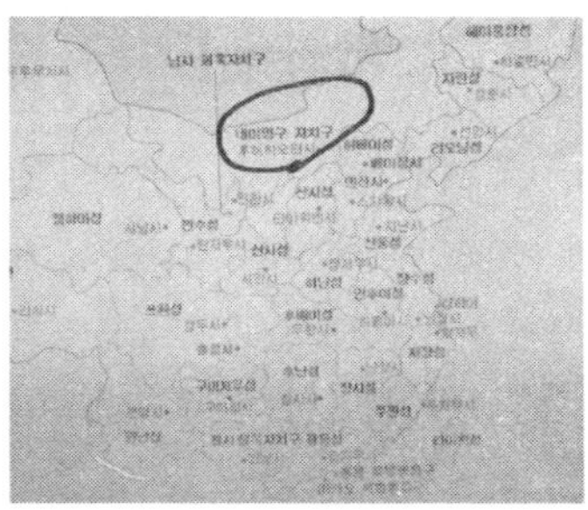

(그림 3-2) 네이멍구

"쇼부틀레!(안녕하세요!)"

여기서는 서부 티베트문화와 북부 네이멍구유목문화에 대해 이야기하고자 한다. 우선 중국의 서쪽 끝 티베트문화의 이모저모에 대해 알아보자.

1) 티베트 라싸와 라마교

중국에서 시짱자치구(西藏自治區)로 불리는 티베트자치구는 중국의 서남부 끝에 위치한다. 지형은 만년설로 유명한 히말라야산맥과 연결되는 고원지대다. 이곳의 성도인 라싸(拉薩)는 '신이 사는 성스러운 땅'이라는 뜻으로 티베트불교의 성지이자 티베트에서 가장 번화한 도시이기도 하다.

해발 3,600m 고지에 자리하고 있어서 햇빛이 늘 강하기 때문에 일광성(日光城)이라는 별칭도 가지고 있다. 전형적인 고산기후의 특징을 지니고 있어서 걸어가거나, 또는 버스로 가는 도중에도 산소 부족으로 인해 구토나 두통, 식욕부진 등의 고산병 증상이 올 수도 있다.

라싸 탐방의 포인트는 라마교에 대한 티베트인들의 신앙과 함께 중국 한족문화와는 다른 도시 색채와 분위기다. 주민 대다수는 중국에서는 짱족(藏族)이라고 불리는 티베트인인데. 라마교를 신봉하는 이들에게 있어서 종교는 생활의 일부가 아닌 전부라고 할 수 있을 정도로 생활과 종교가 밀착되어 있다.

라싸는 7세기 티베트 왕 송첸캄포(松贊干布)에 의해 건설된 도시다. 이곳의 독자적이고 자생적 종교는 샤머니즘 계열의 분교(苯教)인데, 네팔을 거쳐 들어온 인도의 밀교 형태의 불교와 결합하여 라마교가 탄생된다. 라마교는 후에 네이멍구와 칭하이성 일대까지 확산된다.

라마교의 라마는 어떤 의미일까? 라마는 지위가 있고 박식한 승려를 뜻한다. 제정일치는 17세기 정치와 종교를 한 손에 쥐고 있던 통치자 달라이라마 5세 때부터 시작된다.

2) 포탈라궁과 조캉사원

포탈라궁(布達拉宮)은 라싸의 상징이라 할 수 있는 건물로서. 13층으로 높이는 약 117m, 너비는 360m에 달한다. 티베트 최초로 통일왕조를 이룩한 송첸캄포가 그의 부인으로 온 당나라 문성 공주(文成公主)의 권유로 불교를 신앙하면서 이 궁을 창건하게 된다.

(그림 3-4) 라싸 포탈라궁

포탈라궁은 전쟁으로 파괴되었으나, 17세기 달라이라마 5세에 의해 포탈라궁이 재건되어 현재는 약 300여 년의 역사를 자랑하고 있다. 궁은 크게 달라이라마의 거실, 사무실 등 정부의 행정기능을 담당하던 백궁(白宮)과 달라이라마 5세의 사당, 유해를 미라로 봉납하고 여러 가지 장식을 해놓은 많은 영탑들이 있는 홍궁(紅宮)으로 나뉜다. 외국인이 많이 방문하기 때문에 영어로 통역해주는 라마승도 적지 않다.

원래 호수였던 포탈라궁 앞은 광장으로 만들어졌는데, 광장 중앙에는 이제 중국 국기인 '오성홍기'가 펄럭인다. 거리에는 허리를 구부정하게 숙이고 경을 외우며 지나가는 사람, 경을 외우며 구걸하는 사람, 불교식 절인 오체투지(五体投地)를 하는 사람, 분주히 어딘가로 걸어가는 라마승, 배낭을 메고 돌아다니는 외국인 여행객, 그리고 손에 핸드폰을 들고 뛰어다니는 중국인 등 다양한 사람들로 붐빈다. 파란 하늘을 머리에 이고 있는 포탈라궁은 신비로움과 침묵 속에서 과거와 현재가 공존하는 모습을 보여준다.

(그림 3-3) 조캉사원

포탈라궁과 함께 대소사(大召寺) 즉, 조캉사원도 유명하다. 라싸의 상징은 포탈라궁이라고 하지만, 자세히 살펴보면 라싸가 조캉사원을 중심으로 구성된 도시라는 것을 알게 된다. 조캉사원은 티베트불교의 중심사원으로 순례를 오는 사람들로 항상 북적인다.

사원 주위를 도는 길은 팔각가(八角街) 또는 바코르(Barkhor)라고 부른다. 티베트인들은 손으로 전경통(轉經桶), 마니차를 돌리며 입으로는 '연꽃 속의 보석이여'라는 의미의 육자진언인 '옴마니밧메훔'을 외우거나, 또는 온몸으로 오체투지(五体投地)를 하며 이 길을 시계 방향으로 돈다. 이러한 모습은 대소사 곳곳에서도 볼 수 있는데, 라마교는 큰소리로 경을 외는 것을 수양의 한 방법으로 삼는 진언종 계열이다.

7세기 중엽 조캉사원이 건립되고, 당 문성공주와 네팔의 적존공주가 가지고 온 불상을 여기에 보관한 이후부터 더 많은 사람이 몰리기 시작했다고 한다.

바코르는 7세기 말 조캉사원 주위로 먼 곳에서 온 사람들이 쉴만한 숙소들이 들어서면서 형성된 거리다. 현재 이곳은 갖가지 일상용품과 티베트 민속용품을 파는 노점상이 많아 라싸 쇼핑의 메카라 불리기도 한다. 라싸에서 기념품을 사고 싶다면 이곳을 둘러보면 된다.

이밖에도 티베트불교의 3대 사원인 철방사(哲蚌寺), 색랍사(色拉寺), 감단사(甘丹寺)와 유대인의 전통교육인 하브루타와 같은 라마

승의 교리문답 수도장인 드레풍이 있다. 이곳에서는 싸락눈을 뜻하는 세라간덴 등을 통해 치열한 학습문답 광경을 볼 수 있다.

또한 18세기 중엽 7대 달라이라마가 건설한 후 역대 달라이라마의 400여 개의 방으로 구성된 여름 궁전이자 티베트에서 가장 큰 원림과 궁전이 일체인 대형 궁정식 원림인 세계문화유산 노부링카도 가볼 만한 곳이다.

3) 장례문화와 불안한 정국

티베트문화의 특징 중 하나는 독특한 장례문화다. 전통적으로 천장 즉, 조장(鳥葬)을 이어오고 있는데, 천장은 사체를 해부해야 하는 복잡한 과정이라서, 제사장과 같은 전문인이 담당하고 있다. 비용이 적지 않게 들기 때문에 돈이 있는 경우 조장을 하지만, 돈이 없는 경우 수장이나 화장을 하며, 생전에 악한 행동을 한 악인들은 별도로 토장을 한다고 한다. 수장 풍습 때문에 티베트인들은 물고기를 먹지 않는다.

한편 티베트는 근·현대 기간 중 내란과 전쟁의 역사를 겪었고, 결국 달라이라마는 인도로 망명을 갈 수밖에 없었다. 이후 1965년, 티베트는 중국의 자치구 중 하나로 귀속된다. 형식상 티베트 동쪽은 중국정부가 옹립한 달라이라마가, 서쪽은 판첸라마가 다스리고 있다. 1987년에 대규모 폭동이 일어나자 1989년에서 1990년까지 중국 당국은 이곳에 계엄을 선포하기도 하였다. 이후 지금까지 수많은 티베트 승려와 독립 운동가가 체포되는 등 정치적으로 불안한 국면이 계속 이어지고 있다.

라싸로 가는 교통편은 항공편과 칭짱열차, 그리고 칭하이성 거얼

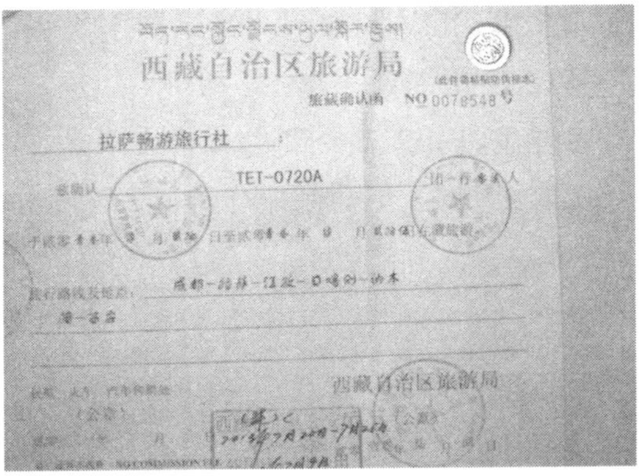

(그림 3-5) 티베트 여행 허가증

무(格尔木)를 통과하는 버스가 있다. 국내선 항공편이라고 하더라도 라싸로 가는 공항수속 절차는 별도의 전용라인을 거쳐야만 한다. 최근 칭짱열차가 개통되면서 열차를 이용하는 승객이 많아지고 있지만, 역사에서의 안전관리를 위한 곳곳에서의 X-레이 짐 검사는 꽤 까다로운 편이다. 칼이나 과도 등은 절대 휴대할 수 없다. 신분증과 열차표의 신분 번호가 일치하는지도 꼼꼼하게 체크한다.

버스를 이용하여 라싸에 들어가기 위해서는 길목인 칭하이성 거얼무 여행국 허가증을 받아야 한다. 거얼무에서는 정치적으로 민감한 지역인 티베트로 여행하려는 외국인에 대한 감시가 삼엄해서, 외국인이 거얼무에 도착하면 바로 동태를 예의주시한다.

4) 언어와 의식주 문화

티베트 문자는 왼쪽에서 오른쪽으로 읽는다. 문자 형태는 ㄷ, ㅌ, ㅁ, ㄹ, 또는 한자 工을 늘려서 쓴 듯한 모양이고, 발음은 부드러운 듯 간결한 느낌을 준다. 예를 들면, “쇼부틀레(안녕하세요)”, “샌니제용(안녕히 가세요)”, “포드랑(궁전)”, “민두(없어요)”, “곰파(사원)” 등의 발음에서 간결함과 함께 운치가 느껴진다.

가옥의 겉모습은 사원의 모양과 비슷하다. 티베트는 마을마다 사원이 있고, 개인이 거주하는 집은 종종 사원 겸용으로 만들어지기 때문이다. 가옥은 주로 2층 구조이고 붉은 기와가 얹혀있으며, 벽은 하얀 바탕에 붉은색과 검은색 띠무늬를 두른 모습이다. 가옥 모퉁이 네 곳에 꽂아놓은 나뭇가지와 깃발은 늘 바람에 나부낀다.

(그림 3-6) 티베트 전통가옥

(그림 3-7) 티베트 흰 야크

(그림 3-8) 티베트 식당

티베트 여성은 결혼 여부를 의복을 통해 보여준다. 앞치마를 두른 여성은 기혼이고, 그렇지 않은 여성은 미혼이다. 이들이 전통 옷을 입고 추는 전통춤 동작을 보면 인도의 춤사위와 흡사하다. 손동작이 많은 편이고 단순하게 빙글빙글 돌거나 허리와 다리를 서서히 부드럽게 움직이며, 우아하게 목을 좌우로 움직이면서 춤을 춘다.

먹거리 이야기를 해보자. 티베트인이 즐겨 먹는 장반(藏飯)으로는 야크고기와 양파를 함께 볶은 요리, 계란과 순무를 섞은 음식, 야크의 혀, 야크 젖을 발효한 요구르트, 두툼한 형태의 고기만두 등이 있다.

티베트에는 예상 밖으로 쓰촨음식을 파는 식당이 많다. 이는 지형적으로 이웃하고 있고 차마고도를 함께 공유하면서, 쓰촨에서 이곳으로 이주해온 사람들이 음식을 전해주었기 때문으로 풀이된다. 식당 이름 중에는 매운 공간이라는 뜻을 가진 마라공간(麻辣空間)이 있다. 매콤한 쓰촨요리가 티베트 라싸에 광범위하게 펴져있음을 말해준다.

티베트의 특산 토속주로 칭커주가 있다. 막걸리와 유사한 저도주인데, 티베트에서 재배되는 보리밀 비슷한 칭커(青稞)를 발효하여 만든다. 칭커의 가루분말은 '잠빠'라고 부르는 주식으로 애용되고 있고, 칭커 가루와 야크 버터를 혼합하여 만든 수유차도 고소한 맛이 일품이다.

수유차는 티베트의 라마가 처음 만들었다고 한다. 주 재료인 차는 7세기 당의 문성공주가 티베트로 시집을 오면서 불교와 함께 들여왔고, 이후 윈난성 푸얼, 다리, 리장에서 티베트를 거쳐 인도와 네팔까지 연결되는 차마고도를 통해 차와 말을 교환하게 된다. 티베트는 비타민 공급원으로서 차가 필요했고, 윈난성 다리국 등은 전투력이 강하고 잘 달리던 티베트의 말이 필요했기 때문이다. 티베트 차인 장차(藏茶)는 쓰촨성 야안(雅安)에서 만들어져 촨짱도로(川藏公路)를 타고 공급되었다. 송나라 때는 차마사(茶馬司)를 설립할 정도로 성황을 이루었다고 한다.

이상으로 중국 서남 티베트의 종교, 역사, 문자, 음식, 의복, 건축, 장례 문화 등에 대해 알아보았다. 이를 통해 티베트인들은 그들만의 고유한 문화를 이어가고 있음이 확인된다.

보충설명

• 라싸 가는 길

흰 구름을 뜻하는 라싸 궁가(貢嘎)공항에 내리는 순간부터 푸른 하늘과 다양한 모양의 선명한 흰빛 구름, 고산과 설산, 푸른 초원과 야크, 양떼, 맑은 호수와 저수지 등 그야말로 한 폭의 그림과 같은 전경이 펼쳐진다.

(그림 3-9) 라싸 공항

공항에서 라싸까지 한 시간 정도 걸리는데, 그 길목에는 3,000km의 야루창포강과 라싸강이 유유히 흘러간다. 평균 강우량이 적은 편이지만 빙하 녹은 물과 고산에서 계속 유입되는 물로 인해 수량은 풍부한 편이다.

하지만 라싸 공항에 도착하면서부터 바로 3,400m 고지대의 산소 부족을 몸으로 느끼는 것 외에는 피할 방법은 거의 없다. 라싸 시내에서 시가체와 간체 그리고 5,400m의 남초호수(Namtso Lake, 納木錯)로 이동하려면 5,000m 고원지대를 몇 번이나 맞이하게 된다. 이때 사람에 따라서 고산증세가 나타나기도 하는데, 머리가 띵하거나 어지럽고 숨이 찬 듯 가쁘며, 경우에 따라서는 속이 불편할 때도 있다.

저산소로 인해 커피나 고추장 봉지가 빵빵해지면서 터지기도 한다. 앉았다가 일어설 때, 또는 고개를 숙였다가 올릴 때 한 번씩 어질하고 숨이 차기도 한다. 계단으로 한 층 올라갈 때도 숨이 차기 때문에 천천히 올라가야 한다. 잠을 청하고자 누우면 갑자기 무거운 중압감으로 인해 가슴이 답답함을 느끼기도 한다. 새벽에는 특히 산소농도가 낮아 잠을 설치기도

(그림 3-10) 고산지대 필수 산소통

한다. 물론 오랜 기간 이곳에 거주한 사람들도 이러한 현상이 자주 나타난다고 한다.

라싸에서는 포탈라궁보다 건물을 높게 지을 수 없다는 규정이 있다. 경관을 해치지 않기 위함도 있지만 바로 이 산소농도가 옅기 때문이다. 그래서 티베트에 도착해서는 적응을 위해 당분간 목욕은 하지 말고 머리도 감지 말며, 따뜻한 차를 계속 마시라고 주의를 당부한다. 고원지대에서 술이나 담배를 금지하라고도 조언한다.

경험자들은 병원에서 처방받은 비아그라 50g을 매일 아침 복용하거나, 중국에서 생산한 고원안(高原安)이나 해양(海氧)을 복용하거나, 또는 아스피린을 복용하기를 권한다. 하지만 일행이 나름의 처방을 하고 체험한 결과, 각자의 체질에 따라 그 증상도 다르고 처방 효과 역시 다르다는 것을 확인할 뿐이었다. 정답은 없다고 하겠다.

이곳 3,000m에서 5,400m 사이를 오가면서 며칠을 지내고 나면, 그동안 그 존재가치를 몰랐던 평지의 보이지 않았던 산소가 얼마나 소중한지를 뼈저리게 느끼게 된다. 일상생활에서 놓치기 쉬운 것들의 소중함을 깨닫게 된다. 저산소의 방해에도 불구하고 자연의 원초적인 색채를 그대로 간직한 티베트는 또 한번 방문하고 싶은 아름다운 곳이다.

• 티베트박물관

노부링카궁전 맞은편에는 1999년 개관한 티베트박물관이 자리하고 있다. 티베트 전통가옥과 다양한 티베트 문물이 전시되어 있는데, 라마 불교 관련 유물이 많은 편이다. 울산시 울주군 언양읍 대곡리 반구대암각화와 유사한 고대 신석기시대 암석화도 전시되어 있다. 티베트 전통의복도 가지런히 배치되어 있어서, 티베트 역사와 풍속을 이해하는 데 도움을 주는 장소다.

내부 전시실에는 참도 카루오 유적지(Qamdo Karuo Cultural relics, 昌都 卡若)에서 출토된 선사시대 쌍체도기두레박(雙体陶罐), 불상, 금은과 산호 가루로 적은 티베트 필사본 문헌, 탱화(唐卡畵), 악기와 법기, 도자기, 목각장식 등 공예품, 상아조각 경전, 향로, 차 난로 등 다양한 유물이 전시되어 있다. 고대와 현대가 잘 어우러진 모습이다. 특히 1층 로비에 배치된 티베트 전통 건축양식은 티베트 건축문화를 잘 보여주는 상징물이다.

● 칭짱열차를 타고

라싸에서 270km 떨어진 서북쪽 간체와 시가체까지 버스로 약 5시간 달리다 보면, 길 저편으로 중국에서 가장 높은 곳에서 가장 긴 거리를 운행하는 칭짱열차(青藏列車)가 달리는 모습을 볼 수 있다. 지금은 라싸가 출발역이자 종착역이지만 곧 서쪽 네팔 카트만두까지 연결할 계획 하에 산과 산 사이를 고가 철길로 연결하는 대역사를 진행 중이다.

티베트 라싸에서 산시성 시안까지 가는 칭짱열차에 오르면, 중간중간 아름다운 티베트의 양바첸, 춰나호(措那湖), 창창 대초원, 설산연봉, 타타하, 거거시리 등 티베트고원의 풍광들을 감상할 수 있다. 낮에 출발한 열차는 밤이 되면 칭하이성 거얼무역을 지나고, 다음 날 아침이 되면 칭하이성 시닝역, 낮에는 간쑤성 란저우역, 그다음 날 아침에 종착지 산시성 시안역에 도착한다. 가의 이틀에 걸쳐 4개 성급 지역을 지나는 셈이다.

라싸에서 출발하여 칭하이성에 이르게 되면 점차 3,000m에서 2000m 고도로 내려오면서 끝없던 초원과 지평선은 나무와 논밭이 보이는 농촌 시골풍경으로 바뀐다. 칭하이성 성도 시닝은 서부대개발의 전진기지답게 높은 건물들로 스카이라인을 바꾸며 대도시의 면모를 보여준다. 간쑤성 란저우를 지날 때는 황토고원이 눈앞에 펼쳐지는데 이 모습 또한 장관이다.

(그림 3-11) 라싸-상하이 기차

칭짱열차는 3,000m 이상의 고원지대를 지나기 때문에, 열차 안에 산소 공급 장치가 구비되어 있고, 해발 고도와 실내 산소량을 나타내는 화면도 제공한다. 장시간 여행이라 식당 칸이 마련되어 있으며, 4인실 침대칸, 화장실 그리고 세면장은 깨끗한 편이라서 쾌적한 여행을 즐기기에 안성맞춤이다.

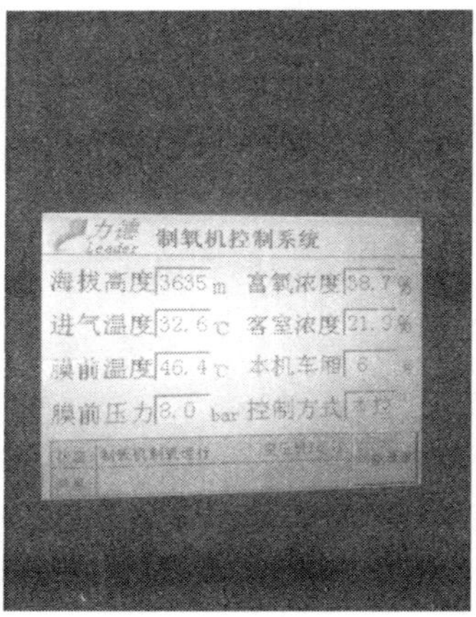

(그림 3-12) 기차 내 산소 표시기

식당 칸에서 제공하는 요리는 가격이 합리적이고 맛도 괜찮은 편이다. 다른 열차의 식당 칸과는 달리 영업시간이 정해져 있어서 식당에서 여유롭게 담소를 나누다 보면 마감시간이 다가온다는 점이 다소 아쉬운 점이다. 맥주 가격은 10위안, 요리 한 접시에 58위안, 38위안, 28위안 등 가격이 다양하고, 과일과 도시락, 각종 음료와 주류, 과자와 안주 등도 다양하게 비치해놓고 있다.

티베트를 여행할 때는 갈 때는 항공편으로, 올 때는 티베트와 칭하이의 고산과 고원의 멋을 감상하기 위해 칭짱열차로 이동하는 것을 추천한다.

2. 티베트 역사와 현실문제

앞서 티베트의 종교, 역사, 문자, 음식, 의복, 건축, 장례 등에 함께 공부해 보았다. 여기서는 티베트의 현대사 속 독립시위와 이에 대한 당국의 압제 등 현실문제에 대해 제삼자의 객관적 시각에서 살펴보도록 한다.

1) 티베트 독립시위와 진압

2008년, 중국은 처음으로 하계 올림픽을 개최하는 영광스러운 해였다. 하지만 그해 봄 티베트에서는 대규모 독립시위가 발생했다. 이 소요사태는 인민해방군과 무장경찰의 강경 진압으로 100여 명이 희생되는 유혈 참사로 막을 내렸다.

티베트 독립시위와 이로 인한 희생은 어제오늘의 일이 아니다. 1959년 3월 10일에는 14대 달라이라마가 머물던 노부링카궁전 앞에서의 대규모 독립시위 중 12만 명의 티베트인이 목숨을 잃었고, 달라이라마는 티베트를 탈출하여 인도 다람살라에 망명정부를 수립하였다. 1989년 3월과 1993년, 그리고 1996년의 대규모 시위 때도 중국 당국의 무장진압과 탄압 등으로 지금까지 100만 명이 넘는 티베트인이 희생되었다.

2000년 티베트불교 제3대 파벌인 카규파를 이끄는 수장이자 최고지도자인 제17대 카르마파 우기엔 트린리 도르제가 비밀리에 히말라야산맥을 넘어 달라이라마의 망명정부가 있는 인도로 탈출하였다. 현재는 달라이라마와 중국이 각각 11대 판첸라마를 지명한 상태인데, 달라이라마 후계자로 지명한 겐둔 초에키 니이마는 현재

(그림 3-13) 라싸 노부링카궁

행방이 묘연한 상태다. 중국이 지명한 친중국계 판첸라마인 기아인카인노르부는 중국정부에 의해 옹립되어 어용지도자로 평가받고 있다.

거슬러 올라가 1966년에서 1976년까지의 마오쩌둥의 문혁 시기에는 티베트사원이 거의 파괴되었다. 티베트인이 신성시하는 조캉사원을 돼지우리로 사용해 그들의 자존심에 심한 상처를 내기도 하였다.

2010년 10월, 중국 정부가 티베트 학교의 수업에 티베트어를 금지하고 중국어만 사용하도록 할 방침이라는 소식이 전해지면서 분노한 티베트 학생들의 항의시위가 일어났다. 시위 물결은 티베트인이 많이 거주하는 북서부 칭하이성(青海省)으로까지 확산되었다. 수천 명의 시위대가 티베트어 학습권을 보장하라는 구호를 외치며 평화적인 시위를 벌였지만, 결국 무장군인들에 의해 진압되었다.

2011년 4월에는 현지 정부가 일부 승려들의 불법적인 포교 활동을 이유로 승려에 대한 법률교육을 실시하자 20살의 티베트 승려 푼촉이 중국의 티베트 정책에 항의해 분신자살하였다. 뒤이어 승려들은 대규모 시위를 전개하였다. 치안부대는 티베트 불교사원 승려 300명 이상을 체포하였는데, 이 과정에서 아무런 죄도 없는 티베트 주민 2명이 사망하는 비극이 일어났다.

2) 유화정책, 그리고 차별과 박해

중국 당국은 티베트의 안정을 위해 그들에게 집과 학교를 지어

주는 등의 유화정책을 펴고 있다. 중국 공산당에서는 티베트인들에게 돈을 주고 주택건설사업도 추진하고, 혜택을 받은 티베트인들은 자발적으로 중국 국기인 오성홍기를 걸고 있다고 홍보한다. 하지만 국기를 걸지 않은 집들도 있다. 중국 국기가 티베트인들의 전통가옥, 포탈라궁, 조캉사원의 중심부에 설치되어 펄럭이는 모습은 무언가 강제적이고 인위적인 느낌을 준다. 주변 경관과 잘 어울리지 않는다는 느낌도 지울 수 없다.

티베트인들은 지역적으로 서부내륙 편벽지역에 거주하면서 자신들의 전통문화를 별다른 훼손 없이 자연스럽게 보존해 왔다. 이는 중국 당국이 회유책을 펼쳐도 망명 중인 정신적 지도자 달라이 라마를 중심으로 한 티베트인들의 고국 회복을 위한 독립 정서가 기타 소수민족보다 더 강하게 유지되는 기반이다.

현재 상당수의 한족이 거주하는 티베트에서 티베트인 자신들의 저항을 조직화할 수 있는 거점 기반은 점차 약화되고 있다. 하지만 중국의 감시가 더욱 심해지는 상황 속에서 독립 실현 가능성은 더욱 낮아짐에도 불구하고, 그들의 독립 의지는 꺾이지 않고 있다.

또한, 한족과 티베트인의 차별정책, 한족의 기득권 유지 및 고위직의 독점, 티베트인의 중앙 진출 제약 등도 분규의 원인이 되고 있다.

라싸는 현재 구시가지와 신시가지로 나누어져 있다. 외관상으로 보아도 신시가지는 대륙 본토에서 이주해 온 한족들에 의해 제법 현대적 면모를 갖추었지만, 티베트인이 거주하는 구시가지는 여전히 낙후되어 있다. 라싸 인구 약 2,800만 명 중 약 80%가 티베트인이지만 신시가지는 한족이 계속 이주해 들어와 상권을 장악하고 있어 구시가지 티베트인들은 빈부격차와 차별에 대한 불만을 가지고 있다.

중국인 또는 외국인이 티베트를 여행하려면, 지정 여행사를 통해야 한다. 5명 이상의 단체이어야 하며, 허가된 지역에 한해서 갈 수 있고 현지가이드가 동행해야 한다. 또, 중국 비자 외에 따로 퍼밋을 받아야 한다.

결론적으로, 라싸를 드나들 때는 신분증과 함께 허가증을 항상 제시해야만 한다. 여행사 측에서는 사본을 여러 장 준비했다가 검문소마다 사본을 제출하기도 한다. 또한, 중국 국내공항에서 티베트 라싸로 가는 여행객의 심사통로는 별도로 마련되어 있다. 공항 경찰의 날카로운 눈빛을 받으며 통로를 지나가야 할 정도로 경비가 삼엄하다. 개인적으로 티베트를 방문하기 직전 티베트에서 시위가 일어난 적이 있는데, 놀랍게도 라싸의 티베트인 가이드는 이 사실을 모르고 있었다. 중국 정부의 통제가 심함을 보여주는 것이다.

1949년 10월 중국은 티베트에 대한 영유권을 선언하고, 1950년 10월 인민해방군 3만 명이 무기를 소지하지 않은 4천여 명의 티베트 저항군을 무력으로 점령했다. 1951년 5월에는 '평화해방' 협정을 체결하여 티베트를 합병했다. 1965년 9월 1일에는 행정구역인 티베트자치구를 설립한다.

이후 티베트 독립시위 및 서방세계의 티베트에 대한 탄압 중지와 인권 요구에 대해서 중국 외교부는 공식적으로 내정간섭, 신간섭주의, 분리주의자 및 제국주의의 음모라는 표현을 사용하며 철저하게 대응하고 있다. 동시에 반강제적으로 한족을 이주시키고 이민족 간 결혼을 유도함으로써 자치구를 정치적으로 한족에 동화되도록 유도하고 있다. 현재는 이미 상당수 한족이 이주해있다.

3) 서남공정(西南工程)과 해결책

중국 정부는 티베트의 분리 독립을 막기 위해 근본적으로 서남공정이라는 작업을 통해 이론 무장을 꾀하고 있다. 그럼, 서남공정이란 무엇일까? 티베트의 과거 역사를 중국 측에 유리한 쪽으로 재편하고 편집된 고대사를 통해 현실 이슈를 합리화하기 위한 작업이라고 할 수 있다.

티베트는 명 · 청 시기에도 주권국가였기에 중국의 티베트 침공을 인정하지 않고 있다. 티베트인과 폭력제압을 통해 현재 상황을 고집하려는 중국 당국 사이에 팽팽한 줄다리기가 이어지며 끊임없이 희생이 발생하고 있다. 더 이상의 유혈투쟁과 희생을 막기 위해서는 강자인 중국이 약자인 티베트와 티베트인에 대한 차별 폐지와 정치범 석방, 고도의 자치권 부여와 함께 티베트인의 독립 포기가 현실적 대안이라고 본다. 아울러 국제사회도 인류애 차원에서 더 이상의 희생이 나오지 않도록 평화 분위기를 마련하는 데 다각도로 노력해야 할 것이다.

티베트의 오랜 역사와 지형 조건이 형성한 라마교 문화, 독립시위와 관련된 이슈들에 대해 알아보았다. 문득, 티베트 탐방 때의 기억이 떠오른다. 길에는 군용 차량들이 끝없이 지나가고, 무장경찰 라싸 지부대 바깥벽에는 구호 "청당지휘, 복무인민(聽黨指揮，服務人民)" 즉 "당의 지휘에 따르고, 인민을 위해 봉사한다."라는 의미의 문구가 눈에 띈다. 당시 안타까운 티베트 상황을 잘 보여주는 글귀다.

질의응답

① 중국이 티베트에 대해 유화정책을 억지로 계속 이어가는 이유는 무엇인가요?

티베트는 지하자원 매장량이 엄청나고, 면적 또한 상당히 크죠. 인도나 네팔 등 국가들과 인접한 접경지역으로서 군사, 외교, 안보 면에서도 민감한 전략요충지입니다. 현재의 티베트자치구뿐만 아니라 간쑤성, 칭하이성, 쓰촨성 등 일명 동티베트 지역은 예전에 티베트인이 세운 강성했던 토번국의 영향권에 있었던 곳들이죠. 17세기부터는 달라이 라마를 정치 · 종교상의 군주로 하는 독특한 제도가 유지되었죠. 그래서 현재도 티베트인 거주지가 많이 있고, 티베트문화가 곳곳에 남아있죠.

중국에 편입된 후, 중일전쟁(1937년) 때 독립하였다가 1949년 신중국 건설과 함께 중국에 다시 강제 편입되고. 1951년에 티베트는 중국령으로 편입되죠. 이러한 역사 배경을 가진 티베트인은 종교 문화적으로 결속력이 강하고 자신들의 전통을 지키기 위한 투쟁도 계속 벌여오고 있습니다.

따라서 중국 정부는 시위나 소요 발생 시 강력하게 대처하여 유혈사태를 빚기도 하고, 긴장국면을 조성하기도 하죠. 다른 한편으로는 이 지역에서 동화정책이나 우대정책도 병행함으로써, 그들의 독립 의지를 와해시키려는 전략도 함께 추구하고 있습니다.

② 판첸라마와 달라이라마가 어떤 관계인지 궁금한데요.

(그림 3-14) 인도 망명 중인 달라이라마

달라이라마와 판첸라마 모두 티베트불교의 수장이고요. 윤회환생제도에 따라 환생자 중에서 선임되는데, 1인자는 달라이라마, 2인자는 판첸라마죠. 달라이라마는 특히 세속적인 권력도 함께 보유하고 있으며, 판첸라마는 어린 달라이라마의 교육을 담당하기도 하죠. 현재 달라이라마는 인도에 망명한 상태이며, 달라이라마 14세가 공인한 판첸라마 11세 게둔 초에키 니마는 중국당국에 의해 납치되어 행불되었고, 현 판첸라마는 중국정부가 인정한 노르부가 맡고 있습니다.

③ 티베트인 작품 중 시가 하나를 소개해 주신다면?

9세기경의 티베트 시가 전해지고 있는데요. 다음과 같습니다.

우뚝 선 순수한 땅, 순수한 땅 / 동등하고 필적할 것이 없는 / 이 땅이야말로 그 어떤 땅 중에서도 최고다 / 그리고 그가 이 세상에 처음 났을 때 / 그는 천하 만물의 왕이 되었다 세계의 중심 / 세상의 심장 / 눈으로 울타리 쳐지고 / 모든 하천의 시작점이며 / 산이 높고 땅이 깨끗한 곳이다 / 오, 참으로 훌륭한 나라 / 사람들이 현자와 영웅으로 태어나는 이곳 / 민첩한 영웅들의 나라 / 이 땅의 가치를 알고, 그는 이곳에 왔다.

④ 중국과 티베트인의 갈등은 종교적인 이유 때문인가요? 그렇다면 후이족의 이슬람 신앙은 인정하고 티베트족의 종교는 왜 인정해주지 않는 것인가요? 소수민족에 대한 중국의 배려로 순응하며 살아가는 사람도 있고 독립을 위해 끝까지 대항하는 사람도 있는데요. 두 의견은 소수민족 사이에서도 갈리는 것인가요?

다민족국가인 중국에서 소수민족 이슈는 중국사회가 직면한 문제 중 하나인데요, 92%의 한족은 소수민족을 위해 배려와 나눔을 충분히 실천하고 있다고 생각하는 반면, 8%의 소수민족은 차별과 소외감을 느끼고 있죠.

사회 안정과 조화를 우선하는 중국 정부는 표면적으로 한 지붕 아래 대가족으로서 조화롭게 살아가는 모습을 보여주는데 심혈을 쏟고 있고, 나름대로 소수민족에 대해 기본적인 우대와 배려 정책을 취하고 있죠. 실제로 많은 소수민족이 한족과 조화와 동화 속에서 살아가고 있죠.

하지만 55개 소수민족 중 티베트 짱족과 신장 위구르족, 네이멍구 몽골족은 역사적으로 끊임없는 정치 투쟁과 무력항쟁을 이어오며 독립 열망을 행동으로 이어오고 있습니다. 이들이 다른 소수민족과 달리 독립 열망이 큰 이유는 외곽 변경지대에 거주하며 한족과 다른 혈통을 지니고, 고유의 언어문자 체계를 갖고 그들만의 문화와 관습 속에서 살아가는 민족이기 때문이죠.

⑤ 티베트에는 어떻게 사체를 해부하는 복잡한 과정의 조장이라는 장례문화가 생기게 되었나요?

(그림 3-15) 조장 즉 천장 모습

조장(鳥葬)은 티베트의 독특한 전통불교 장례문화인데요. 이는 마지막까지 세상에 보시하고 윤회설에 따라 내세에 다시 좋게 태어난다는 사상에서 비롯되었죠. 조장은 천장(天葬)이라고도 하는데요. 사람이 죽으면 며칠 지난 뒤 돔덴이라고 불리는 천장사가 천장 터로 시신을 가져간 후 독수리가 먹기 좋게끔 시신을 해체하죠.

독수리가 시신을 먹고 하늘로 오르면 망자 역시 하늘로 올라가 승천하면서 육신이 자연으로 돌아간다고 믿기 때문이죠. 마지막까지 세상에 보시하고 윤회를 이어가는 것이죠.

이러한 장례문화의 배경에는 지리적 상황과도 연관이 있다고 볼 수 있는데요. 화장하려고 해도 나무가 귀해서 화장이 어렵고, 땅은 얼어서 묘를 파기도 힘이 드는 상황이죠. 시체 역시 잘 썩지 않기 때문에 토장이나 풍장도 쉽지 않은 상황에서 조장(천장)을 선택할 수밖에 없었겠죠.

무시무시하고 잔인한 듯한 모습으로 비칠 수 있겠지만, 보시와 윤회 그리고 지리적 관점에서 본다면 시신을 해부하고 독수리에게 먹잇감으로 주는 장례풍습을 이해할 수 있지 않을까 합니다.

⑥ 라마교의 승려는 고기를 섭취한다고 하는데, 그 이유가 궁금합니다. 라마교에서는 살생에 대한 의미가 다른가요?

승려의 육식 허용은 불교 문화권마다 차이가 있다고 합니다. 동아시아는 농경사회로서 육식보다 채식이 수행에 도움이 되고, 특히 산속에서 수행하며 직접 동물을 잡아 요리하여 먹기보다는 주변에서 구하기 쉬운 채소와 곡물로 만든 음식을 먹는 것이 습관화되었죠.

반면, 남방 불교는 오전에 탁발로 식사를 하고 오후에는 금식하죠. 보시를 하는 사람이 주는 음식은 그대로 먹는 것이 관례가 되었기에 채식과 육식을 가리지 않죠. 유목민족으로서 육식 문화에 익숙한 몽골 승려 역시 구하기 어려운 채소를 찾기보다는 주변에 흔한 고기를 먹는 게 수행에 도움이 된다고 하여 육식을 합니다.

고산지대인 티베트는 고기를 먹어야 고산병에 걸리지 않는다고 합니다. 티베트 라마교에서는 승려들이 이러한 이유로 육식을 하죠. 육식 금지가 목적이 아니라 수행이 목적이기에, 육식 금지 계율만 지키면 된다는 것은 주객이 전도되는 것이라고 생각하는 것 같습니다.

⑦ 티베트 문제에 대해 국제사회가 개입함으로 인해 분쟁에 영향을 끼친 사례가 있을까요?

국제사회가 티베트 문제에 무력 개입해서 도움을 주었기보다는 평화적인 해결 촉구와 인권 보호 호소문을 발표하고 외교적 노력을 함으로써 중재에 힘을 쏟았죠. 티베트는 현재 중국 티베트자치구라는 행정구역으로 중국의 일부이기에 국제사회가 무력으로 개입할 상황은 아니죠.

다만 티베트 문제는 인접 인도와의 국가 간 분쟁이라는 결과를 낳기도 했는데요. 2020년 6월, 국경 지역인 라다크에서 양국 군의 맨몸 혈투로 인도군 20명이 사망하였고, 9월에는 국경에서 총격전이 있었죠.

그 배경에는 1959년 티베트의 정신적 지도자 달라이 라마가 인도로 망명하는 사건과 중국이 티베트 지배를 공고화하기 위해 인도 영토를 관통하는 도로를 개설한 사건이 있었죠. 이를 알게 된 인도가 항의하면서 양국 간 분쟁이 시작되었죠. 1959년 양국 간 첫 교전이 벌어지면서 1961년 인도 국경에 초소가 설치됩니다. 1962년에 국경 전쟁으로 인도군 3,000명과 중국군 소수가 사망하는 일이 있었고, 1975년에도 서부 국경에서 총격전이 일어나기도 하였죠.

이러한 일련의 사건은 결국 티베트 문제로 인한 중국과 인도 간 국경 분쟁으로 번진 사례인데요. 현재 인도에서는 중국군에 대응하기 위해 중국에 대한 적개심이 큰 티베트 망명자 출신자들로 구성된 특수부대를 국경에 투입하였다는 소식도 전해집니다.

⑧ 티베트 결혼문화의 특징은 어떤가요?

복장을 보면 기혼인지 미혼인지 대략 구별을 할 수 있는데요. 혼인 여부에 따라 가정이나 사회에서의 지위가 달라지기 때문에 옷의 모양으로 결혼 여부를 나타낸 것으로 추정됩니다. 러시아령인 동몽골 부랴트공화국에서는 기혼여성은 '우우자'라는 조끼를 입고 미혼여성은 가죽 허리띠를 맨다고 하죠. 이 모습 역시 가정이나 사회에서의 위치 변동을 알려주는 것으로 파악됩니다.

티베트 결혼문화 특징을 간단히 소개하면, 우선 과거에 종교가 성행(盛行)했을 때 출가(出家)하는 남자가 많아서 일처다부제도(一妻多夫制度)가 있었다고 하죠. 아직도 외진 농촌 지역이나 유목 지역에서는 한 여자가 여러 형제에게 시집을 가거나, 정해진 배우자 없이 혼인하는 관습이 남아있죠.

일반적인 결혼형식(結婚型式)은 다음과 같습니다.

1. 구혼 : 궁합을 본 후 상대방(여자) 집안에 하닥(哈達)를 공손히 바치며 청혼하죠. 하닥은 티베트나 몽골에서 경의나 축하의 뜻으로 쓰는 흰색, 남색, 황색의 비단수건입니다.
2. 약혼 : 신랑은 신부 측에 하닥과 감사 표시로 돈을 조금 보내죠. 증인이 혼약서를 읽고 쌍방 가장은 도장을 찍죠.
3. 결혼 : 신랑이 색을 입힌 화살과 진주 등으로 장식한 임신한 말을 끌고 신부집으로 가면, 신부는 신랑이 보내준 옷을 입고 기다리죠. 도착 후, 신랑은 채색(彩色)된 화살을 신부의 등 뒤에 놓아 신부가 한 남자에게 소속되었음을 알리고, 옥을 신부의 머리 위에 얹어 신랑의 영혼이 이미 신부의 몸에 붙었음을 표시하죠.

이어서 티베트의 전통적인 입문(入門)의식이 진행되는데요. 하객들이 모두 착석하면 축하주(敬酒)가 시작되고, 불상을 선물하고, 하닥를 공손히 바치는데, 한편에서는 노래를 부르면서 축하하죠. 주인도 감사의 표시로 하객들에게 하닥을 바치고요. 혼례잔치는 3일 동안 계속되며, 이 기간에 친구나 하객이 축하하러 와서 먹고 마시며 즐깁니다.

⑨ 티베트 야크고기 맛은 어떤가요? 다큐멘터리에서 티베트인이 야크버터로 만든 차를 마시는 장면을 보게 되었는데 그 맛도 너무 궁금합니다.

야크(Yak)는 추운 고산 지방에 살기 때문에 털이 긴 들소 모양으로서, 중국어로는 마오뉴(牦牛), 또는 음역하여 야커(亚克)라고 칭하죠. 야크는 짐을 운반하고 젖을 제공하며 식용 고기로도 활용되는데요. 야크는 검은색이 일반적이지만, 간혹 흰색 야크도 존재하죠. 그래서 흰색 야크가 좀 더 귀한 대접을 받죠.

야크로 만든 고기 요리로는 야크 젖, 고기를 재료로 한 볶음 요리, 고기덮밥, 우설 모양의 야크 혀 요리, 말린 야크고기 등이 있죠. 차마고도를 따라 이어져 있는 주변 쓰촨성과 윈난성에서도 말린 야크고기를 파는 곳이 많이 있죠.

야크버터차는 일명 수유차(酥油茶 쑤유차)라고 하는데요. 티베트 수유차는 약간 짭조름하면서 기름진 밀크티 맛이 납니다. 긴 통에 야크버터와 보이차를 섞고 소금을 살짝 추가한 후 저으면서 만드는데요. 고원의 건조한 기후 영향으로 피부가 건조해지는 것을 막기 위해 기름진 버터를 섭취하는 것이죠. 소금으로 부족한 염분을 보충하고, 채소 섭취가 힘든 고원지대에서 그 영양소를 공급받기 위해 만들어진 차라고 보면 되겠죠.

(그림 3-16) 차 만드는 공구

중국 네이멍구와 몽골에서는 수태차라고 하여 수유차와 비슷한 차가 있는데요. 역시 보이차에 염소젖이나 우유를 함께 끓인 후 소금으로 간을 한 차로서 몽골인이 과자나 유제품과 함께 즐기고 손님에게도 대접하는 기호 음료입니다.

3. 네이멍구유목문화와 그 특징

"셈베노!(안녕하세요!)"

우리나라에서는 시골 마을 어귀에 천하대장군과 지하대장군을 세워 놓은 모습을 예전에 많이 볼 수 있었다. 하지만 요즘은 보기가 조금 힘든데, 중국 네이멍구의 몽골족은 여전히 수호신인 어보 등의 전통유산을 여전히 간직하고 있다. 여기서는 북방유목민족인 네이멍구자치구의 몽골족문화에 대해 살펴보도록 한다.

1) 네이멍구 개황 및 후허하오터 유목문화

네이멍구자치구(內蒙古自治區)는 내몽골(Inner Mongolia)로 잘 알려져 있다. 중국 대륙의 북부와 동부에 걸쳐 길게 자리하고 있으며, 중국의 행정구역상 최초의 자치구로 신장과 티베트에 이어 이어 세 번째로 넓은 면적을 가지고 있다. 해발 1,800m의 고원지대로서 초원과 사막으로 이루어져 있다.

자치구인 네이멍구의 거주자는 2,360만 명인데, 거주자 대다수가 한족이며, 400만 명의 몽골족을 포함한 소수민족은 약 15.6%에 지나지 않는다. 원래 몽골족은 유목민족이었지만, 청나라 강희제 이래 강력한 정주 정책의 시행으로, 현재의 네이멍구자치구 행정구역 속에서 정착 생활과 유목 생활을 병행하고 있다. 유목민족인 몽골족이 노략혼이라는 혼례방식을 통해 자신의 힘과 세력을 과시했던 관습은 오늘날 사라졌지만, 유목문화 생활방식이나 관습은 여전히 그들의 생활 속에 남아있다.

몽골족은 7세 전후부터 말을 타기 때문에 아이들도 대부분 말을 잘 타는 편이다. 이동수단인 말은 밭을 가는 데도 이용하기 때문에 그들의 생활에서 떼어낼 수 없는 필수불가결한 존재이다. 그래서인지 음주운전으로 사고가 나는 경우보다 음주 후 말을 타고 가다가 떨어지는 낙마 사고가 많다는 이야기도 있다. 네이멍구에서는 말 목줄을 울타리에 묶는 방식과 함께 말들이 도망가지 못하게 양다리를 줄로 묶는 방식을 취한다는 점도 흥미롭다.

몽골족은 기질적으로 싸움을 좋아하고 싸운 후에는 아무 일 없었다는 듯이 지낼 정도로 선하면서 야성도 있다. 이들은 씨름을 잘하고 전국 격투기 대회에서도 좋은 성적을 거둔다.

성도는 후스(呼市)로 약칭되는 후허하오터(呼和浩特)로서 푸른색의 도시라는 의미의 칭청(青城)이라고도 불린다. 과거에는 베이징에서 저녁 무렵 출발하는 열차를 타면 이튿날 아침 무렵 후허하오터에 도착하였는데, 요즘은 고속철도 둥처(動車)나 가오톄(高速鐵)가 생겨 이동시간이 크게 단축되었다.

(그림 3-17) 몽골족과 한족 아나운서 합동 진행

후허하오터는 어디를 가나 몽골어와 중국어가 함께 사용된다. 길거리 간판을 보면 몽골어와 중국어가 함께 병기되어 있다. 네이멍구방송국에서 진행하는 프로그램을 보면 몽골족과 한족 아나운서가 함께 출연하여 두 언어를 번갈아 사용하고, 자막 역시 두 언어를 병기한다. 다민족 다문화의 다원 형태의 단면을 보여주는 대목이다.

이 지역의 민족 상황과 역사에는 후허하오터 네이멍구박물관을 참관하면 일목요연하게 알 수 있다. 박물관 전시실에는 과거 이곳을 호령했던 주요 북방민족의 유물과 풍속이 잘 전시되어 있다. 특히 흉노족, 동호족, 선비족, 거란족, 여진족, 어원커족(鄂溫克族)과 어룬춘족(鄂倫春族) 등 당시 북방민족의 유물이 많이 보존되어 있다.

현재 몽골족의 형성 과정을 보면, 동북쪽 동호가 서쪽으로 이주해가면서 틀을 잡고 이후 이들을 이은 선비, 오환, 실위, 달단, 그리고 거란을 거쳐 몽올(蒙兀) 즉, 몽골족으로 이어진다. 북방 흉노와 혈연적 관계가 깊고, 소수민족인 어원커족이나 어룬춘족과도 친연성이 깊다고 할 수 있다.

박물관 내에는 소수민족의 시대별 복장도 전시되어 있어서 의복의 변천사를 살펴볼 수 있다. 전통 옷을 잘 살펴보면 과학적인 면모가 발견된다. 우선 허리에 띠를 두르는 이유는 위하수체를 방지하고 보온 효과를 주기 위해서이고, 장화 같은 신발을 착용하는 이유는 뱀에게 물리는 것을 방지하기 위함이다. 헐렁한 옷을 입는 이유는 벌레에 물리지 않도록 하기 위해서고, 머리에 띠를 두르는 이유는 낮은 기압으로 인해 생길 수 있는 두통을 방지하기 위해서다.

2) 게르와 어보, 그리고 민속음악

초원에서 유목생활을 하는 몽골족이 거주하는 전통가옥은 자연환경 파괴를 최소화하도록 고안된 '멍구바오(蒙古包)' 즉 게르(ger)다. 실내에 들어가면 그들이 존경하는 칭기즈칸 사진이 정 가운데 걸려있고, 남녀가 각각 자리할 수 있도록 좌우로 평상이 놓여있다. 게르 한 채는 약 30분이면 완성하는 데, 완성된 게르의 천장은 개폐식으로 여닫을 수 있다. 실내에 설치된 난로(爐子)는 석탄과 동물 분변을 연료로 하여 온기를 만들어낸다.

내몽골에는 성황당에 쌓아놓은 돌산 모양의 어보가 마을이나 초원 곳곳에 있다. 어보는 몽골어로 '쌓다'를 의미한다. 어보는 마을을 지키는 신성한 수호신 역할도 하고 마을의 경계나 방향표지 역할도 하므로 일반적으로 마을의 경계지역과 마을을 굽어 살필 수 있는 언덕이나 산 또는 수원(水源) 지역에 세운다.

그리고 어보에는 신목을 세워두는데, 신목으로는 버드나무, 자작나무 또는 백양나무를 사용한다. 몽골족은 어보 주변을 세 바퀴 돌고 돌을 얹으면서 소원을 빌고 다시 거꾸로 돌며 소원을 비는 풍습을 유지하고 있다. 차량도 어보를 그냥 지나치지 않고 어보 주위를 돈 후 가던 길을 계속 간다. 옛날에는 설날인 차강사르 때 어보 제사를 지내면서 말의 머리를 어보에 바쳤는데, 티베트불교가 유입된 후부터는 말은 라마에게 주고 상징적으로만 실시한다고 한다. 참고로 동몽골족인 부랴트족은 차나르 굿을 치르는데, 마지막에 말을 바치는 의식을 하지만 역시 상징적으로 도살을 한다고 한다. 그리고 돼지와 물고기는 절대 어보에 바치지 않는다.

네이멍구의 민속 음악은 중국의 전통음악과 많은 차이가 있다. 악기로는 선이 2줄로 이루어지고 끝에 말 머리 모양의 장식이 새겨진 마터우친(馬頭琴)이 있다. 중국의 경극이나 민속 음악에 사용되는 두 개의 선으로 이루어진 얼후(二胡)에 비해 소리가 좀 더 묵직하면서도 웅장하다. 현악기로는 마터우친 외에 4줄로 이루어진 쓰후(四胡)도 있다.

(그림 3-18) 몽골 전통악기 공연

네이멍구 전통 노래로는 세계문화유산에 등록된 민요인 오르팅도르와 한목소리에서 두 가지 이상의 음을 내는 몽골 특유의 창법 흐메(허미, 호메)가 있다. 오르팅도르는 일종의 장가(長歌)로서 <광활한 초원(遼闊的草原)>, <말의 노래>, <작은 황마(小黃馬)> 등이 대표적인 작품이다. 오르팅도르를 노래하는 사람을 오르팅도르치라고 하는데, 오르팅은 장가, 도르는 노래, 치는 사람을 의미한다. 우리의 판소리와 흡사한 게세르와 장가르, 그리고 벤슨울게르 등의 강창 공연이 있다. 내용은 자신들의 선조나 영웅들의 행적과 역사 사실을 담고 있으며, 산문과 운문의 결합 형식인 구술과 읊조림으로 표현한다.

3) 종교문화 특징

후허하오터에는 사찰이 많다. 대부분 티베트 영향을 받은 라마교 계통의 사찰이다. 학식 있는 스승을 의미하는 라마에서 명명한 라마교는 티베트 전통 샤머니즘 분교에 불교가 결합한 형태의 종교로서 '옴마니밧메훔'이라는 진언을 외우고 진언이 쓰인 법륜을 돌리면서 수행하는 것을 원칙으로 한다. 제4대 달라이라마가 칭기즈칸의 후예일 정도로 티베트불교는 몽골족과도 밀접한 관계가 있다.

대표적인 사찰로는 대소사(大召寺)가 있다. 대소사는 내몽골의 라마교 종파 중 황교를 신앙하는 사찰이다. 사찰 왼쪽에는 고승이,

오른쪽에는 신참 승려가 앉아서 수행한다. 우리나라 사찰에서는 고기를 주지 않으며, 승려들도 고기를 먹지 않는데, 라마 승려들은 고기를 먹는 관행이 있다.

(그림 3-19) 네이멍구 오채 깃발

경내에 들어서면 오채 깃발이 나부끼고, 흰 코끼리 모양과 푸른색 소가 놓여있다. 오채 중 녹색은 풀, 백색은 우유, 적색은 제물, 황색은 땅, 청색은 하늘을 가리킨다고 한다. 적색은 태양, 백색은 구름을 가리킨다고도 한다. 흰 코끼리는 마야부인의 태몽을 반영하고 푸른색 소는 석가모니가 그 우유를 먹고 생명을 보존했다고 하는 이야기에서 비롯되었다고 한다.

(그림 3-20) 티베트 오채 깃발

오채 깃발의 형태는 네이멍구와 티베트가 다르다. 네이멍구의 깃발에는 아무런 글자도 새겨져 있지 않지만, 티베트는 깃발에는 경전 글귀가 쓰여졌다. 경전이 바람을 통해 세상에 전파되기를 기원하는 마음에서다.

여기서 글자에 관해 한 가지 설명을 덧붙인다면, 몽골족은 원래 자신들의 문자가 없었다가, 후에 티베트나 위구르, 만주 등에서 차용하였다. 이 문자를 소염부문자라고 부른다. 글을 쓰는 방향도 몽골어는 위에서 아래로 쓰고, 티베트어는 옆으로 쓴다는 점에서 차이가 있다.

4) 볼만한 경관과 음식

네이멍구에는 한 왕조 시절 절세미인 왕소군(王昭君)의 묘가 있다. 당시에 강국 흉노제국과 한 왕조 사이에서 친선 가교역할을 하여 양국 모두에게서 칭송을 받은 여인 왕소군을 기리기 위해 매년 이곳에서 왕소군문화제를 거행한다.

(그림 3-21) 칭기스칸릉

또한, 둥성(東勝) 즉 얼둬쓰(鄂爾多斯, Ordos)에 위치한 칭기즈칸릉(成陵)이 있다. 칭기즈칸을 기리며 제사를 지내는 사당으로 당시의 유물들이 전시되어 있다. 그의 시신은 이곳에 묻혀있지 않으며, 지금까지도 그가 묻혀있는 곳이 어디인지에 대해서는 베일에 가려져 있다.

내몽골은 초원과 사막으로도 유명하다. 대표적인 초원으로는 후허하오터에서 두 시간 거리에 있는 시라무런(錫拉穆仁)이 있다. 두꺼운 외투를 입어야 할 정도로 쌀쌀하지만 맑은 공기와 함께 초롱초롱한 하늘의 별과 달을 보면 가슴이 확 트인다. 말을 타고 초원을 달리며 몽골족의 호방한 기상을 체험할 수 있다.

대표적인 사막으로는 얼둬쓰과 바오터우 중간에 위치하며 모래

바람 소리로 유명한 샹사완(响沙灣)사막과 고비사막이 있다. 핸디캠이나 카메라가 떠다니는 모래가 들어가면 고장이 날 정도로 모래가 미세하다. 하지만 낙타를 타고 사막을 가로지르고, 걸어서 다녀보고, 사막 언덕에서 썰매를 타며 마음껏 즐길 수 있는 장점이 있다. 당국에서는 황사(沙塵)을 막기 위해 나무와 풀을 심는 녹화사업에 애를 쓰고 있지만 사막화는 계속 이어지고 있다.

후허하오터에서 인산산맥과 함께 끝없이 이어지는 초원을 따라가면 '사슴이 있는 곳'이라는 뜻의 바오터우(包頭)도 가볼 만한 곳이다. 동북인이 많이 이주해왔으며, 중국 12대 도시 중의 하나다. 쿤산(昆山)의 강철단지는 아시아 최대 화력발전소가 있고, 시정부의 광장도 잘 정돈되어 있다.

네이멍구에서는 손님을 맞이할 때 우유나 마유로 만든 나이차(奶茶), 나이더우푸(奶豆腐), 황루(黄乳), 나이피(奶皮) 등으로 접대한다. 노래를 부르며 정감 어린 환영을 표시하며 흰 비단 천인 하닥(哈達)을 손에 두르고 왼손바닥 위에 잔을 올려놓고 술을 부은 후 우리의 고수레와 흡사하게 오른손 넷째 손가락과 엄지로 술을 세 번 튀기며 하늘과 땅과 인간에 대한 예를 표한다. 그리고 손에 둘렀던 천을 손님 목에 둘러준다.

한편 네이멍구의 특징적인 음식으로는 양고기로 만든 샤브샤브 솬양러우(涮羊肉), 양 등뼈로 만든 양지구(羊脊骨), 양고기 만두, 양 껍질 요리, 낙타발(駝掌) 요리, 감자 요리, 그리고 귀리가루를 빚어서 만든 담백한 국수 요리인 유멘(莜麵)을 들 수 있다. 대체로 우리 입맛에도 맞는 편이다.

아침에는 빵과 치즈 및 좁쌀을 곁들인 우유로 간단하게 식사를 한다. 특히 네이멍구에는 당나귀고기로 유명한 산시성 사람이 많이

(그림 3-22) 양 등뼈 찜인 양지구

이주해 온 영향으로 가구마다 식용으로 당나귀를 키워서 그 고기를 즐겨 먹는다.

우유와 양고기는 몽골족의 일상 음식이기 때문에 여자는 우유를 잘 끓여야 시집을 잘 가고, 남자는 양 뼈다귀에 붙은 살을 잘 발라야 장가를 잘 간다는 말이 있을 정도다. 칼은 보호용이자 살을 바르는 용도로 사용하기 때문에 몽골족이 칼을 지니는 것은 문화 존중의 차원에서 허용하고 있다. 소수민족인 어원커족(에뱅키족)이 수렵생활을 하는 관계로 총을 소지하는 이 허용되는 것과 같은 이유다.

특산으로는 양모 제품이 유명하다. 면양은 털이 곱슬곱슬해서 봄에 털갈이 후 막 자란 융(绒)과 질이 좋은 나머지 모(毛)로 특산품을 만든다.

이상으로 네이멍구유목문화의 다양한 면모에 대해 살펴보았다. 중국은 지역별로 나누어 살펴볼수록 다양한 문화와 풍광이 선명하게 드러나는 특징이 있다. 다음 장에서는 중국 서남부 윈난성, 구이저우성, 광시좡족자치구의 다양한 소수민족문화와 쓰촨성 지역의 파촉문화에 대해 살펴보도록 한다.

보충설명

- **왕소군**((王昭君)

왕소군은 서한 말 원제(元帝)의 궁녀로서 흉노와의 친화 정책을 위해

호한야선우(呼韓邪單于)에게 시집간다. 결혼한 왕소군은 힘을 다해 양국의 화친을 위해 노력한다. 그리고 그가 죽자 그의 아들에게 재가하여 그곳에서 생을 마쳤다고 한다. 은나라 달기, 주나라 포사, 춘추시대 서시, 한대 조비연, 당나라 양귀비 등과 함께 중국의 대표 미인으로 손꼽힌다.

『서경잡기(西京雜記)』에 보면 원제에게 후궁이 너무 많아 일일이 천자가 그녀들을 볼 수가 없었다고 한다. 그래서 화공 모연에게 일러 그녀들의 초상을 그리게 하였다. 이에 후궁들은 뇌물을 바치게 되었는데 유독 왕소군만은 뇌물을 바치지 않았다. 뇌물을 좋아했던 모연에게 밉게 보인 덕에 초상을 실물보다 터무니없이 못나게 그렸으니 당연히 천자 곁에 가볼 수가 없었던 것이다.

그럴 즈음 세력이 커지기 시작한 흉노가 입조하여 한의 미인을 구하고자 하였다. 원제는 화공이 올린 초상화를 보고 그녀가 제일 못생긴 줄로만 알고 그녀의 초상화에 점을 찍어 흉노족에게 시집보내기로 하였다. 그런데 그녀가 수레에 실려 가는 날에서야 겨우 그녀의 미모를 본 원제는 놀라움을 금치 못하고 말았다. 그녀가 후궁 중에서 제일가는 미녀였기 때문이다.

땅을 치며 후회하였지만 이미 결정된 일인지라 번복할 수가 없었다. 책임을 물어 그녀를 훨씬 못 미치게 그린 화공을 죽이고 재산 또한 몰수하였지만, 이미 때는 늦었다. 실로 중국인으로서는 애석하게 생각하는 미녀다. 왕소군의 슬픈 이야기는 중국이 오랑캐들을 달래기 위한 화친 정책 때문에 생긴 비극이었다.

네이멍구자치구에는 왕소군의 묘지가 있는데, 그녀에 관한 고사를 통해 당시 한 나라와 흉노국의 교류사를 볼 수 있다.

당나라 성당 시기 이백의 「왕소군」이라는 시에는 다음과 같은 내용이 나온다.

한나라 진 땅의 달이	漢家秦地月
달그림자 뿌리며 명비를 보내네.	流影送明妃
한 번 옥문관을 나서더니	一上玉關道
하늘 끝에 가 다시는 오지 않네.	天涯去不歸
한나라의 달은 여전히 동해에 뜨건만	漢月還從東海出
명비는 서쪽 땅으로 가더니 돌아오지 않네.	明妃西嫁無來日
연지산은 늘 추워 눈꽃을 만들고	燕支長寒雪作花
미인은 초췌해져 오랑캐 땅에 묻히네.	峨眉憔悴沒胡沙
살아선 황금이 없어 초상화를 잘못 그리게 하더니	生乏黃金枉圖畵
죽어선 청총을 남겨 탄식을 자아내게 한다.	死留靑塚使人嗟

당시 흉노제국의 막강한 세력 속에서 힘을 다해 양국의 화친을 위해 애썼던 왕소군에 대한 헌시라고 할 수 있다.

• 마터우친, 얼후, 그리고 흐메

반주악기인 말머리 모양이 있는 마터우친과 몽골족이 설창에 사용하는 쓰후(四胡), 중국인들이 경극이나 반주와 독주에 사용하는 얼후(二胡), 우리나라의 해금(奚琴)은 서로 유사한 현악기다. 얼후나 해금은 현에 활을 끼는 데 비해 마터우친은 현에 활을 끼지 않는 점이 다르다.

중국 산둥사대 음대의 얼후 연주자인 가오원산 교수와 인터뷰한 적이 있다. 그는 자료조사 결과, 얼후의 북송시대 모습이 현재 해금과 모양이 거의 같다고 한다. 또 얼후의 기원이 과거 서북방에서 유래한 것이 아니라, 동북지역 및 조선족 거주지에서 유래했다는 설이 가장 설득력 있는 견해라고 언급하였다.

이후 울산예술단 해금 연주자와 만나 대화를 하면서 해금의 모양과 줄, 통, 연주법, 소리 등을 비교해보았다. 해금이 원형을 거의 그대로 간직하고 있고 중안법을 사용하는 반면, 얼호는 서양악기의 영향을 받아 명주실에서 강철 줄로 바뀌고 경안법을 사용하여 동작이 빠르고 고저 전환이 자유스럽게 변화하는 과정을 겪었다고 한다. 얼후는 나무 소리통도 뱀가죽으로 한쪽을 댐으로써 소리의 변화를 꾀한 반면, 해금은 조금 둔한 듯 까칠까칠하면서도 심금을 울리는 낮은 소리를 간직하고 있다고 한다.

한편 흐메는 몽골족 전통적인 창법으로 부르는 노래로서, 총 12가지의 창법이 있다. 창법은 도제식인 1대1의 가르침으로 전수한다. 네이멍구 TV방송국 예술단 소속 흐메 가수 우거지 러투와의 인터뷰에 의하면, 이전에는 테너 성악가였는데 99년부터 스승 어트스름에게서 도제식으로 흐메를 배우기 시작했다고 한다.

그가 소개하는 흐메의 대표적인 노래로는 「만도르한(만돌라 황제에 대한 노래)」, 「알타이산에 대한 노래」, 애정을 주제로 한 「다니발」, 「성주 칭기스칸」, 「아프칸(시린거러)산」 등이 있다.

• 몽골족의 영웅서사시

영웅서사시 「장가르」는 한자로 강격이(江格爾)이며, 15세기 전후에 형성되었다. 「장가르」는 알타이산 등이 등장하는 것으로 보아 북방 알타이 지구에서 기원하였음을 알 수 있다. 장가르의 몽골어는 '능자', '주인', 페르시아어로는 '정복자', 돌궐어로는 '승리자' 또는 '고아' 즉 버림받은 자를 의미한다.

「장가르」를 노래하는 사람을 장가르치(江格爾奇)라고 하는데, 이들은 책을 암기하고 스승으로부터 교정을 받는 식으로 훈련받은 전문인이다. 장가르치는 네이멍구에 약 20명 정도 있으며, 이야기 설창자인 네이멍구 대학의 태붕은 카자흐스탄에 사는 '보인데'라는 스승한테 사사하였으며, 장가르는 매년 연회 또는 제사를 진행할 때 공연을 하고, 공연 기간은

5일간이며, 최장 70장을 설창한다고 한다.

35,000자의 장시로 형성된 「장가르」 내용은 장가르의 탄생부터 어린 시절과 성장 과정, 용사와의 결연, 전투, 혼인 등 용사와 장가르 관련 이야기가 주 소재가 된다. 그리고 설창의 운율은 4/4박자이며, 악기로 반주를 넣는다.

그런데 「장가르」 내용과 우리의 신화 내용이 모티프 면에서 유사한 점이 많다는 점은 흥미롭다. 전체 고사를 보면 말 아란찰(阿蘭扎)이 장가르의 조력자 역할을 하는데, 마치 주몽이 말과 함께 생활하면서 말의 도움받는 모습과 흡사하다.

또 중간 구절에 백두산, 성지, 단수(檀树), 43가한, 태양, 궁전 등이 나오는데, 단군 신화의 태백산, 신시, 신단수, 하백, 우사, 운사 같은 화소들과 상당히 흡사하다.

은인 홍고르(洪古爾)가 지하에 갇히자 그를 찾아 나서고 부활시키는 내용은 탐색(quest) 모티프와 샤머니즘을 배경으로 한다는 점에서 바리공주 고사와 동일하다. 장가르가 은인을 찾아 나서는 장면과 바리공주가 자신을 버렸지만, 생부모를 은인으로 생각하고 그들을 찾아 떠나는 장면은 공히 탐색 모티프의 전형이다.

또한 장가르가 나뭇잎으로 홍고르의 살을 붙이는 장면과 바리공주가 꽃잎과 나뭇가지로 부모의 뼈에 살을 붙여 살리는 장면은 샤머니즘의 재생 모티프라는 측면에서 볼 때 거의 일치하는 구조다.

몽골족의 「장가르전(江格爾傳)」 내용을 요약하면 다음과 같다.

장가르는 원래 가한(可汗)의 후예로서 이민족 망고사(蟒古斯)의 습격으로 부친 오자격아랍덕이(烏孜格阿拉德爾)가 특포혁가한(特布赫可汗)에게 살해되고 부락이 멸망하였다. 고아로 전락하여 풀밭 암석 사이에 버려지지만, 포화몽근희격서력격(布和蒙根希格西力格)이 구해주었다. 후에 가한

(可汗)이 되었는데 당시 겨우 두 살이었다. 아란찰(阿兰扎)이라는 준마를 타고 적들을 정복하였다. 다섯 살 때 불행히도 대력사(大力士)에게 붙잡혔는데, 장가르가 장래에 세계를 정복하리라고 판단하고 죽이려고 하자, 대력사의 아들 홍고르가 반대하였고 늘 그를 보호해주었다. 서로 의형제를 맺고, 일곱 살 때 일곱 나라를 물리치고 42가한 연맹의 우두머리가 되었다. 백두산 서쪽에는 성지 보목파(宝木巴)의 바닷가가 있고, 거기에는 단수(檀樹)가 둘러쳐져 있다. 43가한이 태양이 비치는 궁전을 짓고 금색 태양 깃발을 표지로 삼았다. 그 후 홍고르가 마왕에게 붙잡혀 7층 지하 홍해해저에 갇힌다. 장가르가 고난을 헤치고 신수를 발견하여 20편의 신수잎을 딴 후 해저로 가니 홍고르는 이미 죽어있었다. 잎으로 홍고르의 살을 만들고 깨워 살렸다.

• 고구려 관련 벽화

네이멍구 지역 중 고구려와 관련이 있는 곳이 있다. 자치구 성도인 후허하오터에서 약 한 시간 정도 떨어진 허린거얼(和林歌爾)에서 발견된 동한 시대의 벽화가 그려진 지하 굴이다.

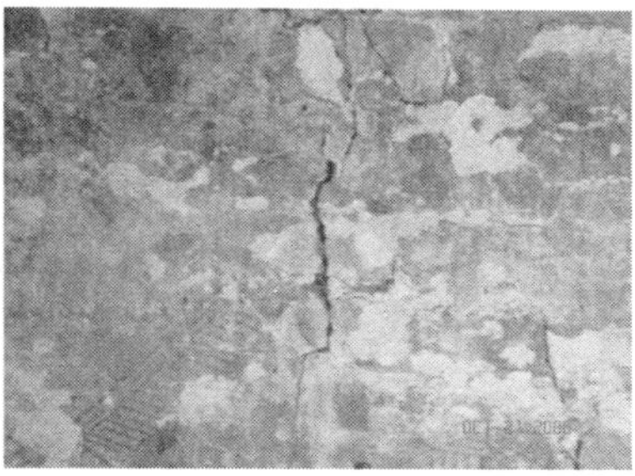

(그림 3-23) 허란거얼 벽화

(그림 3-24) 사마르칸트 아프라시압 벽화

이 벽화에는 닝샤후이족자치구를 거쳐 저 멀리 우즈벡 사마르칸트까지 다녀가는 조우관을 쓴 고구려 사신의 모습이 그려져 있다. 서기 460년에서 520년 사이 고구려 사신 53명이 실제로 다녀갔던 역사 사실을 이 벽화가 입증하는 셈이다. 이를 통해 고구려가 당시 빠르게 서역문물을 받아들임으로써 강성국가가 되었다는 사실

(그림 3-25) 사마르칸트 속 고려인

(그림 3-26) 네이멍구 속 삼족오

을 알 수 있다. 이러한 유형의 벽화는 우즈벡 사마르칸트에서도 볼 수 있다.

사실 이 벽화는 당시의 중국과는 관계가 없다. 벽화가 있는 무덤의 주인은 오환(烏桓)의 소수민족 지역을 관할하는 부대장(校尉)이다. 당시 오환은 소수민족으로서 선비족과 관계가 깊고 후에는 몽골족에 편입된 민족이다. 선비나 오환은 네이멍구 허린거얼을 거쳐 산시성 다퉁과 허난성 뤄양으로 이동하여 남북조시기에 북조의 탁발위가 건설한 북위를 건설한다.

몽골족의 상징물을 보면, 위쪽은 성화를 가리키는 산(山) 모양이고, 중간 부분은 태양 모양, 아랫부분은 달 모양으로서 해 뜨는 곳인 아사달 조선(朝鮮)과 연관성이 깊다. 고구려 벽화에 등장하는 검은색 삼족오가 네이멍구 지역에서 태양조로서 전해져오고 있는 점도 우리 민족과 몽골 민족 간의 친연성을 말해준다.

질의응답

① 네이멍구에서는 어보에 물고기와 돼지를 바치지 않는다고 하는데, 그 이유는 무엇인가요?

우선 동몽골 부랴트인은 불교와 함께 물신신앙 즉 산, 물, 돌 등 자연물에 대한 신앙이 내려오고 있죠. 자연물 중 신성시하는 호숫

가에서 샤먼이 제사를 주관할 때는 신성시하는 물속에서 물고기를 잡는 것은 물이 지닌 신성성을 더럽히는 행위라고 여기기 때문에 절대 금했다고 하죠. 이러한 까닭으로 어보에 제사를 올릴 때는 물고기를 제물로 바치지 않았던 것으로 추측됩니다.

돼지를 제물로 바치지 않은 사유에 대해서는 확실한 해답을 얻기는 쉽지 않은데요, 다만 합리적 추론은 가능하겠죠.

초원에서 유목생활을 하는 이들에게는 자주 이동하기 때문에 기동성이 상당히 중요한데요. 돼지나 닭 등 기동성이 떨어지는 동물보다는 소, 말, 양, 염소 등 기동성이 좋은 가축을 키우게 되면서 제사 제물도 자연스레 이러한 가축을 사용하게 되니까 돼지는 빠지게 된 것으로 추론됩니다.

현재 중국 네이멍구자치구, 외몽골인 몽골국, 러시아령 공화국인 브랴트공화국에 거주하는 몽골족은 전통적으로 오축이라는 다섯 유형의 가축을 따로 분류해놓고 있는데요. 이들은 양, 염소, 소, 말, 낙타죠. 성황당에 해당하는 어보에 음식을 바치면서 신에게 감사의 제의를 올릴 때 이 오축에 해당하는 가축을 제물로 올립니다. 이 오축에 속하지 않는 돼지나 물고기는 올리지 않고요. 지금까지 이러한 관습이 이어져 내려오고 있습니다.

② 티베트 불교는 몽골족과 밀접한 관계가 있다고 하는데, 어떻게 영향을 받게 되었는지요? 티베트의 영향을 받음으로 인해 중국 당국의 억압은 없었는지요?

현재 중국 네이멍구에는 대소사 등 티베트불교 즉 라마교 사찰이 많죠. 칭기스칸의 몽골제국 발원지인 몽골국의 하라호름 옛 터전에도 티베트불교 사찰이 남아 있을 정도로 티베트불교의 몽골족에 끼친 영향은 현재까지도 이어지고 있죠.

티베트불교는 7세기 송첸캄포가 중국 불교와 인도의 밀교를 자신들의 샤머니즘과 결합하면서 시작되었죠. 티베트는 당시 토번국이라는 강성한 국가를 형성했으며 그 영향력은 중국 서남부와 서북부에까지 널리 미쳤고요. 이후 13세기에 몽골족이 원나라를 세우고 예전 티베트의 영역이었던 지역을 관할하면서 자연스럽게 티베트불교가 몽골족에게 전해집니다.

이후 몽골의 알탄 칸은 티베트불교를 통해 몽골인의 정신을 강화하고자 하였고, 티베트의 한 종파인 겔룩파는 몽골의 정치 군사적 도움을 받아 티베트 내에서 주도권을 확보하고자 하였죠. 즉 정치, 군사, 종교적 이유로 몽골은 티베트불교와 더욱 밀접하게 됩니다.

이후 티베트불교의 수장인 달라이 라마 4세를 윤회사상에 기초하여 티베트인이 아닌 몽골인으로 결정하면서 몽골은 지금까지 티베트불교를 간직해오게 되었죠. 몽골 공산화 시절 불교 탄압으로 티베트불교가 위기에 처하기도 했지만, 현재는 티베트 라마승들과 교류하면서 옛 명성을 이어오고 있습니다.

네이멍구의 불교는 티베트의 영향을 많이 받았지만, 티베트와는 달리 당국의 억압은 거의 없죠. 티베트의 경우 고도의 자치권 확보나 독립을 추구하는 시위를 벌임으로써, 생활과 종교가 일체인 티베트에 대해 당국의 견제가 가해지면서 당연히 종교에 대한 직간접적인 제한을 두게 되는데요. 하지만 네이멍구자치구의 경우 독립운동 추구는 거의 없기에 압박과 구속은 별로 없다고 할 수 있죠.

③ 몽골족의 전통음악 창법 흐메는 특징이 무엇인지요? 흐메라고도 하고 허미, 호메, 후미로도 불리는데 그 차이는 무엇인지요?

몽골족 전통음악 중에는 흐메라는 창법이 있습니다. 이 창법은 몽골의 흐메 가수가 한목소리에서 두 가지 이상의 음을 동시에 내면서 부르는 방식인데요. 마치 고음의 콧소리 같은 비음와 일반 진성의 멜로디가 함께 나는데, 마치 아주 작은 쇠파이프에서 나오는 작은 고음의 울림, 떨림과 동시에 일반 노랫가락이 함께 들리는 듯하죠. 고음의 비음은 고주파 또는 진동음으로 들립니다.

혼자 부르지만 마치 두 사람이 부르는 듯한 착각을 불러일으킵니다. 몽골족 외에는 이러한 창법으로 노래하는 것이 어렵다고 하는데요. 네이멍구 후허하오터에서 만난 흐메 가수는 다른 민요를 부르다가 흐메로 전향한 지 얼마 되지 않았다고 하는데, 상당히 잘 부른 것으로 기억합니다. 흐메는 몽골 전통 현악기인 4개의 줄이 달리고 머리 부분이 말 머리 모양으로 조각한 현악기 마터우친의 반주 하에 부르죠.

흐메, 허미, 호메, 후미 등 여러 비슷한 발음들이 있는데요. 이는 사실 같은 창법을 일컫는 말입니다. 어떻게 듣느냐에 따라서 우리말로 음역할 때 약간 상이할 수 있고요. 또 한편으로는 몽골 울란바토르에서 만난 몽골인 가이드의 설명대로 몽골은 지역에 따라서 동일한 사물을 가리키는 데도 발음이 상이한 경우가 많아서 동일한 의미에 대해 여러 가지 발음이 나올 수 있다고 하네요. 후자가 좀 더 적절한 답인 것 같네요.

④ 몽골국과 중국 네이멍구자치구는 분단되어 있는지, 아니면 제한 없이 이동 가능한지 궁금합니다. 분단 상태라면 문화적 차이가 큰지요? 같은 몽골어를 사용하나요? 종족이 같아서 같은 나라라고 생각하지는 않는지요?

(그림 3-27) 네이멍구 글자

네이멍구(Inner Mongolia)는 중국의 행정구역으로서 소수민족 몽골족의 자치구입니다. 몽골은 외몽골로도 불리며 중국과 러시아 사이의 내륙에 위치하며 1924년 독립한 별개의 국가죠. 양 지역은 나라가 달라서 국경을 자유롭게 넘나들 수 없으며, 비자를 받고 상대국가를 방문해야만 하죠.

문화적으로는 몽골족 전통의 유목문화와 관습을 유지해오고 있어서 큰 차이는 없고, 언어 역시 몽골어를 사용합니다. 다만 네이멍구는 중국어와 몽골어를 함께 사용하고, 문자 역시 중국어 한자와 몽골 문자를 함께 사용하고 있죠, 반면 몽골국에서는 몽골어만 사용하는데, 문자는 러시아 영향을 받아 전통적인 몽골문자 대신 키릴 문자를 사용하고 있죠.

물론 양 지역 몽골족은 핏줄이 같기에 동질감을 느끼고 있죠. 하지만 오랫동안 두 나라로 나뉘어 서로 다른 체제 속에서 지내왔기 때문에 국적이 서로 같다는 생각은 하지 않는 것 같습니다. 몽골국은 러시아에 의해 독립되고, 네이멍구는 1949년 중화인민공화국 성립 이후 중국의 한 자치구로 편입되었기 때문이죠. 다만 일부 중국 네이멍구 몽골족 중에는 중국 정부에 대한 반감이 적지 않음을 현지에 가면 체감할 수 있습니다.

(그림 3-28) 네이멍구 몽골어

(그림 3-29) 몽골국 글자

⑤ 칭기즈칸의 시체는 없는데 칭기즈칸릉이라고 하는 근거는 무엇인가요? 그리고 중국이나 몽골은 칭기즈칸 시체를 왜 못 찾는 걸까요?

칭기스칸은 중국 네이멍구와 몽골국의 몽골족에게는 우상과 다름이 없죠. 1,200년대 초 몽골 하라호름에서 홍기한 칭기스칸은 후손 쿠빌라이 시대에 이르러 중국 중원을 지배하면서 원 제국을 건설하는 데 기반이 되었죠. 현재 원 제국은 중국 역사의 일부가 되어 중국사로 편입되어 있지만, 원 제국의 건설자인 칭기스칸은 한족 계열의 중국인보다는 중국 네이멍구와 몽골국 몽골족의 영웅으로서 그를 기리는 관습이 지금도 이어지고 있죠.

그의 능과 공원은 네이멍구 후허하오터 서쪽 초원에 위치한 오르도스(중국어로는 어얼둬쓰(鄂爾多斯)) 남쪽 100여 km에 위치하는데요. 가묘 형태로서 그 안에는 그의 시신은 없고 그와 관련된 당시의 라마교 영향을 받은 라마불교탑과 옷가지, 안장, 활 등 유물이 전시되어 있죠. 몽골국에서는 칭기스칸의 고향이자 터전이었던 하라호름에 기념관이 건립되어 있습니다.

칭기스칸릉이라고 하면 반드시 그의 시신이 있어야 하는 것은 아닙니다. 시신이 있는 곳에만 능과 주변 시설을 건설하는 것이 아니고, 시신이 없어도 능과 공원을 조성할 수 있는데, 칭기스칸릉이 바로 그렇습니다.

그의 시신이 안치된 장소는 네이멍구 오르도스(어얼둬쓰)라고 주장하는 학자도 있고, 부르칸 칼둔이라는 지역이라고 주장하는 학자도 있죠. 당시 그의 시신이 안치된 장소는 비밀에 부쳐졌기 때문에 지금도 그의 시신이 어디에 있는지 알려지지 않고 있고 따라서 그의 시신은 발견되지 않은 상태입니다.

시신 발견과 관련하여, 한때 일본이 몽골국에 첨단기법을 동원하여 칭기스칸을 찾는 프로젝트를 진행하겠다고 하였지만, 결국 무산되었다고 하는데요. 일본이 시신을 찾는 작업을 하면서 몽골의 지형을 파악하고 지하자원 등을 탐색하고자 하는 의도가 있었기 때문이라는 설도 있습니다. 현재 시신을 찾는 작업은 양국 모두 진행하지 않고 있죠.

제4장 | 서남부 소수민족문화

1. 윈난성 이족(彝族), 바이족(白族), 나시족(納西族) 문화 특징

여기서는 서남부 지역의 다양한 소수민족이 지켜온 민족문화의 특징을 살펴보고자 한다. 우선 윈난성의 이족, 바이족, 나시족의 문화적 특징과 함께 구이저우성의 먀오족문화 특징을 알아보고, 광시자치구 좡족문화와 쓰촨성 파촉문화에 대해서도 알아보고자 한다.

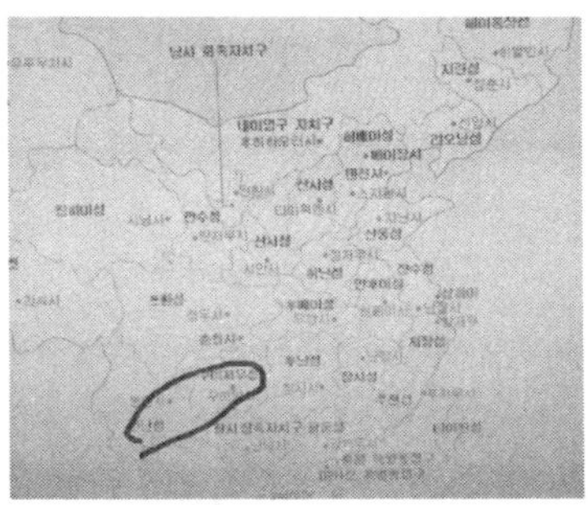

(그림 4-1) 윈난성, 귀주성

1) 쿤밍(昆明)과 이족문화

윈난성은 중국 최서남단에 위치하며 미얀마, 라오스, 베트남과 국경을 접하고 있다. 구름이 아름다워 윈난(雲南)이라는 명칭을 지닌 이곳은 연평균 20도 전후로 따뜻하다. 겨울에는 다소 습하고 추

(그림 4-2) 쿤밍 민족문화촌

(그림 4-3) 쿤밍 주샹

(그림 4-4) 쿤밍 스린

워서 몸속 습기와 한기를 제어하기 위해 음식이 다소 새콤하게 맵고(酸辣) 짭짤한 편이다. 벼 생산이 풍부한 윈난성의 특색 음식으로는 구어챠오미센(過橋米線)이 있다. 선이 굵은 쌀국수 가락에 고기 고명이 얹혀있는 국수다.

윈난성 성도 쿤밍에 가면 소수민족문화촌이 있다. 이곳은 중국에 널리 퍼져있는 소수민족의 주거문화와 종교, 관습을 한눈에 살펴볼 수 있도록 꾸며놓은 마을이다. 민족문화촌의 건립은 윈난 지역에 다양한 소수민족이 거주하고 있다는 사실을 말해준다. 세계자연문화유산에 등재된 주샹(九鄕) 동굴과 스린(石林)도 자랑거리다.

쿤밍은 인구가 400만 명이나 되는 대도시다. 해발 2,000m가 넘는 고원지대라서 민감한 체질의 사람은 이 도시에 도착하자마자 바로 숨이 한 번씩 벅참을 느끼게 된다. 쿤밍에는 27개 민족이 함께 살고 있는데, 그중에서 이족(彝族)이 가장 많이 거주하고 있다. 거리를 걷다 보면, 전통복장으로 치장하고 빳빳하고 길게 앞으로 솟아오르게 하면서 뒤로 틀어 올린 머리 모양을 한 여성들이 눈에 띈다. 이들이 바로 이족이다.

이족의 전통 혼례 모습 중에는 특이한 점이 있는데, 바로 긴 의자 위에 신랑과 신부가 마주 올라서서 서로 자리를 바꾸는 것이다. 그들만의 특이한 혼례문화를 보여주는 흥미로운 장면이다.

2) 다리(大理)와 바이족문화

(그림 4-5) 다리 바이족

(그림 4-6) 다리고성

쿤밍에서 서쪽으로 300km 정도 떨어진 곳에 인구 17만 명의 대리석의 도시 다리(大理)가 있다. 이곳에는 특히 바이족(白族)이 집단으로 거주하고 있다. 바이족은 기본적으로 전통복장인 화려한 장식이 달린 흰옷을 입고, 원색 모자를 착용한다.

다리 시내에는 원형 그대로 성곽과 성문이 보존된 다리고성(大理古城)이 있다. 이곳은 1,300여 년 전 당 왕조 시절에 바이족이 남조국(南昭國)과 대리국(大理國)을 건설하여 상당 기간 영향력을 행사했던 역사가 간직된 곳이다.

경주에 가면 과거 신라시대로 돌아가는 듯한 느낌을 받듯이, 다리고성에 진입하면 당시 바이족의 삶 속에 들어가는 착각이 들 정도로 건축양식이나 도시 윤곽이 옛 모습 그대로 보존되어 있다.

정중앙을 관통하며 남문과 북문 사이로 주도로가 뻗어있고, 그 사이로 보아이루(博愛路), 위얼루(玉洱路) 등 작은 거리가 펼쳐져 있다. 문을 통해 사람들과 차들이 성 안팎을 오고 간다. 거리 바닥에는 대리석으로 유명한 도시답게 천연 대리석이 깔려있다.

건축물은 저층의 낮은 형태로 지어져서 아늑한 느낌을 준다. 오랜 역사문화를 가진 바이족 거주지답게 곳곳에 보이는 은세공 장인들의 작업 모습과 함께 그들이 만든 은장식 공예품은 이 마을의 운치를 더해준다. 고성 길을 걷다 보면 이곳의 매력에 빠진 서양인들이 장기간 정착하면서 형성된 양런제(洋人街)도 대표적인 명소로 자리잡았다.

성 밖 얼하이호수 남쪽에 청나라 황실전용사원인 숭성사(崇聖寺)가 있는데, 그 내부 규모는 놀라움을 자아낼 정도로 크다. 이 사찰은 티베트의 옴마니반메훔으로 표현되는 라마교 영향을 받아서 거대한 황금색 전경통인 마니차가 배치되어 있다.

사원 내에는 700년에서 900년 사이 형성된 남조국과 대리국 시절 건립된 아름다운 삼탑(三塔)이 시공을 초월하여 공존하는 모습이 인상적이다.

바이족 농촌 마을 집은 하얀 벽에 기와지붕으로 만들어져 있어서 통일감과 함께 고즈넉한 운치가 묻어난다. 흰색을 좋아하여 옷이나 집도 하얗게 치장할 정도로 흰색을 좋아하는 그들의 모습은 백의민족인 우리에게 정서적인 친근감을 준다.

3) 리장(麗江) 나시족의 모계사회

다리에서 다시 서북쪽으로 200km 떨어진 거리에 있는 리장은 인구가 약 30만 정도인 작은 도시다. 그중 나시족이 70% 정도로 가장 많으며, 그 밖에 한족과 소수민족인 이족, 바이족이 함께 거주하고 있다. 해발 2,436m의 고원에 위치한 리장은 차마고도(茶馬古道)의 시발점이다. 옥룡설산(玉龍雪山)과 고성, 그리고 아름다운 라스하이호수는 대표적인 경관이다.

(그림 4-7) 차마고도를 오가는 말들

(그림 4-8) 리장 옥룡설산

리장 시내에는 나시족이, 그리고 좀 더 위로 올라가면 나시족 일파인 모쒀족(摩梭族)이 모계사회를 이루며 살아가고 있다. 나시족은 인구가 총 30여만 명으로, 윈난성, 쓰촨성, 티베트자치구 등지에 거주하고 있다.

이들은 유목민족 저강족(氐羌族)에서 기원하여 기원전 4세기경 서북에서 산시성, 간쑤성, 쓰촨성을 지나 남으로 이동하여 진사강(金沙江), 란창강(瀾滄江) 고원 협곡 지대에 정주하면서 농경민족으로 바뀐다.

이들은 전통적인 모계사회 형태와 동파문화를 잘 간직하고 있다. 나시족 결혼풍습에는 아주이거(阿注異居)와 아주동거(阿注同居)가 있는데 모두 모계제 형태의 혼인제도다.

그렇다면 나시족은 어떻게 모계사회 문화를 가지게 되었을까? 천여 년 전부터 나시족 남자들은 차마고도를 통해 티베트로 가서

(그림 4-9) 리장 나시족 여인

장사하였는데, 남자들이 장기간 집을 비우게 되면서 여자들이 집안의 가장 역할을 하게 된다. 그러면서 자연스레 모계사회가 정착된 것이다.

그래서 아직도 외할머니와 엄마가 가족의 중심이 되어 아이들을 키우고 아버지가 따로 없는 경우가 많다. 결혼식도 당연히 없고, 남자는 저녁에 집에 들렀다가 아침에 돌아가기도 한다. 여자가 남자를 몇 번 만나다가 싫은 표시를 슬쩍하면, 이를 인지한 남자는 그대로 발길을 끊는다고 한다. 특히, 이러한 모계사회 문화는 특히 루구호수에 거주하는 모숴족에게 더욱 선명하게 남아있다.

나시족 자신들이 설정한 미인 기준을 한 번 살펴보면, 우선 얼굴이 검어야 하고, 뚱뚱하면서 체격이 건장해야 한다. 바깥에서 일을 잘하고 아이를 잘 낳는 것이 미인 기준이 되는 것이다. 나시족은 모계사회 틀 속에서 여성이 가정을 잘 꾸려나가는 모습을 선호하는 것 같다. 물론 여성도 체격이 크고 건장한 남성을 선호한다.

4) 동파(東巴)문화

나시족 문자는 동파문(東巴文)이라고 부른다. 나시족의 다신교적 종교인 동파교의 제사장이자 샤먼인 동파들이 사용한 문자이기 때문에 동파문 또는 동파문자라고 부른다. 동파들이 제의를 위해 동파문으로 쓴 경전은 『동파경(東巴經)』이라고 한다. 그리고 동파와 동파문, 『동파경』과 동파교 등을 합쳐서 동파문화라고 통칭한다.

(그림 4-10) 동파

나시족의 동파문은 상형문자로서 아름다운 형상미를 자랑한다. 건물 외벽, 상점의 음식 메뉴, 화장실 표지판 등에 한자와 함께 동파문이 쓰여 있을 정도로 동파문은 여전히 한자와 함께 일상생활 속에서 사용되고 있다.

(그림 4-11) 동파경

나시족 언어는 중국어와는 완전히 다르다. 예를 들면 '밥 먹다'의 '츠판'을 '한즈', '안녕'의 '니하오'는 '넌도니표', '멋진 오빠'의 '수와이거'는 '판팅거', 버섯인 '구'는 '무'로 발음한다.

특히 나시족 언어는 우리와 유사하게 그 어순이 알타이어계와 흡사한 '주어+목적어+동사'이다. 위에서 언급한 '밥을 먹다'의 '한즈'에서 '한'은 목적어 '밥'이고 '즈'는 동사 '먹다'의 뜻이다. 중국어 '주어+동사+목적어' 어순과는 확연히 다르다.

동파문화를 좀 더 살펴보려면 리장의 리장동파박물관(麗江東巴博物館)을 참관하면 된다. 박물관은 나시족 전통가옥, 즉 이층집에 정사각형 마당을 중심으로 사면이 둘러싼 사합원 형태를 그대로 보존하고 있고, 바닥 돌에는 봉황 등 상서로운 동물 문양이 새겨져 있다.

정문 쪽에는 흰 벽이 세워져 있고, 여기에는 복을 비는 글이 쓰여

(그림 4-12) 동파문자

있다. 나머지 삼면에는 방과 거실 그리고 주방이 마련되어 있는데, 여섯 조각의 문으로 이루어진 겉 창문에는 매란국죽이 아름답게 조각되어 있다. 한쪽 편 작은 문을 나서면 뒤뜰이 있는데, 여기에는 가족들이 먹을 채소를 심는다.

박물관에는 동파문화를 깊이 연구한 서양학자 조셉 록(Joseph F Rock)과 중국학자가 소개되어 있고, 나시족 역사와 문화풍습, 그리고 제사장 동파의 모습과 역할, 동파문 원본과 각 상형문자에 대한 발음 및 의미 해석과 갑골문 및 고대 바빌론 문자와의 비교분석 등 동파문화를 알기 쉽게 정리해놓고 있다.

동파들의 제사 시 사용한 제문인 『동파경』의 소재인 전통종이와 동파문화 관련 서적들도 있다. 동파문자는 상형문자이기 때문에 어린아이 그림처럼 단순하면서도 색채가 아름다워 추상화를 보는 듯하며, 좁고 기다란 종이 위에 상징 의미를 담고 있어서 마치 판타지 세계로 들어온 듯한 착각이 들 정도다.

『동파경』도 제사 방식에 따라 유형이 다르다. 화재 등 재앙을 쫓기 위한 제사에 사용되는 경서와 귀신을 쫓는 경서, 혼인 관련 경서가 따로 존재한다. 또 각 동파의 글씨체가 달라서 글자의 형태 역시 일률적이지는 않다.

나시족의 제사장이자 샤먼인 동파 제사장은 비와 생식 번영을 상징하는 개구리를 토템으로 삼고 있다. 은나라 왕실의 개구리 숭배 및 우리나라 부여신화에 등장하는 해부루의 아들 금와(金蛙)가 황금빛 개구리라는 점에서 연계하여 볼 때 흥미로운 대목이다.

동파와 동파교, 동파문과 『동파경』, 모계제 그리고 유구한 역사를 간직한 나시족의 문화는 한족이나 기타 소수민족 문화와는 확연히 구별되는 독특한 색채를 띠고 있다. 중국 주류문화와는 다른 이국적이고 이색적인 풍광을 보여준다.

5) 리장고성(麗江古城)에서 차마고도(茶馬古道)까지

(그림 4-13) 리장고성

(그림 4-14) 쑤허고진 쓰팡제

리장고성과 리장고성보다 조금 규모가 작은 쑤허고진(束河古鎭)은 리장의 옛 모습을 거의 그대로 간직한 마을이다. 세계문화유산으로 등록된 리장고성은 다리고성보다 그 규모가 크고, 성내에 깔린 우이제(五一街), 치이제(七一街) 등 수 많은 길이 미로처럼 얽혀있어서 길을 잃기가 십상이다.

중심 지역으로 가면 쓰팡제(四方街)라고 하여 사방으로 길이 뚫린 큰 광장이 나타난다. 예전 차마고도의 시발점인 이곳에서 마방들이 말에 짐을 싣고 좁은 길을 지나간 것이다.

대부분 성이라고 하면 담장이

있는데, 리장고성은 성임에도 불구하고 담장이 없다. 내려오는 이야기에 따르면, 리장고성에 목(木)씨 성을 가진 성주가 부임하였을 때, 성 주위로 담(口)을 치면 성주가 '곤(困)' 즉 통하지 않고 감금되는 형상이 되기 때문에 담을 못 치게 했다고 한다.

리장고성에는 모우육(牦牛肉) 즉 야크고기를 파는 상점들이 많다. 뿔이 길고 털이 많은 티베트산 들소인 야크의 고기를 잘 말려서 부위별로 잘라서 판매한다. 차마고도를 통해 티베트인과 교류하면서 그 영향을 받아 모우육을 애용하게 된 것으로 보인다.

리장에서 빼놓을 수 없는 경관은 바로 만년 빙설로 덮인 옥룡설산(玉龍雪山)이다. 옥룡설산은 여러 설산 중 리장에서 가까운 곳에 있는 해발 5,500m의 산으로서 히말라야산맥 끝자락에 위치한다. 설산 깊은 협곡 중에는 순정곡(殉情谷)이라는 협곡이 있다. 자유연애를 관습처럼 여겨왔던 나시족 사회에 집안 간 결혼이라는 한족문화가 들어오면서 사랑을 이루지 못한 남녀가 생겨났고, 이들 연인은 음식과 술을 싸 와서 먹고 마시고 취한 후 못다 이룬 사랑을 이루기 위해 투신하는 곳이라고 한다.

나시족 가이드 말에 따르면, 지금도 여전히 남녀의 투신자살이 이어지고 있다고 한다. 때로는 친구들도 동행하여 함께 마시고 놀다가 연인들이 투신하고 나면 죽은 친구 집으로 찾아가 가족들이 시신을 찾아 장례를 치를 수 있도록 시신의 위치를 말해준다고 한다.

리장에서 다시 북쪽으로 올라가면 루구호(瀘沽湖)라는 호수가 나온다. 이곳 호수는 경관이 아름다우면서도 물속 20m까지도 뚜렷하게 보일 정도로 맑고 깨끗하다. 그래서 이 호수를 조물주의 눈물이라고도 한다.

이 지역에는 나시족 일파인 모쒀족(摩梭族)이 거주한다. 긴 머리를 감아서 틀어 올린 후 머리띠를 두르고 붉은 바탕에 각종 형형색색으로 꾸민 전통복장을 입고 있는 여성들의 모습이 인상적이다. 모계사회 관습을 유지하고 있어서 전통가옥 내부 구조를 보면 할머니와 어머니 방이 중심에 있고 남자들 방은 따로 구석에 놓여있다.

저녁이 되면 모쒀족의 구화(篝火) 놀이파티를 참관할 수 있다. 저조선(猪槽船)이라 불리는 돼지먹이통 모양의 배를 타고 호수를 감상하면서 리우비도(里霧比島), 찰차메이라마사원(扎美喇嘛寺), 고원온천도 참관할 수 있다.

리장고성에서 차로 약 30분 정도 가면 쑤허고진(束河古鎮)이 나온다. 리장고성보다 규모는 작지만 역시 전통적인 건축양식 원형을 그대로 보존하고 있다. 이곳은 윈난성에서 생산된 차와 소금 등 교역 물품의 집하장인데, 마방과 외지인을 위한 숙식을 제공하고 말 관련 물건을 판매하는 상점이 하나둘 생기면서 자연스럽게 형성된 마을이다.

이곳에서 마방들은 물건을 다시 정리하여 말에 싣는데, 산적 떼의 노략에 대비해서 깊숙한 곳에 귀중품을 숨겨놓고 휴식을 취하며 차마고도 행군을 준비한다. 마방들은 이곳에서부터 출발하여 라스하이(拉市海)의 차마고도를 거쳐 샹그릴라(中甸), 티베트, 네팔, 그리고 인도까지 왕래하였다. 중간에 말들이 추락하거나 죽기 때문에 출발 시 함께 했던 말들이 돌아올 때는 절반으로 줄어든다.

라스하이에서는 말을 타고 직접 차마고도를 체험할 수 있다. 이곳 말은 온순하고 많은 양의 짐을 실어도 거뜬한 체구를 갖추고 있어서 물건을 옮길 때 많이 활용된다. 말을 이끄는 나시족 여인의 노랫소리는 자연 속에서 터득한 발성이라서 그런지 자연과 공명하며 잔잔한 감동을 전해준다.

말을 타고 가파르고 좁은 산길을 가다 보면 한 번씩 아찔할 느낌이 들 정도다. 머나먼 여정 속에 죽음을 무릅쓰고 낭떠러지 옆 좁은 길을 오가던 마방의 심정을 초입 길에서나마 조금 느낄 수 있다. 그리고 라스하이를 넘어 샹그릴라부터는 티베트 짱족이 많이 거주하기 때문에 천장 또는 조장이라고 하는 장례문화를 볼 수 있다.

윈난성 남쪽 끝자락으로 가면 시솽반나(西雙版納)가 나오는데, 태국과 접경지대라서 태국 색채가 많이 남아있다. 매년 4월 물 축제인 발수절(潑水節)이 거행된다. 길을 가다 보면 물세례를 맞고, 맞은 사람은 또 숙소에서 행인에게 물을 뿌리며 즐기는 축제이다. 이처럼 윈난성은 소수민족의 문화가 이색적인 향기를 품으며 조화롭게 공존하고 있는 지역이다.

소수민족의 집성촌인 이곳 서남부 윈난성에서 이족, 바이족, 나시족 등 다양한 소수민족이 간직하고 있는 다양한 문화를 확인할 수 있었는데, 다음에는 천혜 원시 자연을 고스란히 간직하고 있는 구이저우의 먀오족문화에 대해 살펴보고자 한다.

보충설명

• 윈난성 음식 이모저모

다리 바이족 토속음식으로는 황간계라고 하는 닭요리와 미꾸라지를 갈지 않고 통째로 삶아 만든 추어탕이 있다. 추어탕은 작고 동그스름한 중국 화초(花椒) 열매와 박하 향 식물이 들어가 얼얼하면서도 매콤한 맛을 낸다.

독특한 음식으로는 잠자리 유충 볶음이 있다. 잠자리 볶음은 우리에게는 익숙하지 않은데, 이곳 식당에서는 날개가 아직 자라지 않은 잠자리 유충을 얼하이호수에서 잡아서 산채로 모아두었다가 주문이 들어오면 그 자리에서 볶아서 내어놓는다. 전체적으로 바이족 음식은 소금, 고추, 후추가 많이 첨가되어 매콤하면서도 짭짤한 편이다.

특이한 음식으로는 윈난식 자장면도 있다. 자장면은 작은 탕 그릇에 면이 굵은 국수와 국물이 담겨있는데, 그 위에 고기와 함께 볶은 자장 소가 얹혀있다. 물국수와 자장이 결합한 독특한 형태의 자장면이다.

한편, 리장 특산으로는 리장바바(麗江粑粑)라고 하는 호떡 형태의 전병, 스바과이(十八怪)라고 불리는 과자, 간단하면서 저렴한 먹거리 얼콰이(餌塊)가 있다. 쌀 생산지답게 쌀로 만든 음식이 많은데, 얼콰이는 우리나라 수제비와 유사하면서 모양은 네모지고 야채와 고추를 섞어 기름에 볶고 간장에 조린 일종의 수제비 볶음이다.

농촌에서는 자연산 붕어탕과 닭눈콩이라는 콩을 재료로 만든 묵인 지더우량펀(鷄豆凉粉), 호수 밑에서 채취한 풀로 만든 요리 등 친자연적이고 담백한 요리가 많다. 그중에서도 특색 있는 요리는 야생균(野生菌)이다. 이곳에서는 버섯 종류를 통틀어 균이라고 말한다. 특히 송이버섯과 야생약 버섯들을 재료로 한 요리가 많다.

송이버섯 요리는 샤브샤브식으로 버섯을 다른 야채와 함께 탕에 넣어 데친 후 각종 소스를 묻혀서 먹는데, 자연산 송이가 솥에 가득할 정도로 많이 들어간다. 송이는 땅속에 묻혀서 보이지 않게 때문에 돼지를 풀어 그 코 감각으로 송이를 채취한다고 한다. 자연산 송이와 흑송이 외에도

(그림 4-15) 잠자리볶음

(그림 4-16) 윈난 자장면

(그림 4-17) 리장바바 등 리장 특산

(그림 4-18) 리장 송이버섯탕

홍뉴간(紅牛肝) 같은 기이한 버섯들도 많다.

• 나시족 신화고사

나시족 창세신화 사시인 「숭반도(崇搬圖)」와 「사반소(査班紹)」에 창조 및 홍수 고사가 전해진다. 혼돈과 난생, 난혼과 홍수 모티프가 주요소인데, 일부 내용을 소개하면 다음과 같다.

천지가 혼돈하고 분리되지 않았을 때 조물신 동신(董神, 양신, 남신)과 색신(塞神, 음신, 여신)이 만물을 배치하였는데, 만물에는 '진'과 '가'가 있고 '실'과 '허'가 있어서, 진과 실은 결합하여 태양이 만들어지고, 가와 허는 결합하여 달이 만들어졌다.

태양과 달이 변화하여 백기(白氣)와 흑기(黑氣)가 탄생하였다. 백기는 변화하여 아름다운 소리로 만들어졌고, 흑기는 변화하여 시끄러운 소리로 만들어졌다. 이 두 가지 소리가 변화하여 선신인 의격와격(依格窩格)과 악신인 의고정나(依古丁那)가 만들어졌다. 선신이 흰 알을 낳았는데 부화하여 흰색의 신계(神鸡)인 은여은만(恩余恩曼)이 태어났다. 악신은 검은 알을 낳았는데 이것이 부화하여 검은색의 신계인 부귀엄나(負紀俺那)가 출생했다. 두 마리의 새는 천지 흰 구름과 풀을 집 삼아 각각 아홉 개의 알을 낳았고, 각자 변화하여 선신과 악신을 탄생시켰다. 천신, 지신 그리고 개천의 아홉 형제, 벽지의 일곱 자매도 선신이 낳은 흰 알이 부화한 것이다. 천신의 마지막 한 쌍의 알은 한 마리 괴이한 소 모양의 신수 니자백보약(尼玆白普若)으로 부화하였다. 신의 아홉 형제와 일곱 자매는 이미 천지를 잘 만들었지만, 괴수의 긴 뿔이 하늘에 부딪혀 부술까 봐 걱정되어 큰 발은 땅을 밟고 동신과 색신이 그를 징벌할 방도를 찾기를 요구했다. 동신과 색신은 신부(神斧)로 그를 베었다. 그러자 그 괴수는 화가 나서 하늘 꼭대기를 들이받고 땅을 밟아 파괴하였다. 신들은 할 수 없이 천지를 새로 만들고 우선 거나십라신산(居那什羅神山)을 만들어 하늘을 지탱케 하고, 땅을 진압도록 하였다.

다음으로 신산 위의 아름다운 소리와 산 밑의 흰 기운이 변화하여 세 방울의 흰 이슬이 되었고, 이 이슬은 곧 큰 바다로 변하였다. 천신은 인류의 알을 낳았는데, 지신이 대해 중에서 부화하여 인류의 제1대 시조인 한시한인(恨矢恨人)이 되었다. 한시한인이 후대에 전해지면서 제9대까지 이르렀는데, 이때 나시족의 창세시조인 숭인리은(崇仁利恩)이 태어났다. 시조 숭인리은의 5형제와 6자매가 난혼과 신의 영토 침입으로 신령을 노하게 만들었다. 신령은 홍수를 일으켜 인류를 멸망시켰다. 동신은 사자인 멧돼지를 인간 세상에 파견하여 소식을 알려 숭인리은 형제들이 난을 피할 수 있도록 도움을 주었고, 신들의 선량함에 은혜를 입은 숭인리은은 난을 피해 생존하였으며 기타 인류는 모두 멸망하였다. 동신은 아홉 목인과 목마를 만들어 땅속에 묻어 그것들이 살아나길 바라면서, 숭인리은에게 9일 후 가보라고 하였다. 하지만 9일 후 가서 파보니 목인은 말도 못하고 눈도 뜨지 못하고 걷지도 못했다. 동신은 곧 목인을 여러 조각으로 베어 산, 삼림, 계곡에 버렸다. 이 목인들의 파편 중에 어떤 것은 변하여 산의 메아리로 변하고, 어떤 것은 산신이 되고, 어떤 것은 물귀신이 되었다. 그는 또한 직안(直眼) 천녀와 결혼을 하여 인류를 번성케 하려 하였지만 기이한 태아를 낳으면서 실패하였다. 친신의 딸인 친홍보백(衬紅葆白)이 인간 세상에 와서 그와 좋은 인연을 맺고는 만물의 종자를 구하기 위해 쌍쌍으로 하늘로 돌아갔다. 리은(利恩)은 하늘로 올라가 천신 차로아보(遮勞阿普)에게 그 딸을 달라고 청하였지만, 난을 만난다. 최후에는 친홍보백의 도움으로 난을 극복한 두 사람은 결혼을 하고 만물의 종자와 가축들을 데리고 악신 미여가서가락(美汝柯西柯落)의 방해 공작을 물리치고 인간세계로 돌아와서 농경과 수렵을 하면서 후대를 번식시켰다.

질의응답

① 쿤밍 이족의 전통 혼례 모습 중 긴 의자 위에서 신랑과 신부가 서로 자리를 바꾸는 행동은 어떤 의미가 있는지요?

특별한 의미보다는 신랑 신부가 새롭게 시작하면서, 좁고 긴 의자 위에 올라서서 서로 아슬아슬하게 자리를 바꾸는 상징적 행위를 통해, 부부가 힘을 합쳐 동고동락하자는 의미를 담고 있다고 봅니다.

② 다리고성의 대리석 거리의 존재는 그 당시 부를 나타내기 위한 과시 수단이었나요?

(그림 4-19) 다리고성 야경

윈난성 쿤밍 위쪽 도시인 다리(大里)는 예전 당 왕조 때 강성했던 왕조인 다리국을 건설할 정도로 큰 나라가 있었던 곳이고, 이곳에는 소수민족 바이족이 많이 거주하였죠. 당연히 당시에 다리 성(castle)을 지었을 것이고, 그 건축 자재는 그곳에서 많이 생산되는 대리석을 이용하였죠. 천여 년이 지난 지금도 대리석으로 이루어진 다리의 사대문 성안 도로가 건재하고요.

따라서 부를 상징하기 위해서 대리석을 사용했다기보다는 주변에서 쉽게 구할 수 있는 석재가 대리석이라 자연스레 그 돌을 이용했던 것이죠. 물론 거리 외에도 대리석으로 만든 수많은 건축물이 남아있습니다. 이 지역에서 생산되는 대리석은 대리(大理)라는 지명에서 따온 것입니다. 참고로 이 지역은 희토류도 많이 매장되어 있죠.

③ 나시족은 엄마가 가족 중심이 되고 아버지는 따로 없다고 하는데, 아이의 아빠라도 부인이 싫다고 하면 거기서 끝나는가요? 나시족 남성의 역할은 무엇인가요?

물론 자신을 낳아준 아버지가 누군지는 잘 인식하고 있죠. 다만 나시족이 전통적으로 모계사회이기에 집안 공간 배치가 할머니-어머니-큰딸 위주로 방이 나뉘어있어서 아버지의 가족 내 지위나 힘은 별로 없는 것이죠. 남녀의 관계도 여성이 주도적으로 관계를 이끌어가기 때문에 남편, 아버지, 아들의 위치가 높지 않죠.

예로부터 남자는 멀리 차마고도를 왕래하며 장사를 하고, 귀가 후에는 집안일이나 육아를 도와주죠. 생계와 관련한 농사와 나무를 가지고 오는 일 등 일상 활동이나 남자 부재 시의 집안일은 여성들이 주도적으로 이끌어가죠.

2. 구이저우성 먀오족문화 특징

구이저우성은 1970년대 초 당시 닉슨 미국 대통령과 중국의 마오쩌둥 주석, 저우언라이 총리가 핑퐁외교라는 화해의 분위기 속에서 만나 마셨다는 마오타이주(茅台酒) 생산지가 있는 성으로 우리에게 잘 알려져 있다. 궁리 주연의 영화 <귀주이야기>를 통해서도 그 이름이 널리 알려졌다.

여기서는 구이저우성에 거주하는 소수민족 중 다수를 차지하는 먀오족(苗族)의 문화 특징을 살펴보도록 한다.

1) 카이리(凱里) 먀오족둥족자치주(苗族侗族自治州)의 천호묘채(千戸苗寨) 마을

(그림 4-20) 천호묘채

구이저우성에는 소수민족이 많이 거주하는데, 그중에서도 먀오족이 다수를 차지한다. 카이리(凱里)라는 지역은 일명 검동남(黔東南)이라고 불리는데, 이곳에는 먀오족 80%, 둥족 10%, 기타 야오족 등 소수민족이 거주하고 있다. 카이리 먀오족둥족자치주 내의 시장(西江) 천호묘채에는 먀오족의 독특한 생활풍속이 그대로 남아있다.

천호묘채는 천 채의 먀오족 가옥이 붙어있는 요새와 같은 검은 오리알 모양의 마을이다. 그 옛날 먀오족이 적을 피해 황하 북쪽에서 서남쪽 이곳까지 피난 와서 정착하면서 마을을 형성한 후, 지금까지 농사를 지으며 평화롭게 살고 있다.

천호묘채에 가려면 윈난 쿤밍에서 샹양(襄陽)행 열차를 타고 훙궈(紅果), 류즈(六枝), 안순(安順), 그리고 구이저우성 성도인 구이양(貴陽)을 거쳐 카이리까지 가야 한다. 카이리까지 약 15시간이 소요되며, 카이리 도착 후에는 다시 택시를 타고 첩첩산중으로 한참을 들어가야 도착할 정도로 천호묘채는 산속 깊이 자리하고 있다.

산 언덕 위에 먀오족 전통가옥이 옹기종기 붙어있어서 멀리서 바라보면 둥근 타조 알 같은 타원형 모양의 형태를 띠고 있다. 그 앞에는 맑은 시냇물이 흐르고 위로는 푸른 하늘이 보이는 아름다운 무릉도원이다.

2) 먀오족 가옥과 우리와의 친연성

먀오족 전통가옥은 2층으로 된 목조건물이다. 통풍이 잘되도록 가옥 중간 중간에 틈이 많이 있고, 집안 아래쪽에는 축사를 지어 가축을 키운다. 경사진 산비탈을 따라 집들이 들어서고 산지를 깎아 논밭을 일구었기에 넓은 평면 공간은 찾아보기 힘들다.

천여 채나 되는 집들은 대부분 좁은 오르막길과 계단을 지나야 들어갈 수 있도록 지어져 있다. 동네 한 바퀴를 돌려면 구석구석 실처럼 이어진 고갯길과 갈림길을 따라 오르내려야 하므로 길을 잃기가 십상이다. 검은색 기와에 붉은색 목조 벽으로 만들어진 가옥들이 모여 있어서 운치를 더해준다. 기와 중앙에 있는 먀오족을 상징하는 문양은 타지인의 호기심을 자극하기에 충분하다.

마을 중간에는 공안(公安)이란 글이 붙은 경찰서가 있는데, 경찰서 건물도 먀오족 전통가옥 형태다. 전통마을 형태를 보존하기 위해 새로운 건물은 전통가옥 형태로 지을 수밖에 없도록 법으로 제한하고 있다. 전통가옥문화를 보존하려는 그들의 의지가 상당히 강함을 느낄 수 있다.

(그림 4-21) 전통가옥의 경찰서

천호묘채 마을에는 먀오족박물관이 있다. 여기에는 먀오족의 짚신과 탈곡기, 그리고 디딜방아와 지게가 전시되어 있다. 얼마 전까지만 해도 우리의 시골에서 손쉽게 볼 수 있었던 그런 농촌의 정감 어린 물건들이다. 동네 길가에서 어린아이를 업고 있는 여인의 모습을 보면, 아이를 등 뒤로 업고 포대기를 둘러 감싸고 있는 과거 우리네 모습과 흡사하다.

또한 먀오족은 예로부터 치우천왕을 숭앙하고 동네 어귀에는 치우부락(蚩尤部落)이라는 표지를 걸어놓고 있다. 우리와 치우와의 관계를 볼 때 의미 있는 대목이며, 몇몇 학자의 말대로 먀오족과 우리 민족의 친연성이 크다는 점을 확인할 수 있다.

역사적으로 먀오족은 삼묘(三苗), 묘만(苗蠻), 묘족(苗族)이라는 명칭으로 이어지면서 큰 범주에서는 묘만계이면서 동이계 영향을 많이 받았다. 또한, 고구려 유민의 후예라는 설도 일부 학자들이 언급하고 있다. 향후 우리와의 친연성에 대해 좀 더 깊이 있는 탐구가 필요하다.

3) 먀오족 음식문화와 민간문화

먀오족 음식은 독특하다. 아침에는 쌀로 만든 국수와 인절미와 유사한 쫄깃쫄깃한 찹쌀떡, 그리고 콩국을 먹는다.

(그림 4-22) 카이리 먀오족 마을

(그림 4-23) 먀오족 디딜방아

(그림 4-24) 아이를 업은 모습

(그림 4-25) 치우부락

전통음식으로는 쏸탕위(酸湯魚)라는 생선탕국이 있다. 살아있는 잉어를 주 재료로 하고 새콤한 야채를 곁들인 일종의 매운탕이다. 맛은 산초와 유사한 얼얼하면서 매콤한 맛의 화초와 고추가 들어가서 매콤하면서 탕의 맛을 토마토로 내기 때문에 새콤한 맛도 난다. 생선은

(그림 4-26) 먀오족 음식 쏸탕위

뒷심 부족한 부분을 채워주고, 시큼한 산채(酸菜)는 생선의 비린내를 잡아주고 있어서 서로 조화를 이룬다. 탕이 끓고 나면 여기에 배추와 각종 야채를 넣어 밥과 함께 먹는데, 새콤하지만 뒷맛이 개운한 색다른 느낌을 제공한다.

먀오족 마을 구석구석을 걷다 보면 약초 등을 파는 일반 전통 가정집이 보인다. 안으로 들어가면 할머니가 1층에서 전통술을 빚는 과정을 보여주고, 탁자 위에 놓인 각종 뱀술과 약초도 설명해준다. 이 지역에는 독사나 안경뱀(眼鏡蛇) 등이 많고 야생약초가 풍부하여 이런 재료로 약재를 만드는 집이 적지 않다.

예로부터 먀오족의 민간의술은 뛰어났다. 빨간색 물약 이야기를 한번 해보자. 관절이나 허리, 경추 등이 불편한 사람이 빨간 물약을 바르면 곧바로 바른 부위에 60도 정도의 열이 오르는 듯한 느낌이 나면서 뜨거워지다가 식으면서 파스를 바른 듯한 시원한 느낌이 든다. 시간이 조금 지나고 나면 언제 그랬냐는 듯이 통증은 사라진다. 이 빨간약은 뱀의 독과 각종 약초를 섞어 만든다고 한다.

먀오족은 전통적으로 음주와 가무를 즐기고 지금도 종종 과음하기 때문에 자연스레 숙취 해소에 좋은 약재 가루도 많이 개발하였다. 먀오족 마을은 밤이 되면 여기저기서 시끌시끌한 노랫소리가

흘러나온다. 음주와 가무를 즐기는 먀오족의 모습에서 음주와 해장문화가 발달한 우리의 모습과 중첩되는 느낌을 지울 수 없다.

얼핏 먀오족 외모를 보면 우리보다는 키가 작아서 유사한 점은 없어 보이지만, 자세히 들여다보면 19세기 조선시대 말기 근대화 과정 중에 찍힌 사진 속 조선인의 모습과 비슷하다.

4) 『먀오족고가(苗族古歌)』와 신화

먀오족 사이에 전해져 내려오는 시가집 『먀오족고가(苗族古歌)』는 역사문화와 사상, 자연현상과 사회발전 양태에 대한 그들의 소박하고도 상상력 풍부한 탐구정신을 담고 있다. 고가 중 「개천벽지가(開天闢地歌)」와 「풍목가(楓木歌)」 속에는 개벽과 인류 및 만물의 기원에 관한 창세 모티프 신화고사가 담겨있다.

먼저 「개천벽지가」에 다음과 같은 내용이 나온다.

> 우주는 최초에 구름 안개였는데, 이 구름 안개가 마치 알을 부화하듯이 과제(科啼)와 낙제(樂啼)라는 두 개의 거대한 알을 낳았다. 이 두 개의 거대한 알들이 다시 천지를 부화하였다. 아득한 옛날 하늘은 삿갓과 같았고 땅은 키와 같은 (동그란) 모습이었다. 그들은 어느 엄마가 낳았을까? 하늘과 땅 모두 나적(羅迪)이 낳은 것이다. 즉 천지는 한배에서 나온 것이다.
>
> 宇宙最早是云雾，而云雾象孵蛋那样出科啼與乐啼两种巨蛋。两种巨蛋又孵出了天地. 远古的时候，天好像一个斗笠，地好像一只簸箕。他们是哪个妈妈生的呢？天是罗迪生的，地也是罗迪生的，两个是一胎生出来的.

천지개벽 후에는 천지 보수 이야기가 이어진다. 하늘이 작고 땅이 커서 하늘을 늘리고 땅을 축소시키며, 천지가 충분히 넓지 않아 왕오(往吾)가 천지를 삶고, 거인 파공(把公), 상공(祥公), 파파(把婆), 요파(廖婆)가 세 차례 두드린 후 다시 반죽을 이겨 늘려서 천지를 넓게 만들고, 부방(府方)이 천지를 지탱한다.

한편 거인 반고의 난생형 고사는 다음과 같이 전해진다.

> 전해지는 이야기에 의하면, 거대하면서 그 힘이 비할 데 없이 무궁한 신수인 수뉴(修狃)가 입으로 실을 뽑아 둥지를 만들고 알을 하나 낳았는데, 이 알이 부화하여 반고가 나왔다. 반고가 출생할 때 알 껍질이 두 조각으로 갈라졌는데, 위쪽은 하늘이 되고, 아래쪽은 땅이 되었다. 반고가 하늘을 치자 하늘은 천만 척이나 높아졌다.
>
> 相传，巨大无比力大无穷的神兽修狃，吐丝作窝，生一卵，孵育出盘古. 盘古出生时，卵壳裂作两半 : 上半为天，下半为地. 盘古把天击起来，天升高千万尺.

이처럼 최초의 세계는 달걀 모양의 혼돈에서 시작된다. 서부지역 먀오족 고가(古歌)에도 하늘과 땅이 계란처럼 맞붙어 있었는데 반고가 바로 그 계란 가운데서 살았다는 내용이 전해진다.

인류기원 모티프 고사는 「풍목가(楓木歌)」에 다음과 같이 나온다.

> 나비가 단풍나무 속에서 태어난 후, 거품과 결혼하여 12개의 알을 낳았는데, 이 알들이 부화하여 사람과 동물, 그리고 신이 되었다.
>
> 蝴蝶从枫树心孕出来之后，跟泡沫婚配，生了十二个蛋，这些蛋孵

化出人兽神.

단풍나무가 낳은 나비, 즉 매방류(妹榜留)가 물거품과 결혼하여 열두 개의 알을 낳았는데 거기에서 사람, 동물 그리고 신으로 부화하여 나왔다는 내용이다.

구이저우 먀오족의 역사와 천호묘채, 그들의 음식과 가옥, 신화 고사 등의 문화 특징에 대해 간략하게 살펴보았다. 이어서 갑천하(甲天下) 구이린(桂林)이 속한 광시 좡족의 문화와 쓰촨의 파촉문화에 대해 이야기하고자 한다.

보충설명

• 구이저우성 개황

최근 지역균형발전 전략에 따라 서부 대개발이 진행되면서 구이저우성 지역 상황도 나아지고 있다. 최근 몇 년간 구이저우성의 발전 속도가 상대적으로 빠르게 나타난다. 하지만 구이저우성은 아직까지는 중국 내에서 경제적으로 낙후되고 생활 수준이 떨어지는 행정구역 중 하나다.

지형적으로 볼 때, 서남부 내륙 깊숙이 위치하며 산과 구릉으로 이루어진 지역이라 교통도 불편하고 이에 따라 산업기반도 약하다. 농업에 주로 의존할 수밖에 없었기에 경제발전이 더딘 상황이다. 평지 논밭이 부족한 관계로 산비탈에 계단식 밭을 일구고 수수나 귀리 등을 재배하고 있는 형국이다.

최근에 구이저우성의 몇몇 지역을 개방하면서 세계에서 네 번째로 크다는 안순(安顺)의 황궈수 폭포(黃果樹瀑布), 완펑림과 마링허협곡, 둥족 마을 경관 등 여러 곳이 탐방지로 새롭게 떠오르고 있다. 최근에서야 개방되었기에 자연의 순수한 모습을 지니고 있고, 그 안에서 터를 잡고 생활해

온 둥족, 먀오족, 야오족 등 소수민족의 삶과 문화 역시 온전하게 간직되고 있다.

• 카이리의 고장두(鼓藏頭) 마을

(그림 4-27) 마을의 리더 고장두의 집

카이리 천호묘채 마을의 좁고 비탈진 길을 따라 산 중턱에 오르면 커다란 집이 하나 있다. 이 집 현관에는 고장두(鼓藏頭)라는 글이 쓰여있다.

고장두는 이곳 말로 마을의 최고 리더이다. 고장두는 마을의 모든 일을 총괄하고 마을의 치안과 도덕을 관장하기도 한다. 고장두는 민주적으로 선출하는 것이 아니라 당씨 가문이 세습하며, 제를 지낼 때는 고장두 집안에서 새벽에 돼지를 잡고 난 후에야 일반 가정에서 돼지를 잡기 시작한다. 그리고 고장두 집안 아가씨가 먼저 노래를 부르고 생황을 불며 춤을 추면 이어서 나머지 사람들이 가무를 즐기기 시작한다. 그만큼 이 마을은 위계질서가 엄격하다.

마을 아래 중심부에는 시장묘채(西江苗寨), 즉 시장 지역에 모여 사는 먀오족 마을이라는 뜻을 지닌 광장이 있다. 여기는 마을 주민들이 모여서 회의도 하고 행사도 했던 마을회관 겸 운동장이다. 현재는 문화공연을 하고 특산품을 파는 장터로 활용되고 있다.

고갯길을 지나다 보면 가족박물관도 보인다. 일반 가정집 내부를 그대로 볼 수 있는데, 5위안을 내면 안쪽 방에 소장하고 있는 먀오족의 전통의상과 액세서리 그리고 생활용품들을 볼 수 있다.

먀오족 여인들은 검은색 바탕의 옷에 장식이 들어간 줄무늬 천을 덧입고, 머리에는 빨간 장미꽃 모양의 장식을 꽂는다. 필요할 때는 은장식 목걸이나 모자를 두르고 다닌다. 먀오족 마을에서만 볼 수 있는 장면이다.

특히 먀오족 여인은 생활력이 강해서 좁고 가파른 언덕길을 말에 짐을 싣고 다니기도 하고 긴 대나무를 어깨에 걸고 양쪽에 물동이를 얹어 나르기도 한다.

• 중국의 소수민족

중국의 민족은 92%를 차지하는 한족(漢族)과 나머지 8%를 차지하는 55개의 소수민족으로 구성되어 있다. 55개 소수민족 중에서 1,500만 명의 좡족(壯族)이 인구수가 가장 많고, 다음으로 만저우족(滿洲族) 980만 명, 후이족(回族) 860만 명, 먀오족(苗族) 740만 명, 위구르족(維吾爾族) 720만 명, 이족(彝族) 650만 명 순이다.

이들은 주로 중국 외곽에 위치한 5개의 자치구에 거주하는데, 한족과 혈통이 다르고 때로는 고유의 언어문자 체계와 종교를 가지고 있으며, 그들만의 문화와 관습을 이어오며 살아가고 있다.

중국의 소수민족은 현 체제 속에서 중국인의 신분으로 살아가면서도 보이지 않는 차별로 고민하면서 분리 독립이나 고도의 자치권 확보라는 변화의 길을 모색해오고 있다. 하지만 강력한 중앙정부 체제하에서 8%도 안 되는 소수가 비무장 상태로 '분리 독립'의 의지만으로는 독립을 실현할 가능성은 희박하다.

중국 정부는 사회 안정과 조화를 위하여 나름대로 소수민족에 대해 기본적인 우대와 배려 정책을 취하고 있다. 실제로 소수민족에게는 암흑기였던 문화대혁명 이후, 새로운 민족 평등정책으로 소수민족의 문화를 존중하고 보존하는 데 많은 지원을 하였다. 소수민족의 인구수 보존을 위해 한 가구 한 자녀 정책이 시행될 때도 자녀를 두세 명까지 낳을 수 있도록 허가도 하였다. 베이징의 중앙민족대학에서는 소수민족 자녀들에게 무상교육을 제공하고 소수민족 간부도 양성해왔다.

또 자치구와 자치주에는 소수민족 고유의 문자 및 종교의 자유를 허락하고, 제한된 범위 내에서 자치 조례제정권과 예산집행권 같은 자치적인 정치 활동을 허락하는 등의 우대 정책을 펴고 있다. 전국인민대표대회에 소수민족은 전국 총인구 대비 차지하는 비례를 뛰어넘는 12%를 차지한다. 인구수가 적은 민족도 대표를 선출하기 때문이다.

중앙정부의 이러한 소수민족에 대한 민족 평등정책이 표면적으로는 조화와 평등을 지향하고 있지만, 한편으로는 한족을 소수민족 지역으로 이주시키고 이민족 간 결혼을 유도함으로써 자치구가 한족에 동화되도록 정치적으로 유도하고 있다.

옌볜조선족자치주에는 1950년대 조선족 인구가 전체의 70%에 달했는데, 현재는 30%가 채 되지 않으며, 2020년에는 20%에 못 미치고 있다. 현재 옌볜에 조선족 간부가 많다고는 하지만 실권을 쥔 핵심간부는 대부분 한족이 차지하고 있다. 조선족 공동체 역시 해체의 길을 걸을 것은 자명한 일이다.

중앙정부의 한족 이주정책 외에도 소수민족의 역사를 중국에 유리하게 해석하는 역사왜곡 프로젝트 역시 소수민족을 '하나의 중국'과 '대가정'이라는 테두리 속에 집어넣으려는 중앙정부의 움직임이다. 그 예로 고구려의 역사 왜곡 정책인 '동북공정'과 '문화공정', 티베트 역사 왜곡 정책인 '서남공정', 신장위구르의 역사 왜곡 정책인 '서북공정'을 들 수 있다.

실생활에서도 취업과 승진 및 보수의 차이 등 눈에 보이지 않는 차별로 인한 상실감이 크다. 조선족 동포의 말에 따르면 공무원에 임용되어도 승진 시 한족과 달리 불이익을 당하기 때문에 명문대학을 졸업해도 여행가이드, 프리랜서, 자영업에 종사하는 경우가 많다고 한다.

소수민족들은 삶의 터전에서의 주도권을 상실하고 경제적 격차로 인한 상대적 박탈감을 느끼고, 중앙정치 진출에도 제약과 견제를 받으면서 쌓인 불만을 봉기와 시위로 표출하며 이를 독립운동으로까지 확장하고 있다. 하지만 중국 정부는 소수민족의 분리 독립 움직임이 있을 때마다 무력이라는 채찍으로 강경진압을 한다.

중국 정부가 왜 평화적인 신사협정 대신 무력진압이라는 방법을 사용하여 소수민족과의 분쟁을 해결하려는 것일까? 소수민족 거주 변방지역이 전 국토의 37%를 차지하는데, 티베트의 금광, 신장의 컬라마이 유전과 석탄, 내몽고의 철광, 윈난성의 대리석 등 엄청난 천연자원이 이 지역에 매장되어 있기 때문이다. 영토나 지하자원이 주는 엄청난 이득이 있기에 소수민족 분리 독립은 협상 대상에서 완전배제하고 있다.

소수민족에게 종교적, 문화적 연대감 속에서 독립을 쟁취하려는 의지와 투지가 있는 한, 향후 갈등과 소요, 희생이 따르는 사건들은 끊임없이 이어질 것으로 전망된다.

소수민족이 중국에서 느끼는 소외와 차별이 근본적으로 해결되지 않는다면 소수민족과 중국 정부와의 갈등의 골은 더욱 깊어질 것이다. 중국사회가 해결해야 할 당면한 문제다.(이인택, 『현대중국의 이해』에서 발췌 및 수정)

질의응답

① 먀오족의 구이저우성과 우리나라가 지리적으로 먼데, 어떻게 우리와 친연성이 크다는 설이 나왔는지요? 우리 시골 마을에서 사용하던 도구랑 비슷하다는 것 외에 어떤 부분에서 먀오족과 우리 민족의 친연성이 크다는 것을 확인해볼 수 있는지요?

먀오족 사이에 전해지는 『고가』 기록이나 유적 등을 통해 살펴보면, 먀오족은 원래 황하 유역 산둥 지역에 거주하다가 전쟁을 피해 남쪽 양자강 쪽으로 이동하였고, 이후 다시 후난성과 서남부 윈난성 및 구이저우성 지역으로 이주하면서 정착하게 되죠.

따라서 원 거주지의 위치로 판단할 때, 우리 민족과 친연성이 깊은 동이계 민족의 터전이었던 발해만과 산둥 지역 등 동부 연해 지역과 거주지가 겹치죠. 현재 산둥지역에는 먀오족이 숭상하는 치우를 기리는 곳도 남아있고요.

아울러 일부 학자는 먀오족이 고구려 유민의 후손이라는 설도 제기하고 있습니다. 먀오족은 과거 고구려 유민으로서 전쟁이나 동란을 피해 남쪽으로 내려와 양자강 남서쪽으로 이주했다는 주장이죠.

먀오족 기혼여성이 아기를 업고 다니는 모습이 우리의 얼마 전 모습과 흡사하다고 이야기한 바 있는데요. 먀오족은 음주 가무를 즐겨왔고 지금도 현지에 가보면 저녁이면 이집 저집에서 노랫소리로 시끌시끌한 모습을 볼 수 있을 정도로 그러한 풍속은 이어지고 있죠. 이 역시 우리의 풍속과 흡사합니다.

이외에도 먀오족 언어 발음 중 'gil'은 바로 한국어 '길'과 발음이 유사합니다. 언어적으로도 일부 연관성이 발견되죠.

② 『먀오족고가(苗族古歌, Miao Nationality's Old Songs)』에는 어떠한 내용이 담겨있는지요?

먀오족의 고가는 천지개벽, 우주와 삼라만상의 탄생, 인류와 종의 기원, 홍수, 먀오족의 민족 대이동, 고대 사회제도와 일상생활 등을 담고 있죠. 먀오족의 고대 신화와 구전 역사의 총체라 할 수 있습니다.

몇 가지로 나누어보면, 먀오족 선조의 자연정복을 칭송하는 내용, 종 기원에 대한 상상, 먀오족의 각종 제사의식과 제사용품의 유래, 혈연 간 혼인을 추억하는 내용, 새로운 생존공간을 찾는 내용으로 나눌 수 있는데요. 체계적으로 먀오족 선조의 생활을 노래함과 동시에 천지개벽을 한 그들의 위대한 업적을 담고 있습니다.

③ 뱀의 독 등을 사용해 만든 빨간 물약이 관절염 등에 효과가 있다는 먀오족의 민간의술은 의학적으로 검증된 바가 있나요?

먀오족은 예로부터 전통의술이 뛰어났고 지금도 그 전통이 내려오고 있고요. 중국에서는 민간의학으로 먀오족의 민간의술을 우수하다고 평가하고 있죠.

하지만 양의학과 한의학의 논쟁이 이어지듯이, 중국의 민간의학의 일종인 먀오족의 의술의 우수성을 일반인이 검증하기는 쉽지 않겠죠. 다만 개인적으로 직접 방문해서 체험한 결과로는 어느 정도 효과가 있다고 느꼈죠. 의학적으로 성분이 어떻고 임상이 어떻고 하는 부분은 설명하기 힘들지만요.

④ 먀오족은 치우천왕을 숭앙하고 동네 어귀에 '치우부락'이라는 표지를 걸어놓는다고 하였는데, 치우천왕과 치우부락에 대해 좀 더 소개해 주실 수 있나요?

치우는 옛 선사시대 즉 신화시대에 당시 대륙 동남지역 동이계와 묘만계의 수장으로 기록이 되어있죠. 치우는 신화상의 수장인데 서쪽 화하계의 수장인 황제와 전쟁을 여러 차례 하였고 마지막에 패하면서 비극영웅이 됩니다.

그래서 동쪽 산둥성 지역과 남쪽 윈난성 지역, 구이저우성 지역의 소수민족인 먀오족은 치우를 시조이자 영웅으로 추앙하며 단풍나무와 나비를 통해 탄생하는 그에 관한 신화고사를 만들고, 그를 치우천왕이라고 부르고 있죠. 구이저우성 카이리 천호묘채 역시 먀오족이 피난 내려와 세운 마을이기에 '치우부락'이라는 푯말이 있는 것이죠. 우리나라 축구 응원단 붉은 악마의 상징이 치우천왕이라는 점도 우연은 아니겠죠.

3. 광시 좡족문화와 쓰촨성 파촉문화

여기서는 소수민족 가운데 인구수가 가장 많은 좡족의 문화 그리고 쓰촨성 지역의 파촉문화에 대해 알아보도록 한다.

1) 좡족의 특징과 문화

좡족은 55개 소수민족 중 인구수가 가장 많다. 인구조사에 따르면 약 1,700만 명으로 좡족 전체 인구의 87%가 광시좡족자치구에 거주하고 있다. 좡족자치구는 중국 남부에 위치하며, 베트남과 국경을 마주하고 있다. 중국 돈 20위안 지폐의 배경이 될 만큼 아름다운 경치로 유명한 구이린(桂林)이 바로 이곳에 있다.

(그림 4-28) 광시좡족자치구

좡족 사람들은 어떤 독특한 그들만의 문화와 특징을 가지고 있을까? 그들은 우선 손님 대접하기를 좋아하고 흥이 많고 예의를 중시한다. 좡족 속담에 "밥은 몸을 살찌우고, 노래는 마음을 살찌운다.", "손님이 있는 곳에 반드시 술이 있어야 하고, 술이 있으면 반드시 노래가 있어야 한다.”는 말이 있다. 이처럼 좡족은 노래 부르는 것을 좋아하고, 또 잘 부른다.

일할 때도, 손님을 대접할 때도, 결혼할 때도 술과 노래는 빠지지 않는다. 좡족의 전통명절이나 특별한 날이면 민속의상을 입고, 연회를 마련해 직접 담근 술과 열정적인 노래로 손님을 접대한다. 특히 좡족의 전통명절인 3월 3일은 민간전설 속에서 ‘노래의 신’으로 숭앙받는 류싼제(劉三姐)[9]를 추모하는 날로, 이날에는 ‘노래 부르기’ 활동이 대대적으로 벌어진다.

2) 광시 구이린(桂林)

(그림 4-29) 광시 좡족

광시좡족자치구에는 좡족 외에 둥족과 야오족이 많이 거주하고 있다. 광시의 성회인 난닝(南寧)에서 가까운 곳에 아름다운 경치로 많은 관광객이 모여드는 구이린이 있다. 독수봉 아래 석각 글귀인 “구이린의 산수가 천하제일이다(桂林山水甲天下)”처럼 리장(漓江)의 물길을 따라 솟아오른 수많은 봉우리로 장관을 이룬다.

예전 명나라 시기인 1636년에 당시 52세였던 서하객이라는 인물이 화산이 폭발하여 만들어진 카르스트 지형인 이곳을 『서하객유기』라는 자신의 기행 책에서 자세히 묘사할 정도로 아름다운 곳이다.

---

9) 류싼제는 당나라 때 광시 지역에서 활동한 민간 가수로 노래도 잘하고 외모도 아름다우며 성품도 선량하고 총명했다고 한다.

이곳 리장 하류에는 샹산공원(象山公園)이 있다. 코끼리 모양을 닮아서 샹비산(象鼻山)이라는 명칭이 붙었는데, 공원에는 온통 산과 물만이 눈앞에 펼쳐진다. 중국 소수민족 전통의상을 빌려 입고 사진을 찍을 수도 있고, 물고기를 잡는 가마우치와 함께 사진을 찍을 수도 있다. 이외에 촨산공원(穿山公園)과 치싱공원(七星公園) 등과 같은 아름다운 공원도 많다.

(그림 4-30) 구이린 상비산

(그림 4-31) 리장 경관

리장을 따라 배를 타고 양쒀(陽嗍)로 올라가다 보면, 중국지폐 20위안짜리에 나오는 그림 그 모습 그대로의 자연경관을 감상할 수 있다. 해저 2,000m에서 오랜 시간에 걸쳐 서서히 융기한 언덕과 봉우리는 하나하나 모두 다 장관이다. 양쒀의 시제(西街)는 중국과 서양의 요소가 조화를 이루며 만들어낸 거리로서, 길가의 상점과 식당, 그리고 아름다운 건축물들이 관광객의 눈길을 사로잡는다. 특히 양쒀에서는 대용수라는 나무와 용수동굴이 독특한 자태를 뽐내고 있다.

구이린의 특색 있는 음식으로는 계화어(桂花魚), 석암어(石岩魚), 계화차(桂花茶), 삼화주(三花酒), 수어(水魚) 등이 있다. 특히 수어는 상어와 오골계 맛이 섞인 듯한 독특한 풍미가 있다.

3) 구이린 〈인샹류싼제(印象劉三姐)〉

(그림 4-32) 광시 소수민족

(그림 4-33) 인샹류싼제 공연

2004년 국가급 감독인 장이머우(张藝謀)는 구이린 리장(灕江)을 배경으로 류싼제 이야기를 새롭게 기획한 <인샹류싼제>라는 공연을 선보였다. 구이린 산수는 천하의 으뜸(甲天下)이라 불릴 정도로 경치가 아름다운데, 이곳의 실제 경치를 배경으로 한 공연이라는 점이 흥미롭다.

이 공연에는 전문배우가 아닌 현지주민 600명이 동원되었다고 한다. 리장을 삶의 터전으로 살아가는 좡족 사람들의 일상적 모습을 다양한 볼거리로 제공함으로써, 수백억 원의 관광 수입을 올리는 경제 효과를 냄으로써 구이린을 세계적인 문화 관광지로 변모시켰다.

이렇듯 지역의 대표적인 브랜드로 자리매김한 '인샹 프로젝트'는 경제적인 효과뿐만 아니라 중국 변방 도시를 세계적인 문화 관광지로 변모시킨 획기적인 공연 프로젝트로 평가받고 있다. 이 프로젝트는 중국 정부가 전략적으로 추진하고 있는 지역 문화산업으로, 현재 중국의 거의 모든 관광지에는 그 지역만의 특색이 있는 공연 프로그램이 만들어지고 또 운영되고 있다.

야간에 이루어지는 장이머우 감독의 수상공연 <인샹류싼제>는 과거에 소수민족과 탐관오리 및 토호세력과 싸우는 모습을 다룬 장엄하면서도 슬픈 전설을 형상화한 작품으로서, 야간에 강물 위에서 펼쳐지는 조명 쇼가 특히 예술적이고 인상적이다.

하지만 부정적 시각도 있다. 주요 스토리가 다양한 볼거리에 묻히고, 상업성이 지나치게 강화되었다는 점이 문제점으로 지적되고 있다. 홍보 화보를 비롯해 <달춤>, <노천욕> 장면은 상당히 파격적인데, 소수민족 문화를 지나치게 상품화하고 있다는 지적이 있다.

"소수민족 민간전설이 어떻게 오늘날 중국을 상징하는 문화부호로 재탄생 되었을까?" 중국이 최근 총력을 기울이는 문화정책은 소수민족문제와 연계하여 한번 생각해볼 만한 일이다.

4) 파촉문화: 삼성퇴, 변검, 쓰촨음식, 충칭

'파촉문화(巴蜀文化)'는 쓰촨성과 충칭의 지역문화를 말한다. 파촉문화의 시초는 쓰촨성 청두를 중심으로 한 촉(蜀)문화와 충칭을 중심으로 한 파(巴)문화에서 시작된다. 역대 정권에 따라 두 지역은 결합과 분리를 반복하지만, 사실은 삼국시대부터 동일 문화권으로 형성되었기에 지금은 파촉문화로 통칭하고 있다.

〈그림 4-34〉 삼성퇴 청동인두상

이 지역은 4천 년 전에 이미 문명이 탄생한 곳이다. 고촉국의 청동기 문화가 무더기로 발견된 삼성퇴(三星堆)[10] 유물이 바로 이

10) '삼성퇴(三星堆)'유적은 청동시대 유적지로 1980년대부터 발굴하기 시작하여

것을 증명해주고 있다. 특히 청동인두상은 눈, 코, 귀, 입 등의 형상이 다른 지역에서는 전혀 볼 수 없는 매우 과장되고 독특한 모양을 하고 있다. 이곳이 상고시대에 고도로 발달한 문명이 존재했음을 알려주는 중요하고 진귀한 유물이다. 그래서 중국 현지인이 강력 추천하는 곳이기도 하다. 고촉국의 문화에 대해서는 한족의 지류문화라는 주장과 함께 전혀 다른 이민족 강족의 문화라는 주장이 엇갈리는 등 의견이 분분하다.

(그림 4-35) 무후사

대표적인 파촉문화로는 '삼국촉한문화'가 있다. 삼국시대 유비의 촉한이 바로 이 쓰촨성 지역에 세워졌다. 촉한의 황제 유비와 승상 제갈량을 위해 지은 사당과 유비의 묘가 있는 '무후사'는 중국 유일의 '군신합사묘'다.

파촉문화을 잘 보여주는 민간예술로는 '변검(變臉)'을 들 수 있다. 변검은 배우가 극의 분위기에 따라 얼굴분장을 바꾸는 연출기법을 말하는데, 순식간에 얼굴분장을 바꾸는 배우의 연기가 몰입도를 높이고, 오락성과 재미를 한층 더 고조시킨다. TV 프로그램에서도 간혹 소개되는 변검의 비밀은 아직은 베일에 가려져 있다.

파촉문화에서 음식을 빼놓을 수 없다. 쓰촨요리는 중국 4대 요리의 하나로 '얼얼하게 매운 맛(麻辣)'이 특징이다. "쓰촨사람은 매운 것을 두려워하지 않는다.(四川人不怕辣.)"라는 말과 함께 "쓰촨사람은 맵지 않은 것을 두려워한다.(四川人怕不辣.)"라는 말이 있을 정도

성곽 유적 및 무덤 등이 발견되었고, 술잔과 그릇, 인두상 등 대량의 청동기가 출토되었다.

로 매운 것을 좋아한다.

쓰촨지역은 분지라 추위와 더위가 심하고, 여름에는 고온다습하고 햇빛이 적어 풍토병에 걸리기 쉬운데, 고추의 매운맛이 습과 냉기를 제거하고 열을 보충해 풍토병을 예방해준다고 한다. 그래서 매운 요리가 발달한 것이다. 우리에게 익숙한 마파두부(麻婆豆腐), 단단면(擔擔面), 훠궈(火鍋) 등이 대표적인 쓰촨요리다.

파촉지역 중 충칭은 인구 3,300만을 보유한 중국 4대 직할시 중 하나로서, 중국의 서부대개발 프로젝트의 요충지이면서 시진핑 정부가 추진하는 '일대일로(一帶一路)'의 중심 도시다. 그래서 충칭은 기회의 땅으로 급부상하고 있고, 한국기업들도 이곳에 진출해 중국 중서부 개발에 참여하고 있다.

이상으로 몇 가지 주요한 특징과 이슈를 통해 좡족문화와 파촉문화에 대해 알아보았다. 다양한 관점과 시각으로 접근하면 흥미롭고 의미 있는 것들이 많이 보일 것이다. 이어서 중국문화의 원류라고 하는 중원문화에 대해 알아보도록 한다.

보충설명

- **양자강을 따라서- 충칭**(重慶), **쓰촨성**(四川省)

후베이성 이창 삼협댐에서 배를 타고 서쪽으로 거슬러 올라가면 삼협(三峽)협곡과 적벽대전(赤壁大戰)이 일어났던 적벽을 지나 충칭 부두에 도착한다. 그리고 물줄기는 다시 쓰촨성과 윈난성을 거쳐 발원지 칭하이성에 다다른다.

장강삼협은 서쪽 충칭 봉절현(奉節縣)의 백제성(白帝城)에서 동쪽으로 후베이성 이창(宜昌)의 남진관(南津關)에 이르는 구당협(瞿塘峽 33km), 무협(巫峽 44km), 서릉협(西陵峽 72km) 등 세 개의 협곡으로 구성된 총 길이 192km의 계곡 구간을 말한다. 무협은 세밀하고, 서릉협은 험준하며, 구당협은 웅장미가 있다.

삼협 중간쯤에서 작은 배로 갈아타고 소삼협으로 들어갈 수 있는데, 그곳의 맑은 물과 아름다운 경치는 비경에 가깝다. 소수민족 투자족과 와족이 이곳에 많이 거주하고 있다.

(그림 4-36) 장강 삼협

삼협을 따라 올라가면 원숭이가 많이 눈에 들어온다. 그 옛날 이백의 시 「촉도난(蜀道難)」에 묘사된 원숭이 모습이 연상된다. 장강삼협의 물길은 1994년에 착공하여 2006년에 완공된 삼협댐으로 인해 2003년에는 수위가 135m 정도로 올라갔고, 2008년에는 180m까지 올라가면서 많은 경관이나 유적들이 수몰되기도 하였다.

충칭은 지난, 난징, 우한과 함께 중국 4대 화로(火爐)이자 장강 3대 화로로서 습도가 높고 여름에는 더운 편이다. 가파른 언덕이 많아 산성(山城)으로도 불리며, 이러한 지형상의 이유로 타지보다 자전거를 타는 사람들이 적다.

충칭은 행정구역상 쓰촨성에 속했다가 1997년 직할시로 분리되어 나왔기 때문에 여전히 쓰촨문화가 그대로 깃들어 있다. 쓰촨과 함께 충칭의 훠궈(火鍋)는 맵기로 유명한데, 이는 습한 이곳 지역 날씨와 관련이 있다.

충칭은 현대 시기에 들어와 국민당정부와 대한민국임시정부가 있었던 곳으로서 우리와도 인연이 깊다. 또 쓰촨 군벌의 별장이자 후에 정치범 수용소로 수많은 사람을 가두고 고문을 가했던 건물인 백공관(白公館)이 남아있다. 당시의 아픈 역사를 담고 있는 이 건물은 현재 많은 관광객의 방문으로 문전성시를 이룬다.

(그림 4-37) 충칭 대한민국임시정부

네 개의 천이 흐른다고 하여 이름 지어진 쓰촨성의 성도는 청두(成都)다. 장편소설 『삼국지연의』에 나오는 유비의 촉(蜀)나라 수도이기도 하였다.

옛 삼국시대 유적과 함께 근교에는 많은 유명관광지가 있다. 두보초당(杜甫草堂), 유비의 아들 유선이 제갈량을 기려서 만든 무후사(武侯祠, 제갈공명 사당), 천극(川劇), 수영희(手影戲), 변검(變臉, changing faces) 등을 공연하는 옛 거리 진리(錦里), 판다번육연구기지(大熊猫繁育研究基地) 등이 시내에 있다.

근교에는 아미파 무술로 유명한 아미산(峨嵋山), 청성산(青成山), 세 개의 강의 범람을 막기 위해 만든 낙산대불(樂山大佛), 치수를 위해 건립한 도강언(都江堰)이 있으며, 북쪽에는 황룡(黃龍)과 구채구(九寨溝), 설산을 즐기며 말 트레킹을 할 수 있는 쑹판(松潘) 등 동티베트로 불리는 장족 마을 등이 있다.

그중에서 아미산은 "천하에 빼어난 산(天下秀)"이라는 칭호를 갖고 있으며, 중국 불교 4대 명산 중의 하나로서, 산속의 만년사(萬年寺)는 규모의 웅장함으로 유명하다. 최고봉은 해발 3,099m에 달해 "서남에서 가장 웅장하고 빼어나다(雄秀西南)"는 평가를 받는다.

티베트 짱족의 아홉 마을을 의미하는 구채구(九寨沟) 역시 청두에서 오전에 출발하면 저녁 무렵에 도착할 정도(435km)로 멀리 떨어져 있는데, 천의 색깔이 비취색 및 다양한 색깔을 가지고 있는 점이 신기할 정도다.

가는 길목은 개발이 덜 되어 고로가 굴곡이 심하고 2차선인데도 소와 말, 야크 등이 길 위로 돌아다닌다. 울창한 침엽수림과 맑고 푸른빛의 호수, 호수에 잠긴 고목 등 모든 것이 조화롭다. 구채구 남쪽 100km에는 우왕 때 황룡이 황룡진인으로 되었다는 전설이 서린 황룡이 있다. 황록청백옥 등 다섯 색깔의 연못인 오채지가 유명하다.

질의응답

① 먀오족은 옛날에 적을 피해 내려와 정착하면서 마을을 형성해서 살고 있다고 하는데, 좡족은 어느 시기부터 현재 위치에 정착할 수 있었던 건가요?

좡족은 송(宋)대 말에 전쟁을 피해 산둥성에서 넘어와 정착했다고 합니다. 구체적인 좡족의 정착 역사는 아래 내용을 보시죠.

http://shind_onga.d_onga.com/3/all/13/114212/1

② 쓰촨요리 중 추천할 만한 음식 3가지를 든다면 어떤 것인가요? 변검은 손을 대지 않고 순식간에 가면을 휙휙 바꾸는 가면술인데, 이러한 가면술의 원리는 무엇인지요?

쓰촨의 대표적인 요리로 훠궈(火鍋), 위샹러우쓰(魚香肉絲), 수이주샤오룽샤(水煮小龍蝦)를 추천합니다.

변검은 그 비법이 비공개로 비밀스럽게 전수되고 있죠. 여러 가지 추측이 있는데요. 얇은 종이 재질의 가면을 겹쳐 쓰고 팔 동작으로 얼굴을 스치며 하나씩 벗겨낸다는 설도 있고, 순간적으로 색소를 뿌린다는 설도 있죠. 가까이에서 지켜보면, 얼굴 쪽으로 큰 손동작을 하는 데 비밀이 있을 듯합니다.

제5장 | 중국 중원문화

1. 허난성, 허베이성 중원문화의 역사와 특징

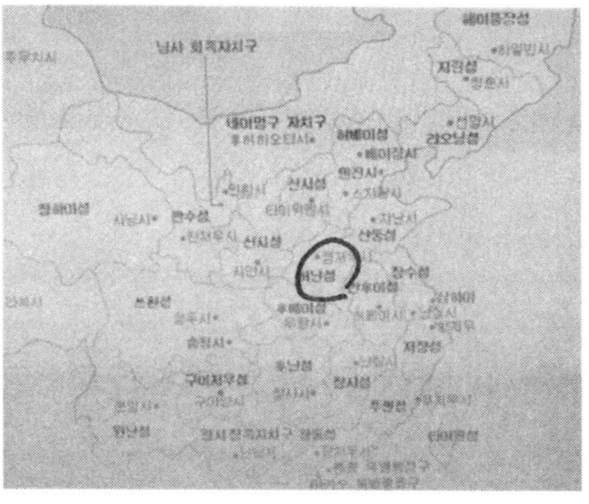

중원지역은 황하 유역을 중심으로 하는 중국문명의 발상지다. 행정구역상으로는 허난(河南), 허베이(河北), 산둥(山東), 산시(山西), 산시(陝西)의 5개 성(省)을 포함한다. 중국민족 4,000년의 역사 중 2/3에 달하는 기간 동안 수많은 왕조가 이 일대에서 홍망성쇠를 거듭하였다. 이 중원은 지리적으로 면적이 넓고 수많은 왕조의 역사문화가 숨 쉬고 있는 지역이기 때문에 한 가지 형태의 문화권으로 설명하기는 어렵다.

1) 허난성의 유적과 허난사람

허난성은 황하 중하 유역이자 화중지구에 속하고, 허베이성, 산둥성, 산시성 등 6개의 성과 인접해 있다. 성도는 정저우이며, 고대의 지명을 따서 예(豫)라고 약칭하기도 한다. 허난성은 전국 인구의 7.4%인 약 1억 명이 거주하는 지역으로서, 전국 22개 성 중에서 인구수가 가장 많다.

(그림 5-1) 카이펑 송 왕조 궁궐

허난성은 황하 이남에 위치한다고 하여 허난성으로 불리고 있으며, 수많은 민족과 왕조들이 이곳을 번갈아 지배하며 중원문화를 형성해왔다. 특히 안양(安陽), 뤄양(洛陽), 카이펑(開封, 옛 명칭은 변경)은 역대 왕조들의 수도로 오랜 기간 매우 번성했던 곳이다.

(그림 5-2) 카이펑 개봉부

고대 은나라 터전이었던 안양은 산둥성과 인접한 도시로서, 갑골문 등 당시 은나라 유적과 유물들이 발견되었다. 카이펑은 전국시대 위나라의 도읍지였고, 오대 시기와 북송 시기에도 수도였던 곳으로 당시 행정부였던 개봉부 등 유적이 많이 남아있다. 카이펑시 중심에는 옛 시가지인 송도어가(宋都御街)가 있다. 또 북송 화가 장택단이 그린 '청명상하도(淸明上河圖)'를 근거로 북송 시기 시가지와 각종 풍속을 재현해 만든 대규모 테마공원인 '청명상하원'이 유명하다. 송 시기의 도읍지로서 송 왕조의 궁궐과 송 왕조 시절의 유적과 유물들이 남아있다. 카이펑은 전국시대 위나라와 송나라 때도 수도였으며, 칠조고도(七朝古都)라는 호칭답게 유적이 많다. 포청천을 기리는 사당인 포공사(包公祠) 등도 볼만하다.

뤄양은 역대 13왕조의 도읍으로 오랜 기간 중국의 정치중심지였다. 100여 명의 황제가 등극한 지역으로서 동도(東都)로 불리었던 고도답게 어디에서나 유물과 유적지를 볼 수 있는데, 중요 유물이나 유적이 대부분 지하에 묻혀있다는 점이 특징적이다.

대표적인 곳으로는 낙양성벽, 왕궁의 후원이었던 '왕성공원'이 있다. 시내에서 남쪽으로 10km 정도 가면 중국 3대 석굴 중 하나인 용문석굴11)이 이수 양쪽에 웅장한 자태로 뻗어있다. 그중 봉선사(奉先寺)의 측천무후를 본 뜬 노사나불이 유명하다.

용문석굴이 위치한 향산(香山)은 당나라 시절 최고의 시인이었던 백낙천 즉 백거이가 말년을 보낸 곳이다. 그래서 백거이는 후에 향산거사라는 별칭이 주어지기도 하였다. 민중의 언어로 민중들의 고뇌와 애환을 노래한 당시의 진정한 민중시인이자 낙천주의자였던 백거이는 후세에 귀감이 되는 주옥같은 시를 많이 남겼다.12)

(그림 5-3) 용문석굴

11) 뤄양에 용문석굴이나 사찰 등 불교 유적이 많이 있는 이유는 남북조시대에 중원을 장악한 선비족의 북위, 북제, 북주가 불교를 적극적으로 받아들였기 때문이다.

12) 궁정과 낙관의 인생을 살아간 그는 「대주(對酒)」에서 이렇게 노래했다. "와우각

(그림 5-4) 향산거사 백거이 묘

(그림 5-5) 고묘박물관 내 왕의 세숫대야

향산에는 그의 묘가 있는데, 그 주변에는 그를 기리기 위해 세운 시비가 즐비하다. 우리나라의 백거이연구회에서도 그를 기리는 비석을 세워놓았다. 그의 시의 세계는 인간의 본성을 자극하며 심금을 울리기 때문에 국경을 초월하여 숭앙받고 있다.

용문석굴에서 시내 쪽으로 올라오다 보면 관림(關林)이 나타난다. 관림은 우리에게 친숙한『삼국지연의』에 등장하는 관우가 오나라 여몽에게 살해당했는데 후에 조조가 예의를 다해 그의 잘린 머리를 묻은 곳이다. 관우의 머리만 안치되었는데도 그 봉분은 놀라울 정도로 크다. 공자의 고향인 산둥성 취푸의 공부, 공묘, 공림 즉 공자의 집, 사당, 묘지가 따로 존재하는데, 관림은 묘와 사당이 함께 위치한다는 점에서 흥미롭다.

뤄양 시내에서 북쪽에 위치한 북교공항으로 가는 길에는 옛날 묘들을 전시하는 고묘박물관이 있다. 내부에는 시대별로 모아놓은 묘와 벽화들로 가득하다. 관의 양식을 보면 한 나라 때는 도관, 당 나라

상쟁하사(蝸牛角上爭何事) 소라 등 위에서 (살고 있는 인생인데) 싸울 일이 무엇인가? 석화광중기차신(石花光中寄此身) 돌이 부딪히며 나는 불꽃에 (즉 이 짧은 인생에) 이 몸 기탁했으니. 수부수빈개환락(隨富隨貧皆歡樂) 부자건 가난한 사람이건 모두 다 즐거움이니, 불개구소시치인(不開口笑是癡人) 입을 벌려 웃지 않으면 바보!"

때는 석관, 북송 때는 도관이 주를 이루고 있다. 서한 시대의 화상석에 새겨진 사슴 그림과 나무 모양은 고구려 벽화와도 흡사하다.

이곳에는 황제가 얼굴을 씻는 데 사용했던 세숫대야도 보관되어 있는데, 오른쪽을 문지르면 저음, 왼쪽으로 문지르면 고음이 들리고 음이 나올 때마다 대야 속의 물이 그 진동으로 분수처럼 올라온다.

뤄양 시내에서 동쪽 소림사 쪽으로 10여km 정도 가면 백마사(白馬寺)가 나타난다. 중국 최초의 불교 사원이다. 안쪽에는 흰말 조각상이 있으며, 최초의 사원답게 고즈넉한 분위기를 지니고 있다.

뤄양 근처 정저우는 현재 허난성 성도로서 동서남북으로 전국 어디와도 연결되는 교통의 중추 역할을 하는 도시다. 3,500년 전 상 왕조의 도읍지였기 때문에 상성유적지(商城遺址), 대하촌유적지(大河村遺址), 황하유람구(黃河遊覽區) 등 역사유적지가 많이 남아있다.

(그림 5-6) 뤄양 관림

이밖에 뤄양에서 동쪽으로 70km 정도 가면 유네스코 세계유산에 등재된 숭산이 있다. 오악 중 중악인 숭산은 숭양서원(嵩陽書院)과 소림사(少林寺)로 유명하다. 중국 4대 서원 중 하나인 숭양서원은 소위 당시의 고등교육기관으로서 현재의 베이징대학에 버금간다고 할 수 있다.

(그림 5-7) 뤄양 백마사

(그림 5-8) 숭양서원

(그림 5-9) 소림사

숭양서원은 원래 불교사원이었지만 후에 서원으로 변모하였고, 이곳에서 『자치통감』을 편찬한 사마광, 유학자 정호와 정이, 그리고 주자 등 많은 인재가 배출되었다. 서원 내에 반지교(泮池橋)라는 다리가 있다. 이곳을 세 번 돌면 자녀가 칭화대학에 갈 수 있다는 이야기가 회자될 정도로 이 서원은 학문과 관련이 깊은 곳이다.

소림사로 가는 길목에는 중국 법상종의 효시인 현장법사의 어릴 적 생가가 나온다. 내부에는 현장법사가 태어난 장소를 볼 수 있고, 그의 초상화가 전시되어 있다. 그의 출가 전 이름은 진의(陳禕)였다고 한다. 흥미로운 점은 현장법사 우측에 신라에서 온 고승 원측(圓測)이 나란히 앉아있다. 그는 현장법사의 제자이자 현장법사에 이은 당대 고승으로 널리 숭앙받은 인물이다.

소림사는 6세기에 중국 선종(禪宗)을 창시한 달마(達磨)대사가 이곳에서 참선하던 곳으로, 후에는 선종의 총본산이 되었다. 측천무후가 뤄양에 머물 때 소림사를 여덟 차례나 방문하여 하늘에 제를 올렸다는 기록도 있다. 소림사의 무술을 참관하고, 소림사 경내를 관람한 후 근처에 있는 탑림(塔林)을 구경할 수 있다. 탑림에는 서로 다른 시기의 탑들이 다양하게 안치되어 있다. 중국 탑의 역사를 전체적으로 조망할 수 있는 곳이다.

(그림 5-10) 탑림

일반적으로 타 지역 사람들의 허난사람에 대한 인식은 좋은 편이 아니다. 길가에 돌을 던지거나 나무막대를 놓아두어 지나가는 차를 괴롭히며 불친절한 경우를 체험했다는 중국인의 경험담도 들린다. 그래서 베이징의 한 식당에는 허난사람은 '免進' 즉 '들어오지 말라'는 푯말이 붙어있다.

중국사람에게 "허난 어때요?"라고 물어보면 "솔직히 허난사람은 별로예요."라고 답하는 경우가 종종 있다. 중국은 넓은 대륙이라는 지리적 특성과 역사적 배경 때문에 지역정서가 복잡하게 나타나는데, 중국인들은 허난사람을 좋게 보지 않는 경향이 있다.

그렇다면 중국인은 왜 허난사람을 싫어할까? 중국에는 '허난 사람들은 남을 잘 속이거나 사기를 잘 친다.'는 편견이 있기 때문이다. 『허난 사람들이 뭐 어떻길래?』라는 책이 있을 정도다. 이러한 편견은 어디서부터 시작된 것일까? 가난한 사람을 무시하고, 힘이 약한 사람을 함부로 대하는 사고 특성과 관련이 있다는 지적이 있다.

허난성 지역은 과거에 중원이라 불리며 중화문명의 중심 역할을 했는데, 지금 이렇게 낮게 평가를 받는 것은 경제적으로 형편이 간고(艱苦)한 것과 관계가 있다고 본다.

현재 허난성은 경제와 문화 수준이 상대적으로 낙후되어있다. 1억 명 가까운 허난사람 중에 적지 않은 사람이 가난한 농민공이 되어 각지로 떠돌아다니면서 일을 하다가 안 좋은 사건을 일으키는 경우가 종종 있었는데, 이러한 상황 때문에 다른 지역 사람들이 허난사람을 싸잡아 무시하게 되었다고 한다.

하지만 하남 사람에 대해 좋게 평가하는 사람도 있으니, 무조건 다른 사람의 평가를 신뢰하기보다는, 직접 허난사람을 겪어보아야 정확히 평가할 수 있을 것이다.

2) 허베이성 경제특구

허베이성은 화북평원 북부에 위치하며 수도 베이징과 상업도시 톈진을 품에 안고 있는 형세이다. 주변의 랴오닝성·네이멍구·산시성·허난성·산둥성과 인접해 있으며 성도는 스자좡(石家庄)이다. 고대 중화민족의 발상지 중 하나로서 역대로 북방의 정치·경제·문화의 중심지였다. 『서경·우공편』의 기주(冀州)에 해당하기 때문에 기성(冀省)이라고 칭하며, 허베이성 소속 차량번호판 역시 기(冀)라는 명칭을 사용한다.

허베이성은 중원의 농경문화와 북방의 초원문화가 교차하는 지역 특성으로 인해 독특한 문화가 형성되었다. 장자커우(張家口)의 초원과 전형적인 중원평야의 환경 그리고 중원문명의 역사를 지니고 있어 수려한 풍경과 유구한 문물유적이 많다. 그 중 유네스코 세계문화유산에 등록된 청더(承德)의 '피서산장(避暑山莊)'은 청나라 황제의 여름별장으로, 연암 박지원 선생의 '열하일기'의 무대로도 우리에게 잘 알려져 있다.

이밖에 웅대한 금빛 사원들로 이루어진 외팔묘(外八廟), 만리장성이 시작되는 동쪽의 산해관(山海關)이 있다. 인생무상을 주제로 쓴 당대소설 『침중기』의 배경으로 등장하는 한단(邯鄲)도 있는데,

그다지 볼만한 것은 없지만 한단지몽(邯鄲之夢)이라는 전고로 유명하다.

(그림 5-11) 피서산장

또한 베이징으로 진입하는 열차와 항공기가 반드시 거쳐야 하는 교통 요충지로서 베이징, 톈진과 함께 중국 동부 연안의 경제발전 중심지역이기도 하다. 따라서 지역 전체는 대부분 도시화 되었고, 중공업, 경공업, 농산품, 부품산업 및 첨단과학기술업종이 고루 발달했다.

2017년 4월 1일 허베이성 슝안(雄安)에 슝안경제특구를 설립했는데, 이와 관련된 신문기사를 보면 중국이 수도권인 베이징, 톈진, 허베이성의 발전을 위해 허베이성에 새로운 특구를 설립하였다고 한다. 이 세 개 지역을 '징진지(京津冀)'라고 부를 정도로 지역연합체로의 발전 가능성이 커지고 있다. 이 슝안 신구는 상대적으로 개발수준이 낮은 3개 현에 걸쳐있으며, 이는 시진핑 정부의 핵심 전략으로 향후 중국의 경제발전을 이끄는 새로운 동력이 될 것으로 기대된다.

3) 허베이성과 전쟁 신화

우리나라가 삼국시대에 한강유역을 차지하기 위해 삼국이 수많은 전쟁을 치렀듯이, 중국 역시 여러 민족이 중원을 차지하기 위해 치열하게 싸웠다. 허베이성 지역은 바로 중원이기에 이 지역을 차지하려는 민족 간 치열한 전쟁이 치러졌다.

대표적인 전쟁 관련 신화고사로는 『산해경』의 서방 황제와 우리에게는 붉은 악마 상징물로 눈에 익은 치우천왕, 즉 동이계 치우의 전쟁 신화 이야기가 있다.

신화고사는 역사가 아니다. 하지만 신화고사 속에는 일부 역사적 잔재가 어렴풋이 남아있다. 신화는 역사 왜곡을 감시할 수 있는 오염되지 않은 증거자료로 활용되기도 하고, 신화 간 구조나 요소, 모티프의 동질성 등을 통해 해당 민족 간 친연성이나 영향 관계도 확인할 수 있다.

신화인물 황제는 서방 화하계인 한족 계열의 전설적 시조로서 『사기』를 통해 신화인물이 중국 역사 속으로 들어왔다. 한편 동이계 또는 동이계 영향을 받은 묘만계의 전설적 시조로 숭앙받는 치우는 기이하고 포악한 비극인물로 묘사된다.

서방 화하계 리더인 황제와 동방 동이계 및 동이계의 영향을 받은 묘만계 리더인 치우의 전쟁 고사 속에서 역사적 진실을 알아보자.

> 치우가 무기를 만들어 황제를 벌하자, 황제가 이에 기주의 들에서 그를 공격하게 하였다. 응룡이 물을 모았지만, 치우는 풍백과 우사를 시켜 큰 폭풍우를 만들었다. 황제가 이에 천녀인 발을 내려보내 비를 멈추게 하고 드디어 치우를 죽였다.
>
> 蚩尤作兵伐黃帝, 黃帝乃令應龍攻之冀州之野. 應龍畜水, 蚩尤請風伯雨師, 縱大風雨. 黃帝乃下天女曰魃, 雨止, 遂殺蚩尤. (『산해경』「대황북경」)

> 황제와 치우가 탁록의 들에서 싸우는데, 치우가 큰 안개를 삼 일간 일으키자 군인들이 모두 미혹되었다.

黃帝與蚩尤戰於涿鹿之野, 蚩尤作大霧彌三日, 軍人皆惑. (『태평어람』)

황제와 치우가 싸운 곳은 기주(冀州)의 들이다. 지금의 허베이(河北) 지방으로서 범 중원지역이다. 옛 중원지역은 수천 년간 동이계와 화하계 민족이 서로 연극무대처럼 번갈아 점유하며 서로 영향을 미쳐왔던 곳이다.

황제가 치우를 벌하러 멀리 변방으로 가서 싸운 것이 아니라, 문화의 중심지역에서 전쟁을 치른 것이다. 이는 당시 동이계와 묘만계의 치우 부족이 중원에서 오랫동안 머무르며 활약하고 있었음을 알려 주는 것이다.

그리고 치우가 황제를 벌한다는 이야기 속에 등장하는 '벌(伐)'이라는 글자는 일반적으로 상대가 잘못했을 경우 공격한다는 의미가 담겨있다. 반면 '침(侵)'이라는 글자는 법과 규칙에서 벗어나 의롭지 않게 상대를 공격하는 경우에 사용한다. 공자가 『춘추경』을 편찬하면서도 후세에 교훈을 주기 위해 침과 벌이라는 글자를 엄격하게 적용하여 사용한 바 있다.

즉, 치우가 악한 인물이고 황제가 선한 인물이라면 침이라는 글자를 사용했을 것이다. 그러나 「산해경」에서는 벌이라는 글자를 사용하고 있다. 벌(伐)은 황제가 정의이고 치우가 불의라는 인식이 잘못되었음을 알려주는 글자다.

그렇다면 치우는 왜 신화 속에서 포악하고 비극적인 인물로 묘사된 것일까? 치우가 여러 차례 승리하였다는 기록도 전해지지만, 마지막 기주의 싸움에서 패한 까닭에 포악한 비극영웅으로 전락한다. 치우는 반항적 비극영웅 이미지는 시간이 흐르면서 고착되고 만다.

(그림 5-13) 치우

(그림 5-12) 황제

중국 중원의 역사 판도를 신화 내용을 통해 그 윤곽을 탐색해 보았다. 치우와 황제의 전쟁 신화고사 속에서 치우 부족의 당시 세력 양상을 확인할 수 있다.

4) 투박하고 다양한 풍속과 공예

중원지역에 세워진 한족 국가와 북방 유목민족의 갈등으로 두 문화가 융합하게 되었고, 남북조 이후로는 남방과 서역의 문화도 유입되어 중원 각지에는 풍부하고 다양한 풍속과 공예가 생겨났다. 허난성에서는 전국의 예인들이 모여 공연을 펼치는 마가서회(馬街書會)가 성황을 이루었다. 카이펑의 투계는 북송 때부터 유행한 닭싸움인데, 경축일이면 거행하는 지역문화 행사가 되었다.

탕산(唐山)의 피잉(皮影)은 허베이성 탕산 및 기타 지역에서 유행한 공연이자 공예인데, 보통 남녀가 나뉘어 노래하면서 공연을 한다. 그림자극의 모형은 일반적으로 양가죽이나 소가죽을 사용하지만, 탕산에서는 주로 당나귀 가죽(驢皮)으로 만든다. 피잉은 현재 유네스코 인류무형문화유산에 등록되어 있다.

그림자극 공연이 영화 속에도 종종 등장하는데, 장이머우 감독의 <인생(活着)>이라는 영화에도 피잉 장면이 나온다. 90년대에 그림자극, 경극 등 전통적인 민속 문화를 소재로 한 영화가 등장하여 서구의 관심을 끌면서 '가장 중국적인 것이 세계적인 것이다.'라고 인식하기 시작하였다. 이후 전통문화에 대한 관심과 부흥 열기는 더 고조되고 있다.

(그림 5-14) 피잉

중원은 무술의 주요 발상지로 매우 오랜 역사가 있다. 춘추전국 시기부터 무술을 숭상하는 풍조가 조성되고 수많은 명장이 배출되었는데, 유비, 장비, 조자룡 등도 모두 중원 출신의 무술인이다.

무술 하면 역시 소림무술을 빼놓을 수가 없다. 근대 이후 일반인을 대상으로 하는 무술학교가 세워졌고, 해외로 순회공연을 하는 무술공연팀이 따로 조직되었다. 그 와중에 비판의 소리도 나온다. 무술을 연마하고 도를 수행하는 곳으로 알려진 소림사가 '소림'과 '쿵푸'를 돈벌이 수단으로 삼고 불교를 상품화하고 있다는 비판이 중국 내부에서부터 제기되고 있다.

이상으로 허난성과 허베이성의 중원문화 역사와 특징을 살펴보았다. 다음에는 산둥성의 제로문화와 공자, 그리고 산둥방언에 대해 살펴보도록 한다.

보충설명

• 뤄양과 모란

'뤄양모란갑천하(洛陽牧丹甲天下)'라는 말이 나올 정도로 뤄양의 모란은 유명하다. 매년 모란축제가 뤄양 시내 전역에서 거행될 정도로 뤄양의 모란 사랑은 대단하다.

중국은 매화를 백화(百花)의 왕이라 하여 청 말에 국화로 지정하였다고 말하기도 하고, 전통적으로 모란을 꽃의 왕이라 하여 국화로 삼고 있다고 말하기도 한다. 하지만, 정확하게 말하면 지금까지는 중국에는 공식적인 국화가 없다.

국화 선정에 대한 요구는 1980년대부터 자주 제기되어 왔다. 당시 두 차례에 걸친 민간차원의 화훼평가대회가 열린 적이 있었는데, 모란과 매화가 1, 2위를 다투었다고 한다.

1994년 봄, 전국인민대표대회 제8기 2차회의에서 농업부장 허캉(何康)이 <국화 선정에 대한 건의>를 제출하면서 국화 선정 활동이 전국적으로 전개되었다. 당시 국화 선정 기준은 순수한 중국 꽃, 역사 문화적으로 중국을 대표할 수 있는 꽃, 재배지역이 광범위한 꽃으로 정하였다.

당시 여론조사에서도 모란과 매화가 우열을 가리기 힘들었다고 한다. 이후 1995년 개최된 전국인민대표대회에서 국화 선정 결과를 유보하면서 지금까지 공식 지정 국화가 없는 실정이다. 최근 여론조사에서 모란을 국화로 삼자는 의견이 전체 국민의 65%가 넘는 가운데, 향후 중국의 국화로 선정될 가능성이 가장 큰 모란에 대해서 알아보자.

모란의 재배 역사는 위진남북조시대부터 시작되며, 당·송 시대에 그 재배 기술이 크게 발전한다. 당대에 모란은 향기가 뛰어나 꽃의 왕(花王)이라 일컬어졌고, 명대에는 베이징으로 천도한 후 극락사(極樂寺) 안에 모란을 여러 군데 심어 두었다. 청대에는 한 왕자가 극락사에서 모란을 감상하고 국화사(國花寺)라는 편액을 걸어두기도 하였으니, 이미 청대부터 모란은 국화의 칭호를 받고 있었다.

모란은 중국문화와 불가분의 관계에 있다. 당대에 측천무후는 모든 꽃들에게 꽃을 피우기를 명령했는데, 오직 모란만이 명령을 거역하고 꽃을 피우지 않아 뤄양으로 좌천되었다고 한다. 이로써 뤄양 모란은 천하제일이라는 영예를 얻게 되었다.

여기에서 모란은 어떠한 위협과 권세도 두려워하지 않고 절개를 굽히지 않는 품성을 가졌음을 알 수 있다. 대다수 중국인은 이것이 바로 그들 중화민족의 민족성과도 부합되는 면이 있다고 생각한다. 모란을 국화로 삼기를 주장하는 사람들은 모란이 온화하면서도 우아하며, 그것이 중국의 유구한 역사와 풍부한 문화유산, 중국의 번영을 상징한다고 믿고 있다.

참고로 산둥성 허쩌에도 매년 5월 모란(牧丹)축제를 거행한다. 이곳에 기면 뤄양에서 느낀 모란의 멋과 중국인의 모란에 대한 각별한 애정을 체험할 수 있다.

• 허베이성과 편작, 중의(中医)문화의 시작

중국에서는 한의원을 중의원(中醫院), 한의나 한의사를 중의(中醫), 한약을 중약(中藥)이라고 한다. 중국의 한의원은 대부분 한의과대학부설 또는 일반대학부설로 운영되고 있는데, 중국 정부에서 상당한 지원을 하고 있어서 수준이 높은 편이다.

중국 의학은 신농(神農)과 황제(黃帝) 시대부터 시작되었으며, 『황제내

경(黃帝內經)』이 전해지고 있지만, 이는 전설 이야기에 가깝다.

역사적으로는 허베이성 런추(任丘) 출신의 편작(扁鵲)과 안후이성 보저우(亳州) 출신의 화타(華陀)까지 거슬러 올라간다. 편작은 특히 진단방법을 시진, 청진, 문진, 진맥의 사진법으로 체계화하였다. 화타는 동한 시기의 사람으로 신의(神醫)라고 불릴 정도로 의술이 뛰어났으며, 특히 복강종양수술 등이 외과수술을 시행했고, 서양보다 천여 년 앞서 마비산(痲痹散)이라는 전신마취제도 발명하였다.

(그림 5-15) 본초강목

이후 진(晉)나라 때는 왕숙화가 혈맥의 원리를 서술한 『맥경(脈經)』을 저술하였고, 남조시대에는 도홍(陶弘)이 본초학을 집대성한 『본초경집주(本草經集注)』를 편찬하였다.

송나라 때는 침술학과 법의학이 발달하였고, 이후 명나라 때는 이시진이 『본초강목(本草綱目)』을 편찬하는 등 한의학은 더욱 발전한다. 이 책은 1,892종의 한약 재료와 11,096가지의 약 처방이 기술된 190여 만자의 약학서로 중국 의학 발전에 획기적인 역할을 하였다. 이처럼 중국 한의는 역사와 전통이 깊다.

한의원 진료과목은 내과, 외과, 암 등 수십 가지로 세분화하여 있고 각 과별로 한의대 교수들이 전문적인 진료를 하며, 침과 안마 즉 추나(推拿) 요법으로 열을 내리기도 하고, 디스크나 맹장염도 수술 없이 치료하며, 질병을 예방하기도 하는 등 그 치료법이 다양하다. 최근에는 한의와 양의를 결합한 치료도 시행되고 있다.

한의원에서는 우선 몸 상태에 대한 환자의 말을 경청한 후 여러 가지를 질문하면서, 혀의 상태를 관찰하고 맥을 짚는다. 한의원의 처방은 우리처럼 보름치 이상 보약을 지어주는 방식이 아니라 양의처럼 이삼일 분을 지어주고 진행 과정을 지켜보면서 다시 진료를 통해 약을 추가하거나 빼면서 조절한다.

즉 철저하게 음양오행에 따라 진행한다. 木(肝), 火(心), 土(脾), 金(肺), 水(腎)의 오행과 상생(相生)과 상극(相剋) 원리에 입각하여 진맥 후 약을 처방하고 그 후 몸 상태의 변화에 맞추어 약재를 바꾸어가며 치료한다.

중국에서는 한의사가 환자에게 처방전을 주면 환자는 처방전을 들고 약재상으로 향한다. 건 약재만 살 수도 있고 탕약이나 환으로 만들어 가져갈 수도 있는데, 처방전이 환자의 손에 들어있어서 어떤 약재들이 얼마큼 처방되었는지 모두 공개된다. 약재상은 처방전에 의해 조제를 하는데, 약재를 종이에 담는 과정에서 약재 이름과 양을 상세하게 적어 넣어준다.

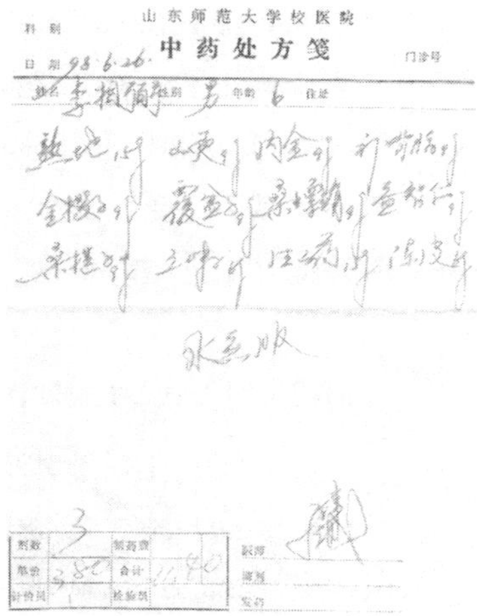

(그림 5-16) 한의 처방전

예를 들면 甘草(甘 平)(補脾益氣 調和諸藥), 桂枝(辛 甘 温)(發汗解肌, 助陽化氣), 枸杞子(甘 平)(補腎益精, 養肝明目), 金銀花(甘 寒)(清熱解表, 凉血止痢), 黨参(甘 平)(補中益氣, 健脾益肺) 등과 같이 약재 명칭과 약재의 효능을 기록한 작은 종이를 넣어서 손님들이 약재 성분을 쉽게 알 수 있도록 도와준다. 중국에서의 한약재 한 첩 분량은 우리보다 두세 배 정도 많은 점도 특이하다.

무슨 약이 얼마나 들어갔는지 알 수 없는 우리와 달리 중국은 환자의 알 권리가 보장되어있는 셈이다. 약재 가격 역시 저렴하다. 우리나라에 수입되는 중국 약재는 질이 떨어진다고 하는데, 이는 수입상들이 값싼 약재 위주로 수입하기 때문이고, 실제로 중국 현지에서 구입하는 약재는 가격에 따라 질이 천차만별이다.

한약을 성약으로 만들어 파는 대표적인 곳으로는 베이징 동인당(同仁堂)을 들 수 있다. 자금성 근처에 본점이 있는데, 이곳은 특히 우황청심환이나 기국지황환, 신장과 간에 효과가 있는 육미지황환 등의 성약이 유명하다. 또 중국에서는 녹용을 주로 가루로 만들어 복용한다는 점도 우리와 다르다. 성인은 3g, 어린이는 1g 정도 복용하는데, 동북지방의 꽃사슴 즉 매화록(梅花鹿)의 새순을 고급상품으로 쳐주고 있다.

중국에서도 최근에는 점점 많은 환자가 양의를 찾는 경향이 있다고 한다. 신체 부위별 '치료(cure)'의 개념이 강한 양의와 정신과 육체를 하나의 유기체로 보고 '돌봄(care)'의 개념이 강한 한의가 서로 접목이 되는 시도가 많아질수록 의술은 좀 더 좋은 방향으로 발전하리라고 본다.

• 허베이성 한단과 전기소설 『침중기(枕中記)』

허베이성에는 청나라 황제들의 여름 피서별장으로 유네스코 세계문화유산에 등록된 청더(承德)의 피서산장(避暑山莊), 웅대한 금빛 사원들로 이루어진 외팔묘(外八廟), 만리장성이 시작되는 동쪽 관문인 산해관(山海關)이 있다.

또한 인생무상을 주제로 쓴 당대 소설 『침중기(枕中記)』의 배경으로 등장하는 한단(邯鄲)이 있다. 그다지 볼만한 것은 없지만 한단지몽(邯鄲之夢)이라는 전고로 유명한 도시다. 허베이성 한단 지역을 배경으로 하여 만들어진 당 심기제의 전기소설 내용을 소개하면 다음과 같다.

도사 여옹(呂翁)이 한단을 지나는 길에 주막에서 소년 노생(盧生)이 넋을 잃고 앉아있음을 보고 배낭 속 베개를 그에게 주자, 이에 노생은 꿈나라로 들어가 결혼을 하고 관직에도 오른다. 관직 생활에 여러 어려움이 닥쳤으나 아내와 환관의 도움으로 난관을 이기고 결국 천자의 은총을 받는다. 그 후 노쇠하여 병들어 죽는다. 노생은 하품 하며 깨어난 후에야 시간이 얼마 지나지 않았으며 잠자기 전과 변한 게 하나도 없음을 알게 된다. 이로써 그는 자신의 욕심을 억제하게 해준 도사의 뜻을 알고 머리 숙여 인사하고 떠난다.

• 간체자와 번체자

1949년 신중국 건립 이후 중국 본토에서 공산당에 패배한 장개석은 국민당원들을 데리고 타이완으로 피신한다. 타이베이를 수도로 정하고 쑨원의 삼민주의(三民主義)를 건국이념으로 한 정부의 정통성을 이어받아 중화민국 정부 출범을 선언한다. 그리고 중국과 같은 푸퉁화에 해당하는 궈위(國語)를 공식적인 표준어로 삼고, 기존의 번체자 즉 정자를 공식 문자로 삼는다. 타이완을 비롯하여 홍콩과 싱가포르 및 말레이시아 등 동남아 화교들은 대부분 번체자를 사용한다.

하지만 중국 대륙에서는 마오쩌둥이 국민들의 문맹률을 낮추기 위해 복잡한 번체자 한자를 약자화한 간체자를 상용화한다. 1946년 한자의 자획을 간략화하기 시작하여 1956년 한자 간화 방안이 정식 공포되었고, 현재는 중국 문자 개혁 위원회가 1964년에 공포한 인쇄통용한자자형표(印刷通用漢字字形表)에 의해 2,238자의 간체자를 사용하고 있다.

간체자를 제정하는 원칙은 원문자의 의미를 최대한 훼손하지 않는 범위 내에서 새로운 회의문자(會意文字)를 제작하거나, 고대의 문자사용, 글자의 일부 사용, 초서체 사용, 새로운 형성문자(形聲文字) 제작, 변(邊)이나 방(傍) 간소화, 송 · 원대 이래의 민간속자(俗字) 활용 등의 원칙에 따라 제정하였다.

질의응답

① 중국 사람은 왜 허난사람을 싫어할까요? 허난성의 경제, 문화 수준이 상대적으로 낙후한 이유는 무엇인가요?

겉으로 드러나는 갈등은 없어 보입니다. 하지만 사업이나 장사를 하는 사람들이 허난사람을 피하는 경향이 있고, 전반적으로 선입견이나 편견을 가지고 있죠.

북방은 정치와 군사가 강한 데 비해 남방은 경제가 발달하였죠. 북방 중에서도 허난성, 허베이성, 산시성, 산시성 등 4개 성에서 전쟁이 비교적 많이 발생하였고, 특히 허난성이 가장 많은 전쟁을 치러서 전국 전쟁 발생 지역의 6분의 1을 차지하고 있죠. 허난성은 근대로 접어들면서 경제발전의 최하위 지역 가운데 하나로 전락했는데요. 여기에는 전쟁이 주요 원인 가운데 하나로 작용하였죠.

역사적으로 전쟁을 많이 치를수록 사회 경제 발전에 미치는 영향은 매우 크죠. 이전에는 중화문명의 발상지로서 경제와 문화가 한창 흥성하던 지역이자 중국 문명의 발상지이기도 했죠. 그러나 원나라 때부터 북방 유목민이 남하하고 강남이 본격적으로 개발되면서 경제의 중심이 동쪽 허베이와 강남으로 옮겨가게 됩니다.

현대로 넘어와 신중국이 수립된 후에 마오쩌둥이 대대적으로 펼친 대약진 운동이 실패하고 70년대 태풍과 이로 인한 댐 붕괴로 큰 피해를 보기도 했죠. 개혁개방이 동남 연안에 집중되어 있었고, 그 후 내륙으로 확대가 되지만 유독 허난성은 정부의 정책에서 상대적으로 소외되었죠. 인구는 많은데 도시화가 늦어지면서 경제와 문화적으로 낙후된 것이죠.

② 지역마다 전통음식이 있는데요. 허난성 지역을 대표하는 음식은 무엇인지요?

허난성 음식은 조리법이 다양하고 특색이 있는데요. 파와 후추를 사용해 채소나 고기를 뜨거운 기름에 볶은 후 다시 양념과 물을 넣고 삶는 조리법인 충자오창(葱椒熗)은 허난성에만 있는 조리법으로 유명하죠. 이 조리법으로 만든 생선요리가 대표적인 음식이고요.

허난성은 밀이 많이 생산되는 지역으로 면식을 주로 하죠. 가장 대표적인 것이 '후이면(燴麵)'인데, 뼈를 우린 국물에 면과 고기, 채소를 넣은 탕면을 말하는데요. 허난성 정저우에는 '양고기후이면'이 유명합니다.

허난사람이 아침으로 즐겨 먹는 후라탕(胡辣湯)도 유명한데요. 후추, 고추, 소고기, 당면이 들어가는 수프 같은 식감의 매콤하면서 짭조름한 탕이죠.

③ 중국은 문화 차이를 느끼면 지역감정도 더 심한가요? 지역감정으로 인해서 중국인끼리 사이가 좋지 않을 수도 있나요?

지금은 많이 없어졌지만, 과거 우리의 경우는 동서 갈등이 있었고, 현재는 세대 간 갈등도 있죠. 반면에 중국은 혈연, 지연, 학연이 우리보다는 약한 편이라 지역 갈등은 크지 않은 편이죠.

다만 지역을 돌아다녀 보면 일부가 개별적으로 그런 감정을 갖는 경우도 있지요. 예를 들면 난징 등 남쪽 지방 사람은 베이징 등 북쪽 지역 사람이 자신들을 무시하거나 속이려고 한다면서 감정을 표출하기도 하죠. 어떤 사람은 허난사람은 사기꾼이 많고 잘 속여서 싫다고 하는 이야기도 듣곤 하지요. 하지만 이러한 지역에 대한 감정은 개별적인 경우가 많고 고질적인 지역 갈등은 별로 없다고 말할 수 있죠.

④ 중국 차량번호판 중 지역 명칭을 지칭하는 단어 뒤 등장하는 알파벳 대문자에 특별한 의미가 있는지요?

(그림 5-17) 신장 차량

(그림 5-18) 간쑤성 차량

(그림 5-19) 쓰촨성 차량

(그림 5-20) 티베트자치구 차량

차량번호판에는 처음에 중국의 성 또는 직할시를 나타내는 한자가 표기되는데요. 그 뒤에 나오는 알파벳 대문자는 거주지 또는 차량의 용도를 나타내죠.

참고로 차량번호판 색은 파란색, 노란색, 흰색, 검정색, 초록색 등이 있는데, 파란색은 국내 소형차, 노란색은 국내 대형차, 흰색은 경찰이나 군대 등 정부 차량, 검은색은 외국대사관이나 외국인 차량, 초록색은 친환경 차량을 표기하는 색입니다.

2. 산둥성 제로문화(齊魯文化)와 공자, 그리고 화교

우리에게 잘 알려진 "태산이 높다 하되 하늘 아래 뫼이로다.(泰山雖云高, 自是天下山)"로 시작하는 양사언의 시조 「태산가(泰山歌)」 속 태산과, '양꼬치에는 칭다오(青島)가 최고!'라는 유행어 속 칭다오 모두 산둥성에 속한다. 지도상으로도 산둥성은 서해 바다를 끼고 우리나라와 가장 가까운 중국대륙 산둥반도에 위치한 행정구역이다.

(그림 5-21) 산둥 타이산

청 말에는 산둥반도 동쪽 지역에 거주하던 교동(膠東)사람이 우리나라로 이주하여 지금까지 화교로서 우리와 더불어 살고 있다는 사실 때문에 더욱 친근한 곳이다. 1992년 8월 24일 한·중 국교수립 후에는 우리와 지리적으로 인접한 산둥성 칭다오(青島), 옌타이(烟臺), 웨이하이(威海), 지난(濟南) 등지에 우리 기업들이 물밀듯이 진출하고 코리아타운을 형성할 정도로 경제적으로나 문화적으로 깊은 관계를 맺고 있기에 더욱 가까움을 느낀다.

1) 제로문화와 산둥사람

산둥성은 춘추전국시대에 제(齊)와 노(魯)의 두 나라가 있어 '제로지역'라고 칭한다. 그래서 산둥성의 문화를 통칭하여 '제로문화'라고 부른다. 지리적으로 태산을 경계로 동북쪽은 제, 서남쪽은 노에 속한다. 산둥성의 성도인 '지난'과 '칭다오'가 다 '제'에 속하는데, 제나라는 금광 등 지하자원이 풍부하고 농수산업이 발달하는 등 경제력이 강하고 개방적인 편이었다. 그중 린쯔(臨淄) 등은 전국시대 당시 한단과 함께 상업의 중심지로서 큰 역할을 하기도 하였다.

반면 공자의 고향이었던 노나라는 보수적이면서 제나라에 비해 상대적으로 세력이 약했다. 또한, 배우기를 좋아하고 예의와 혈육의 정을 중시하였다. 이들 양대 문화가 합쳐져 '제로문화'가 된 것이다.

(그림 5-22) 산둥성 취푸

산둥하면 공자를 먼저 떠올리게 된다. 교육자이자 사상가였던 공자의 고향 취푸는 유가사상을 세계로 전파하는 중심 기지로서, 그곳에는 공자와 그의 후손들의 묘가 있는 '공림', 공자의 사당과 집터가 있는 '공묘', 공자의 후손들이 공부하고 생활하던 '공부'가 있다.

'제로문화'는 산둥사람, 산둥경제, 산둥사회 모든 방면에 녹아들어 있다. 그렇다면 제로문화는 산둥사람에게 어떤 영향을 미쳤을까? 산둥사람은 어디를 가도 보면 산둥사람임을 알 수 있다고 한다. 공자의 후예답게 예의를 중시하기 때문이다. 영화나 드라마 속에도 "산둥사람이라 예의가 남다르다."라는 식의 표현이 나온다. 자신의 고향에 대한 자부심도 남달라 중국에서는 산둥사람의 고향 자랑이 제일 대단하다고 알려져 있다.

양자강 이북 황하 하류지역에 거주하는 북방인, 특히 산둥사람에게는 멋진 기질과 전통이 내려오고 있다. 바로 불의에 굴하지 않는

정의감과 강한 근성, 정직과 평등, 호방한 기개와 인내 정신이다. 산둥인은 위협을 슬기롭게 극복하고 다양한 문화를 조화롭게 수용하며, 어려움을 명예로 삼는 인내와 고행정신 속에서 불의에는 몸을 사리지 않는 강한 투쟁정신의 전통을 이어온 것이다. 아울러 의리와 우정을 중시하며 체면과 명예를 중시하는 그야말로 대륙적 기질을 지니고 있다.

이러한 전통은 산둥 출신인 공자와 맹자의 인본주의와 심성을 중요시한 제로문화(齊魯文化)에 뿌리를 두고 있다. 아울러 지형구조상 외부로부터 침입을 받을 수밖에 없는 환경으로 인해 수많은 수탈의 역사를 겪어왔기 때문이기도 하다.

우리에게 잘 알려진 『수호전(水滸傳)』은 산둥성에 있는 작은 마을인 양산박(梁山泊)을 배경으로 하여 산둥 출신의 의협심 강한 송강이 108명의 의적을 거느리고 불평등과 부조리에 항거한 혁명을 내용으로 이루어져 있다.

역사적으로도 산둥 출신 인물이 많이 배출되었다.(山東出好漢) 춘추전국시대의 사상가 공자와 맹자, 병법가인 손자, 삼국시대의 지략가 제갈공명, 위진남북조 시기의 서예가 왕희지, 당대의 문인 단성식, 송대의 여류문인 이청조, 청대의 소설가 포송령, 현대의 영화배우 궁리 등이 있다.

또 많은 장수가 산둥 출신이다. 금나라에 항거한 송나라 문인 신기질도 산둥 출신이다. 전쟁과 조국의 패망이

(그림 5-23) 왕희지의 난정집서

라는 혼돈 속에서 그는 홀로 언론전을 통해 조정과 간신배들의 불의에 대해 소리쳤고, 주화파의 나약한 타협에 대해 맹공을 퍼부으며 일생을 조국과 전쟁이라는 주제에서 벗어남 없이 정의의 필치를 관철한 위인이다.

산둥성 지난시(濟南市) 경찰이 수차례나 전국 최고로 경찰로 평가받는 것도 이러한 전통과 무관하지 않을 것이다. 산동사람은 순박하면서도 우직함과 충성심도 남달라 중국 인민해방군 중 산둥 출신이 많은 편이다.

문학작품 속에는 "산둥 남자에게 딸을 시집보내지 마라."라는 표현이 나오는데 산둥사람의 보수성을 엿볼 수 있는 대목이다. 정작 산둥사람에게 자신들의 가장 큰 특징이 뭐냐고 물어보면, '손님 맞기를 좋아하는 것(好客)'이라고 말한다. '그 지역 사람들은 어떠하다'고 규명하는 것은 어렵고 위험한 일이지만, 제로문화라는 산둥의 지역문화가 갖는 특징 정도로 이해하면 되지 않을까?

2) 공자를 내세운 소프트파워

중국은 2008년 베이징올림픽 개막식에서 공자와 3천명의 제자들이 머리에는 붓을 쓰고, 손에는 죽간을 든 채 『논어』 첫 구절을 낭독하는 퍼포먼스를 선보였다. 5.4운동부터 문화대혁명 시기를 거치면서 공자는 타도되어야 할 봉건전통으로 비난을 받았었다. 공맹의 도가 근대국가를 건설하는 데 방해가 된다는 이유에서다. 사회주의 국가를 수립한 후에도 비판과 부정의 대상이었던 공자를 현대 중국은 왜 다시 전면에 내세우게 된 걸까?

21세기 중국 정부는 문화가 정치, 경제만큼 중요하다는 인식과 함께 문화산업에 주목하게 된다. 국가 이미지를 높이고 문화강국이 되기 위해 '소프트파워'를 강화하기로 하고, 그 답을 바로 전통문화에서 찾은 것이다. 중국 정부의 지원하에 공자와 관련된 각종 관광상품이 개발되고, 공자 부활 운동이 대대적으로 펼쳐졌다. 매년 공자의 고향인 산둥성 취푸에서 성대하게 열리는 '공자문화제' 역시 그 일환이다.

또한 전통문화의 해외진출을 국가 전략사업으로 추진하였는데, 대표적인 사업이 바로 '공자학원'이다. 2004년 서울에 세계 최초의 공자학원이 설립되고, 2017년까지 세계 146개국에 525개의 공자학원과 1,113개의 공자학당이 세워져 전 세계를 대상으로 중국어와 중국문화를 알리고 있다. 짧은 시간에 폭발적으로 그 수가 늘고 있다. 그러나 중국 정부의 지원으로 추진되고 있는 공자학원의 확대를 우려하고 경계하는 시선도 있다.

(그림 5-24) 우석대 공자학원

3) 산둥과 동이문화

산둥성은 선사시대에는 동이(東夷)문화, 특히 대문구문화(大汶口文化)와 용산문화(龍山文化)가 찬란하게 꽃 피운 지역으로서, 우리와 친연성이 깊다. 성도인 지난에서 남쪽 방향으로 타이안(泰安)과 태산(泰山)을 지나 공자의 고향 취푸(曲阜)로 가는 길목에서 약 30km 떨어진 곳인 닝양(寧陽)에 대문구유적지가 있다.

이 지역은 동이민족이 지금으로부터 약 6,000년 전부터 4,000년 전까지 거주하고 활동했던 지역이다. 전형적인 시골 모습을 간직한 이곳은 산이 보이지 않는 평야의 연속이고, 그 한가운데로 황하 지류가 흐르고 있다. 아직 개발되지 않아 약간은 황량한 느낌을 주기는 하지만 한적한 분위기를 지닌 이곳 광야가 고대 동이민족이 광야를 누비며 활동했던 지역이다.

지난에서 동북쪽에 있는 장추(章丘)의 용산진(龍山鎭)이라고 불리는 지역은 약 4,500년 전후로 용산문화가 꽃피었던 지역이다. 이곳 문화의 특징은 검은 도자기 즉 흑도가 발달했다는 사실이다. 특히 이 지역에서 동이민족의 찬란했던 역사를 직접 접할 수 있는 곳이 있다. 바로 중국 주요문물 보호구로 지정된 성자애유적지(城子崖遺址) 박물관이다.

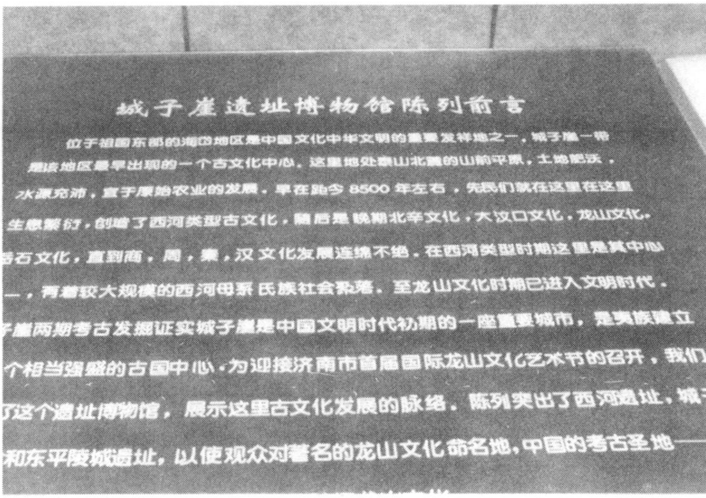

(그림 5-25) 성자애유적지 설명문

박물관 정문에 쓰인 소개 문구에는 "중국문명시대 초기의 중요 도읍지이며, 동이족이 건립한 상당히 강성한 고국 중심이었다."라는 내용이 나온다. 중국정부가 쓴 이 문구는 동이민족 역사의 존재를 좀 더 공식적으로 확인해주는 대목이다.

한편 산둥성 지난의 도로 명칭 중에는 동이족의 선조이자 상나라 제준, 제곡과 동일인물로 여겨지는 순임금의 이름을 따서 명명한 순경로(舜耕路), 순정가(舜井街)가 있고, 순경반점(舜耕飯店)이라는 호텔도 있다. 또 지난 근처에는 상하(商河)라는 동네 명칭이 있고, 은(상) 왕조의 터였던 허난성 안양현의 위치는 산둥성과 바로 인접해 있으며, 허난성에는 상구(商丘)라는 지명도 있다.

2,000년 전 산둥 지역 사람의 치아가 우리의 치아가 구조적으로 유사하고, '구르다' 등 언어 면에서도 같은 음의 단어가 있으며, 손님맞이와 음주를 좋아하는 기질을 통해 산둥사람과 한민족의 친연성을 부분적이나마 느낄 수 있다.

(그림 5-26) 용산문화 이전의 대문구문화 유적지

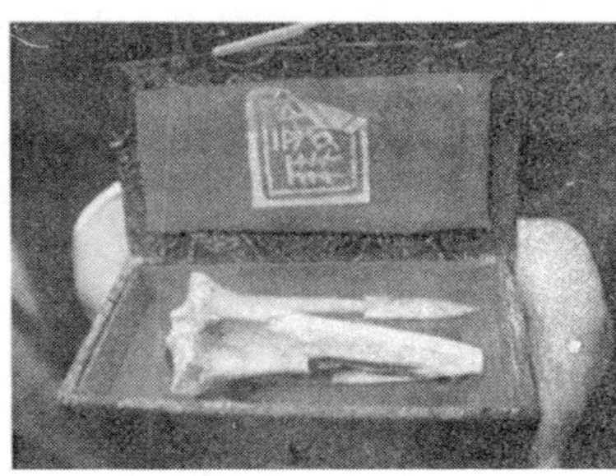

(그림 5-27) 골각문

결국 동이민족은 산둥반도와 그 주변 지역을 중심으로 거주하면서 서하문화 시기, 용산문화 시기, 그리고 상 왕조로 이어지면서 주도적 위치에서 동이문화 국가를 세우며 중원을 이끌어 왔다.

얼마 전 국학원이 주최하고 동북아 역사재단이 후원한 <동북아 상고사 문화원류>를 주제로 한 한중국제학술대회가 성황리에 개최되었다. 여기에서 동이문화와 사상, 치우 관련 고찰, 홍산문화 옥기와 우리 문화와 관계성 연구 등 동이 관련 문화와 역사가 다양한 시각에서 다루어졌다.

특히 산둥지역에서 출토된 골각문(骨刻文)이 중국 최초의 한자인 갑골문자보다 1,000년 이상 앞섰다는 내용의 발표는 중국문명이 동이문화에서 비롯되었음을 증명해주고 있다. 중국 역사와 문화는 우리와 공통점이 적지 않다. 선사시대에 양 지역의 문화가 교류하면서 서로에게 영향을 미친 것이다.

4) 한국의 화교

산둥성은 지리적으로 우리나라와 가장 가까운 곳에 위치하여 고대로부터 상호 문화교류가 활발했던 지역이다. 청나라 말에는 산둥성 지역에서 특히 교동 사람들이 우리나라로 이주하여 지금까지 화교로서 우리와 함께 살고 있다.

우리나라 화교 중 90%가 산둥사람인 이유는 우선은 지리적으로 한국과 가깝기 때문이다. 하지만 보다 큰 이유는 1898년 의화단(義和團)의 북청사변(北清事變)으로 산둥성 일대가 전란에 휘말리자 피난지로서 한국을 택하게 되었기 때문이다.

화교(華僑)[13]란 일반적으로 본국을 떠나 해외 각국에 이주해 현지에 정착한 중국인 또는 그 자손을 뜻하며, 전 세계에 약 1,800만 명이 거주하고 있다. 그중 상당수가 동남아에 거주하는데, 이들은 교역과 투자 등 아시아권 경제에 상당한 영향력을 행사하고 있다. 막강한 자본력과 네트워크를 가진 국경 밖에 위치하는 또 하나의 중국이라고 할 수 있다. 중국 정부도 개혁개방 이후 중화민족의 대

13) 중국은 해외에 있는 중국계를 화교와 화인으로 구별하고 있다. 화교란 외국에 있으나 중국 국적을 보유하고 있는 자를, 화인은 외국 국적을 취득한 자를 의미한다. 그러나 편의상 모두 화교로 통칭하기도 한다.

단결을 호소하며 화교의 도움을 절실히 구해왔다.

그렇다면 한국의 화교 상황은 어떨까? 현재 한국의 화교인구는 얼마나 될까? 현재 대한민국의 순수 화교인구는 5만 명 정도로 나머지는 타이완으로 이주하거나 싱가포르, 미국, 호주로 떠났다.

그렇다면 한국의 화교는 어느 정도의 경제적 비중을 차지하고 있는 것일까? 우리 정부의 공식 자료에 의하면 이승만, 박정희 정부 시절 화교정책은 부동산 취득제한, 거주자격 심사강화, 세무조사 등으로 제한이 많이 가해졌다. 이러한 정책은 한국의 화교들이 성장하지 못하도록 발목을 잡는 것으로, 70~80년대에 화교들은 부동산 취득 등 부의 축적 수단이 원천적으로 봉쇄되기도 했었다. 이런 억압정책 속에서 한국의 화교들은 미국, 캐나다, 타이완 등으로 이동하였고 지금도 이 같은 흐름은 이어지고 있다.

한국의 화교 수가 점점 줄고 있다. 중국인이지만 중국인이 아니고, 한국에 살지만 한국인도 아닌, 그래도 한국이 훨씬 편하다고 화교들은 말한다. 중원지역 중 산둥의 제로문화와 이와 관련지어 한국의 화교에 대해 알아보았다. 지역 문화를 이해하는 데 있어 '사람'을 이해하는 것이 무엇보다 중요하다. 따라서 한국의 화교에 대해서도 관심과 이해를 기울이는 계기가 되었으면 한다.

3. 산시성(山西省)과 불교문화

산시성은 태행산(太行山) 서쪽에 위치하기 때문에 지어진 이름으로, 북쪽 황하유역 중심부에 있다. 산시성은 화하문명의 발상지로써, '중국고대문화박물관'이라는 명칭을 가지고 있는 곳이기도 하다. 주위는 허난성, 허베이성, 산시성(陝西省) 및 네이멍구와 경계를

이루고 있다.

전체 면적의 약 80%가 해발 1,000m 이상의 산지와 고원지대이고 연평균 강수량이 600mm 정도밖에 되지 않는 척박하고 건조해서, 이러한 환경 속에서 살아가는 산시성사람은 황토고원에 어울리는 토굴형태로 집을 짓고 살아왔다. 이들은 열악한 생존환경을 극복하기 위해서 근검절약하며 고생을 두려워하지 않고 땅을 개간하고 장사를 하면서 경제적인 부를 축적하기 시작하였다.

안후이성 휘상(徽商)과 함께 산시성 진상(晋商)은 예로부터 중국의 대표적인 빅2 상인그룹이며 명나라와 청나라를 통틀어 중국에서 가장 부유한 거상으로 중국의 상업을 지배해왔다. 특히 진상은 최초의 은행인 표호를 세우고 막강한 경제력을 바탕으로 전국적인 거상 그룹으로 뿌리내렸다.

산시성 사람의 0.01까지도 정확하게 계산하는 것을 비유하는 말인 '0.99원(九毛九)'이라는 별명은 이들이 타 지역 사람에 비해 계산이 밝고 경제관념이 비범함을 나타내는 말이다. 비록 철저한 계산과 뛰어난 근검절약이 산시성 사람을 인색하다고 느끼게 할 수 있겠지만, 그들이 오랜 세월 중국의 상업을 이끌 수 있었던 것은 신용와 신의를 중시한 정신 때문일 것이다.

기현(祁縣)에 남아있는 호화 대저택 교가대원(喬家大院)은 당시 진상의 세력이 얼마나 막강했는지를 짐작하게 한다. 하지만 현재 산시성은 경제가 다른 지역에 비해 낙후된 실정이고, 흙으로 지어진 시골의 흙집은 이곳 생활이 풍족하지 않음을 대변한다.

산시성은 과거 춘추시대 진(晋)나라와 남북조시대의 북위, 북제, 북주의 중심지이자 불교문화가 흥성했기에, 지금도 당시의 불교문화 유적이 상당히 많이 남아있다.

눈여겨볼 만한 곳으로는 산시성 성도인 타이위안(太原)의 진사(晋祠), 중국 불교 4대 명산 중 하나로 꼽히는 오대산(五臺山), 오악 중 하나인 항산(恒山)의 현공사(懸空寺), 둔황 막고굴 및 뤄양 용문석굴과 더불어 중국 3대 석굴로 꼽히는 다퉁(大同) 운강석굴(雲岡石窟)을 꼽을 수 있다.

(그림 5-28) 산시성 항산의 현공사

항산은 오악 중 북악에 해당하며, 최고봉은 2,017m에 이른다. 예로부터 도교의 성지였기 때문에 아직도 곳곳에 도교사원과 유적이 남아있다. 특히 항산 금용협(金龍峽) 내 깎아지른 듯한 절벽의 한 가운데 현공사가 자리하고 있다. 이름 그대로 '하늘에 매달린 사찰'이란 뜻을 가진 이 건축물은 북위시대에 세워진 후 현재까지 약 1,400여 년의 역사를 이어가고 있다. 내부 장식을 보면 유불선이 함께 결합한 점이 특징이다.

이 사찰은 가파른 절벽에 껌처럼 붙어있어서 직접 보면서도 그 존재가 믿기지 않을 정도로 신비스럽다. 그 당시의 건축기술과 예술미에 감탄이 절로 새어나온다. 또한 잔교(棧橋)와 잔도(棧道)를 이용해 세운 기둥들이 모두 나무로만 만들어졌다는 점에서 또 다른 감탄을 자아내게 한다.

중국국가중점문물보호단위로 지정된 다퉁의 운강석굴은 다퉁시

(그림 5-29) 산시성 다퉁 운강석굴

(그림 5-30) 넥타이를 맨 불상

(그림 5-31) 산시성 농가의 당나귀

에서 남쪽으로 약 16Km 떨어진 곳에 위치한다. 불교가 흥성하던 북위시대에 건립되어 현재 약 1,500년의 역사를 자랑하는 이 석굴은 현재 53개의 주요동굴로 구성되어 있고, 약 51,000기의 불상이 있다. 자연 그대로의 바위벽에 불상을 하나하나 새겨 만든 이 석굴은 그 웅장함만으로도 여행객들을 놀라게 한다.

흥미로운 점은 석굴 한쪽에 새겨진 넥타이를 맨 불상의 모습이다. 그동안 넥타이는 서양에서 기원하였다고 하는데 이러한 시각은 잘못되었으며, 오히려 서역에서 중국으로 넥타이가 최초로 전래했다고 하는 이론을 뒷받침해주는 물증이다.

이 지역의 특징은 특히 가구마다 당나귀나 노새를 키운다는 것이다. 그래서 당나귀고기를 주재료로 한 음식이 많고, 이 점이 이곳 음식문화의 특징이 되었다. 실제로 당나귀고기는 '하늘에는 용고기, 땅에는 당나귀고기(上有龍肉, 下有驢肉)'라는 말처럼 그 맛이 일품이다.

또 다른 산시성 음식 특징은 국수 요리가 다양하다는 점이다. 중국 속담에 "세상의 면 요리는 중국에 있고, 중국의 면 요리는 산시에 있다.(世界麵食在中國, 中國麵食在山西)"라는 말이 있을 정도다. 고산지대에서도 작황이 좋은 밀, 옥수수, 감자 등 구황작물을 경작하면서 면을 주식으로 하는 생활을 유지해왔기 때문이다.

실크로드를 타고 중국으로 전해진 국수는 산시성에 이르러 더욱 발전한다. 도삭면(刀削面), 일근면(一根麵), 젓가락면, 벌집면이 바로 이 지역의 대표 국수 요리다.

(그림 5-32) 산시성 편주

지역 특산으로는 편허(汾河)와 편양(汾阳) 지역의 편주(汾酒)와 싱화춘(杏花村)의 죽엽청주가 유명하다. 산시성 편주(汾酒)는 중국 역사상 최초의 명주이다.『고상기』에 의하면 1,500년의 역사를 자랑한다. 청대『경화연(鏡花緣)』에 따르면 10대 명주 중 편주가 1위였다고 한다.

청조 말년에는 싱화춘(杏花村)의 세 곳의 술 공장에서 생산되었던 편주는 청향형 곡주로서 수수를 주원료로 하고, 밀과 완두콩을 이용한 누룩을 당화(糖化) 발효제로 쓰는 독특한 제조법을 채용한다. 원래 황주였으나 나중에 백주로 발전하였다. 당(唐)대 시인 두목(杜牧)은 편주와 관련하여 다음과 같은 시구를 남겼다.

청명절에 비 어지럽게 내리니,	清明時節雨紛紛,
길가는 나그네는 시름에 겨워한다.	路上行人欲斷魂.
술집이 어디 있는가 물으니,	借問酒家何處有,
목동이 멀리 행화촌을 가리킨다.	牧童遙指杏花村.

다음 장에서는 중국의 수도인 베이징과 역사적으로 우리와 관련성이 깊은 동북 3성에 대해 알아보고자 한다.

보충설명

● 맥주문화와 칭다오(青島)

100여 년 전 근대화 시기에 독일 함대가 입항하면서 독일문화가 들어오기 시작하였다. 그 영향으로 칭다오에는 칭다오역사를 비롯하여 유럽식 건물이 많다.

칭다오맥주 역시 독일의 전통 맥주 기술로 만들어져 많은 사람의 사랑을 받으며, 이보다 먼저 만들어진 하얼빈맥주와 베이징의 옌징맥주와 더불어 대표적인 중국 맥주로 손꼽히고 있다. 칭다오에는 맥주마을(啤酒城)이 있고, 매년 7, 8월에 국제맥주페스티벌(國際啤酒節)을 성대하게 거행한다. 칭다오에서 직접 만든 맥주와 기타 지역에서 만든 칭다오맥주는 사용하는 물이 달라서 술맛도 미세한 차이가 난다.

칭다오는 산둥성 동쪽 교동지역에 위치한 항구도시로서, 해산물이 풍부하고 해안을 따라 아름다운 경관이 펼쳐져 있다. 다소 습하긴 하지만 4계절 모두 생활하기에 적합한 해양성 기후를 갖고 있으며, 우리나라와도 가까워서 많은 기업이 진출해 있고 약 10만 명의 교민이 거주하고 있다.

칭다오의 아름다운 도시경관은 돌노인(石老人)해수욕장 등 해안을 따라 펼쳐진 샹강둥루(香港東路) 주변으로 조성된 높은 빌딩 숲과 넓은 잔디가 어우러진 신시가지에서 찾아볼 수 있다. 상하이보다 도시 설계가 더 계획적임을 알 수 있다.

이곳에는 하이얼루(海爾路)라는 길이 눈에 띈다. 중국의 대기업 중 하나인 하이얼(海爾)공사의 본부가 있어서 명명한 거리 명칭이다. 칭다오는 이처럼 산업기술의 중심 역할을 담당하는 도시로 탈바꿈하고 있다.

(그림 5-33) 5.4광장

이밖에 칭다오는 5.4광장과 중산공원, 그리고 잔교 옆에 정박한 군함의 야경 모습이 인상적이다. 칭다오를 둘러싸고 있는 노산(嶗山) 풍경지구의 기암괴석으로 수놓은 돌산의 모습은 자연미의 극치를 보여준다. 이 산은 최신형 케이블카가 설치되어 있어서 정상까지 앉아서 올라가며 아름다운 풍광을 즐길 수 있다. 노산은 도교의 성지로서 태청궁이 있으며, 많은 도인이 수련하고 있다. 칭다오맥주는 바로 이 노산의 맑은 물로 만든다고 한다.

칭다오는 풍부한 해산물로 만든 요리 종류가 많다. 값도 싼 편이고 재료도 신선하다. 청나라 시절 변발 머리 모양을 똑 닮은 물고기인 변자어(辮子魚), 광어 종류인 편목어(偏目魚) 요리가 유명하다. 학교로는 교육부 직속대학인 하이양대학과 칭다오대학 등이 있다.

청도는 열강에 의해 짓밟힌 아픈 역사를 갖고 있지만, 동시에 새롭게 꿈틀거리며 도약하려는 젊은 혈기가 느껴지는 도시다. 2008년 베이징올림픽 중 해상경기가 칭다오에서 펼쳐졌고, '다롄을 따라잡고 상하이를 쫓아가자!(趕大連, 追上海!)'라는 구호를 외치는 칭다오사람의 모습에서 향후 칭다오의 발전상이 자연스럽게 그려진다.

• 산둥 출신 서예가 왕희지

중국의 역대 인물 중에는 공자와 맹자 등 산둥 출신 인사가 많다. 여기서는 중국 서예의 대가인 왕희지를 소개하고자 한다.

중국에서 서법(書法)이라고 부르는 서예의 글자체는 은 갑골문, 주 금문, 진 전문, 한 예서와 해서, 그리고 행서, 초서로 그 모습이 바뀌면서

(그림 5-34) 왕희지의 난정

발전해왔다. 그런 가운데 수많은 서예가가 배출되었는데, 그중 가장 뛰어난 서예가는 단연 서성(書聖) 왕희지다.

산동 린이(臨沂) 출신인 그는 진(晋) 시기에 해서·행서·초서의 서체를 완성하였고, 행서로 쓴 불후의 명작 『난정집서』를 남겼다. 만년에는 은일 생활을 하며 유유자적한 생활을 보냈다고 한다. 그의 서체는 전아하고 기백이 있으며, 귀족적 기품이 높다고 평한다. 특히 중화의 미, 변화와 통일, 공간감각, 이성과 감성의 조화가 그의 서체의 특징이라고 할 수 있다.

왕희지는 거위를 가장 좋아했다고 전해지고 있다. 거위가 수영하는 모습을 보고 붓을 놀리는 방법을 터득했기 때문이다. 즉 엄지는 거위의 머리, 검지와 중지는 거위의 두 날개, 무명지와 새끼손가락은 거위의 두 다리로서 붓에 들어가는 힘과 쓰는 방법을 거위의 신체 부위가 수영하면서 나타내는 힘·동작과 연계시켜 풀어나갔다.

왕희지 가족 관련 일화도 전해지고 있다. 왕희지가 출장을 가면서 아들에게 글씨 숙제를 내주고 길을 떠났다. 돌아와 그 솜씨가 어떤지 부인의 평을 물어보니, 부인은 아들의 서예 실력이 아직 보잘것없는데 다만 한 점만 남편의 글씨를 닮았다고 말한다.(唯有一点像羲之) 그 점은 사실은 왕희지가 출장 떠나기 전 자신이 아들의 글씨에 써넣은 점이었다. 중국 최고의 서예가 4명의 장점이 합쳐져야 비로소 왕희지체가 될 수 있다는 정도로 유명한 왕희지의 부인 역시 서예에 대한 안목이 상당했음을 말해주는 고사이다.

• 취푸의 문화유산 삼공(三孔)과 문혁(文革)

(그림 5-35) 취푸 공림의 공자묘

(그림 5-36) 취푸 공묘의 행단

교육자이자 사상가인 공자의 고향 취푸는 산둥성 지난에서 태산을 거쳐 약 두세 시간 정도 가면 나온다. 취푸는 마치 2,500년 전으로 돌아간 듯한 느낌이 들 정도로 아늑한 분위기의 도시다. 춘추전국시대에 태산을 중심으로 남쪽은 노(魯)나라, 동쪽은 제(齊)나라였는데, 곡부는 바로 노나라의 중심지역이었다.

이곳은 현재 세계문화유산에 등록되어 있으며, 공자를 기리는 사당인 공묘, 공자와 그의 자손의 묘가 있는 공림, 그리고 공씨 가문이 공부하고 생활하던 공부를 참관할 수 있다.

공묘에는 중국 3대 궁중건축물 중 하나인 대성전이 있다. 고대에 황제만이 사용했던 황금색과 용 조각상이 대성전 벽과 기둥에 칠해지고 새겨져 있다. 이는 공자에 대한 존경의 표현이라고 볼 수 있다. 곡부에서는 매년 9월 20일이면 공자의 탄신을 기념하여 국제적인 공자문화페스티벌(中國曲阜國際孔子文化節)을 개최하며 제공의식을 거행한다.

대성전 앞에는 공자가 제자들을 가르쳤던 행단(杏亶)이 있는데 당시 있었던 나무가 살구나무인지 아니면 은행나무인지 아직 의론이 분분하다. 공묘 입구에 쓰인 옥(玉)자의 점이 특이하게 중간에 칠해져 있는데, 이는 가운데 소리가 가장 좋기 때문이라고 하며, 공묘 내 건륭제 흔적이 담긴 커다란 비석들은 겨울에 운하를 통해 이동한 후에 바닥에 물을 얼려 그 위로 운반했다고 전해진다.

공림은 세계에서 가장 규모가 큰 가족묘지로서 자전거를 타고 이동해도 한 시간 이상 걸릴 정도로 넓다. 공자의 묘도 관람할 수 있다. 공림 입구 앞 약 500m의 길은 당시 공자가 걸어가면서 모든 문제를 해결했다는 전설이 있다.

(그림 5-37) 취푸의 공부

공부에서는 우물과 유적 등 당시 공자 시대의 생활을 엿볼 수 있는데, 방이 몇백 칸이나 되기 때문에 자칫 길을 잃기 쉽다. 이곳에서 만나는 중국인들에게 이름을 물어보면 대부분 공씨이며 공자의 몇 대손이라고 말을 한다. 곡부의 관람료와 관광 수입은 이들 공씨 가문에게 돌아가게 된다.

취푸 지역을 관람하다 보면 문화대혁명의 당시 광적인 사회 분위기와 비이성적 행위들의 잔재가 곳곳에 남아있음을 볼 수 있다. 1966년부터 10년간에 걸쳐 진행된 문혁은 마오쩌둥이 당시 자신의 정치적 위기를 극복하기 위해 지식인과 반대 세력을 희생양으로 삼고 젊은 홍위병을 앞세워 전통을 부수고 지식인들을 가두고 시골로 하방(下放)시킨 운동이었다.

당시 공자와 유가사상은 타도되어야 할 봉건전통으로 여겨졌고, 그 발원지인 취푸로 베이징의 대학생과 중고생들이 열차를 타고 내려와 공자 관련 유적들을 마구 손상하였다. 유적들을 쇠로 박아놓기도 하고, 신성시되던 공묘의 벽을 부수고 길을 뚫어 놓기도 하였다. 비석이나 동상 등 무거워서 넘길 수 없는 유물들은 칠을 해버리기도 하였다. 문에 장식된

9개의 동그라미 중 몇 개가 파괴된 흔적도 쉽게 발견할 수 있다.

1976년 문혁을 주도한 4인방이 축출되고 나서 공묘는 주변에 벽을 다시 치고 나무도 새로 심는 등 원형보존에 힘을 썼지만, 파괴된 부분 중 일부는 파괴된 모습 그대로 놔두어 문화대혁명의 역사를 후세에 남겨두고 있다.

• 중국인의 사상

중국은 예로부터 자생적으로 출현한 유가와 도가 사상, 그리고 한 대 이후 유입된 불교 사상 등이 갈등과 조화를 이어가면서 큰 물줄기를 형성해왔다. 철학이라는 용어는 근대에 들어와 일본인 철부(哲夫)가 'philosophy'를 번역하면서 자신의 학문이라는 의미로 만든 용어이며, 그 이전에는 사상(思想) 또는 학술(学術)이라는 용어를 사용해왔다.

전통을 이어온 유가 사상은 인(人) 또는 인(仁)을 중시하면서 사람과 사람의 관계성과 예의범절, 현실성을 중시하였고, 자연과 우주관에 있어서는 천인합일(天人合一) 즉 하늘과 인간, 자연과 인간의 일치에 초점을 맞추어 인간도 자연의 일부로 보았다. 불법의 의정불이(依正不二) 사상과 흡사하며, 자연을 객체로 보고 마음껏 개척하려는 서양의 사고방식과는 대조를 이룬다.

중국 고대 사상에는 천(天)이나 제(帝)가 많이 등장하는데, 이는 인격체의 절대신 개념이라기보다는 자연의 법칙으로서 숭상했던 실리적 측면이라고 볼 수 있다.

한편 지리·역사적 차이에 따라 남방과 북방의 종교적 경향이 다르게 나타난다. 남방지역 사람들은 조상신이나 미신을 숭상하는 민간신앙이 많이 유행하는 반면, 북방지역 사람들은 종교적 신념보다는 현실적인 사고를 중시하는 편이다. 특히 1949년 신중국 건립 이후, 공산주의와 중국 특색 사회주의를 이념으로 하는 사회현상으로 인해 권위 없는 평등과 실용적 사고를 지니고 있다. 그러면서도 장구한 역사와 문화적 전통을 갖고 있는 그들로서는 중화사상이라는 자부심도 있다.

또 고대로부터 다양한 민족의 다양한 문화를 꽃피웠으며 현재도 56개 민족이 공존하는 상황하에서 한족을 중심으로 한 대가정 만들기라는 대동사상도 갖고 있다. 서구열강의 침입과 근대화의 과정 속에서 겪은 뼈아픈 역사를 세계의 공장으로 우뚝 솟으면서 새로운 자신감과 함께 중화사상의 자부심도 커가지만 이와 함께 중화패권주의 또는 중화국수주의라는 덫에 노출되어 있기도 하다.

아이러니하게도 예의범절과 효 사상 및 경로사상, 조상께 드리는 제사 등이 잘 보존된 우리나라와는 달리 유가사상의 본원지인 중국에서는 이러한 유교 전통이 희박하다. 화교들도 우리나라의 유가사상이 중국보다 강하게 남아있다고 스스로 말할 정도다. 중국에서는 연장자에 대한 예의를 그다지 갖추지 않고, 인사예절도 엄격하지 않으며, 나이 차이가 나도 형식에 구애되지 않고 친구가 되기도 한다. 차 안에서도 노인에게 자리를 양보하는 경로 모습도 보기 어렵다.

이는 언어나 문화는 시간이 가면서 그 발생지에서 먼 지역일수록 원형을 더 잘 보존한다는 이론에 부합되기도 하지만, 가장 큰 이유는 바로 공산주의 사상과 문화대혁명의 영향이 컸다고 볼 수 있다. 최근 한류 드라마가 중국의 안방에서 특히 노·장년층에게서 인기를 누리고 있다. 이는 중국의 노년층들이 연속극 속에 비친 한국의 가정 모습이 신중국 이전의 옛 중국의 모습과 흡사하여 향수에 젖어 들어 정서적으로 일치됨을 느끼기 때문이라고 한다.

• 오악 중 태산

중국의 명산 중에는 중원을 중심으로 한 오악(五岳)이 있다. 산둥성(山東省)의 동악 태산(泰山), 산시성(陝西省)의 서악 화산(華山), 허난성(河南省)의 중악 숭산(嵩山), 산시성(山西省)의 북악 항산(恒山), 후난성(湖南省)의 남악 형산(衡山) 등 다섯 개의 산이 오악으로 불리며 중국인에게는 신성한 영산이다.

(그림 5-38) 태산

산둥성 타이안(泰安)에는 태산이 있다. 동악 태산은 오악 중에 으뜸에 속하는데, 동(東)은 나무(木)에 속하며 만물이 소생하는 힘을 지닌 봄(春)과 푸름(靑)을 상징하고 있다. 그래서 역대 황제들이 즉위 때마다 이곳에서 봉선의식을 행하였다.

황제들은 지난에서 서남쪽으로 약 2시간 거리에 있는 타이안에 있는 대묘(岱庙)에서 몸을 깨끗이 한 뒤 제를 올리고 걸어서 태산에 올라 하늘에 제를 올렸다.

평지 무릉도원부터 시작하여 서너 시간 걸어 올라가면서 둘러보면 마치 살아있는 역사박물관처럼 여기저기 비석과 비문 및 유적들이 산재해 있다. 매년 가을에는 태산등반축제가 거행된다. 일반적으로는 올라가면서 유적을 보고 정상에서 여관이나 여인숙에서 밤을 지새우고 일출을 보고 내려온다.

태산은 생각과는 달리 해발 1,542m로서 그다지 높은 편이 아니다. 평지에 우뚝 솟아서 더욱 높아 보이는 것이고 공자의 고향 취푸 주변에 있기에 성산으로 유명해진 것인지도 모른다. 정상에는 도교사원이 있고, 이곳에서는 옥황상제와 태산낭낭을 모시고 있는데, 일부에서는 태산낭낭이 곤륜산의 서왕모라고 주장하기도 한다.

태산은 현재 세계문화유산에 등록되어 있으며, 중천문이나 남천문에서 케이블카로 정상에 오를 수 있다. 정상에는 호텔과 여인숙이 있지만 시설은 보통 수준이고, 겨울에 눈이 많이 내리면 등산을 못하는 경우도 있다. 태산의 명물 배추와 두부로 만든 요리는 독특한 맛이 있으며, 태산 특산인

석감당이라는 돌은 기념품으로 인기가 높다.

화산은 해발 1,997m로 조양, 연화, 낙안, 오운, 옥녀의 다섯 봉우리가 특히 빼어난 경치를 자랑한다. 형산은 1,290m의 주봉 축융봉을 위시하여 72개의 봉우리로 구성되어 있으며 명승고적이 많다.

항산은 산시성 동북부에 위치하며 운강석굴로 유명한 다퉁(大同)에서 가깝다. 주봉 현무봉은 2,017m로서 대부분 돌산인데 북방민족에 대한 방어요지의 역할을 하였다. 특히 1,400여 년 전 북조시대에 이곳 항산의 가파른 절벽에 지은 현공사라는 사찰은 눈으로 보면서도 믿기 힘든 불가사의한 건축물이다. 유불도가 함께 모셔진 이곳에서 중국인들의 대동사상을 엿볼 수 있다.

허난성 숭산은 해발 1440m로 태실산, 준극산, 소실산이 주요 봉우리를 이루고 있으며 중국 권법의 발상지인 소림사가 있다.

이밖에 중국 불교 4대 명산으로는 문수보살의 성지인 산시성(山西省) 오대산(五臺山), 관음보살의 성지인 광둥성 보타산(普陀山), 지장보살의 성지인 안후이성 구화산(九華山), 보현보살의 성지인 쓰촨성 아미산(峨眉山)이 있다.

또한 오악 외에 황산이 있는데, 사계절에 따라 새로운 모습을 드러내는 경관이 아름다우며, 이 산을 중국 최고의 산으로 평가하는 사람들이 많다.

(그림 5-39) 안후이성 황산

• 중국의 상인: 산시 진상과 안후이 휘상

중국은 현재 세계시장에서 빠른 경제 성장의 기적을 이루어 낸 국가 중 하나다. 아라비아 상인, 유태인 상인과 더불어 중국 상인은 세계 3대 상인 중 하나로 뛰어난 상업 기질을 지닌 민족으로 유명하다. 중국 내에서도 지역별로 유명한 상인들이 있다. 산시(山西)상인, 안후이(安徽)상인, 광둥(廣東)상인, 저장(浙江)상인, 산둥(山東)상인, 장시(江西)상인 등이다.

그중 산시상인 진상과 안후이상인 휘상은 남쪽에서 서구의 선진 문물을 일찍이 받아들여 자유롭고 도전적이며 선행을 중시했던 광둥상인, "귀신을 만나면 귀신 소리를 내고, 사람을 만나면 사람 소리를 낸다."라는 속담이 있을 정도로 장사 수완을 가진 절강 상인과 함께 중국 4대 상인으로 일컬어지고 있다.

산시상인은 예로부터 척박하고 어려운 환경 속에서 생활에 필요한 일상용품을 외부에서 조달해야 하고, 석탄, 철, 대추 등의 지역특산물은 외부로 팔아 생활을 연명하였다. 후에 명나라와 몽골의 전쟁에서 군량미 수송을 통하여 막대한 이익을 얻게 되었고, 염상(鹽商)으로서 큰 성공을 거두게 된다.

18세기 중엽에 중국 최초의 은행인 표호(票号)를 전국 주요 도시에 설치하고, 신뢰와 신용을 바탕으로 중국 상업계를 장악한다. 그 뛰어난 상업적 업적 이면에는 진상만의 철저한 상업철학이 존재했는데, 바로 신용, 근면, 지혜를 바탕으로 한 상업정신이다. 진상의 이러한 정신은 산시 상표가 찍혀있는 것만으로도 서로 앞다퉈 구매할 큼 물건에 대한 신용과 뛰어난 자부심을 가지게 하였다.

진상 중에서도 큰 성공을 거둔 교(橋)씨 가문의 대저택인 교가대원(橋家大院)은 당시 진상의 화려한 생활을 엿볼 수 있게 한다. 산시성 진중시 기현에 있는 이 대원(大院)은 부지 10,642㎡, 건축 면적4,175㎡로 6개의 대원(大院)과 20개의 소원(小院), 313칸의 방이 있다. 교가대원 이외에도 왕(王)씨 가문의 왕가대원 역시 당시 진상의 부유한 생활을 엿볼 수 있게 한다.

진상과 더불어 '천하 양대 상방(商幇)'으로 불리는 안후이성 휘상은 유상(儒商)으로도 일컬어진다. 유교를 숭상하던 당시 사회는 상업을 천시하는 사농공상의 풍조가 팽배하였다. 이러한 풍조로 인하여 상업으로 큰 성공을 거둔 많은 휘상은 일찍이 학문에 힘쓰며 고위관직으로 나아가고자 하였고, '고이호유(賈而好儒, 장사하면서도 유학에 힘씀)'라는 휘상 특유의 상업 경영철학을 가지게 되었다.

찻잎을 팔며 막대한 부를 축적하고, 과거급제를 통해 고위관리직에 오른 동향(同鄕)의 휘상과 정교한 연락망을 유지하며 소금 판매업에 뛰어들어 중국 최대의 상인으로 부상한다. 휘상을 관상(官商)이라고 부르는 이유이기도 하다. 이렇게 학식과 덕망을 갖춘 휘상은 상업에서도 의(義)와 인(仁)의 유교정신을 중시하며, 상업 활동의 철학으로 삼아, "불이익은 참아도 불의는 용서하지 않는다."라는 평가가 있을 정도였다. 또 신용을 중시하고 자선사업과 사회봉사에도 능하여 상업계의 선비라는 명칭을 얻기도 하였다.

질의응답

① 화교는 우리가 생각하는 중국인(중화인민공화국)이 아닌가요? 인터넷에는 화교는 중국 국적이 아니고 타이완 국적이라는 말이 있는데 어떻게 정리해야 하나요? 그리고 지금도 국내 화교가 성장하지 못하도록 제한하고 있나요?

어학사전에 정확하게 화교(華僑)는 외국에서 사는 중국사람이라고 명시되어있죠. 본국을 떠나 해외 각처로 이주하여 현지에 정착,

경제활동을 하면서 본국과 문화적 ·사회적 ·법률적 ·정치적 측면에서 유기적인 연관을 유지하고 있는 중국인 또는 그 자손이고요. 중국인은 타이완 국적을 가진 자나 중국(중화인민공화국) 국적인 자 모두를 포함하고 있죠.

(그림 5-40)
중화인민공화국 여권

(그림 5-41) 중화민국 여권

국내에 거주하는 화교에 대한 정책은 지금까지 크게 달라진 점은 없어 보입니다

참고:http://www.hankookilbo.com/News/Read/201902111161078748?did=NA&dtype=&dtypecode=&prnewsid=

② 한국에서는 화교문화에 대해서 부정적인 인식이 많은 것 같은데, 그러한 인식이 생겨난 계기가 있나요? 현재는 화교 3세가 많은데요. 많은 세대를 거쳐도 화교는 이어져가는 건가요?

1920~1930년대부터 화교 배척이 시작되었고요. 1948년 한국정부가 출범하면서 화교에 대한 억제가 본격적으로 시작되었죠. 이승

만, 박정희 정권 시절 외국인 입국허용금지, 외국인 토지소유금지, 화폐개혁 등으로 화교의 경제력은 큰 타격을 받게 되고요. 이후 1973년 한국인이 운영하는 식당을 보호한다는 명분으로 화교가 운영하는 중국집에서 쌀로 만든 음식을 팔지 못하게 하였죠.

현재는 평균적으로 화교 4세까지 있는데요. 화교 1세를 시작으로 현재 화교 4세까지 한국에 거주하고 있죠. 시간이 지나도 화교의 계보는 지속될 겁니다.

③ 제나라는 개방적인 특징이 있고, 노나라는 보수적인 특징이 있다고 하는데요. 지금의 제로문화에서는 보수적인 특징이 더 드러나 보이는데요. 제나라의 특징이 엿보이는 문화도 있나요?

고대의 제로문화는 차이가 존재했죠. 인문, 경제 방면에서도 다른 방향으로 발전을 하고요. 제국은 상공업 방면에서 발전을 이루고, 공리(功利)를 중시하고 윤리를 덜 중시하며 실용을 추구하게 되었죠. 그 영향으로 제문화에 속하는 도시는 상대적으로 상공업이 발달하고 개방적인 문화를 가지게 되었죠.

④ 공자학원의 확대를 우려하는 이유는 무엇인가요? 공자학원이 확대되면 어떠한 문제점이 발생하나요?

아래 기사를 보시면 도움이 될 것입니다. 참고해주세요.

http://news.unn.net/news/articleView.html?idxno=180681

⑤ 주거문화 측면에서 질문하면, 황토고원에서는 왜 토굴형태의 건축물이 적합한가요?

산시성, 산시성, 간쑤성 등 황토고원 지역은 그 지명에서 알 수 있듯이 황토가 많은 곳이죠. 이곳의 황토는 칼슘이 풍부해 접착력이 강한 성질을 가지고 있죠. 이렇게 잘 무너지지 않는 토양 성질을 지닌 황토는 동굴형태의 건축물 즉 '요동(窑洞)'을 짓기에 적합하고, 겨울에는 따듯하고 여름에는 시원한 장점까지 가지고 있습니다. 특히나 건조한 황토고원에서 습기를 유지하는 데 최적의 건축형태라고 말할 수 있죠.

요동은 견고하고 내구성이 좋으며, 건축 기간과 자원을 절약하기에 적합한 건축형식이죠. 겨울 요동의 실내온도는 섭씨 10℃ 이상이며, 여름에는 섭씨 20℃를 유지하여 천연주택이라는 명칭을 가지고 있기도 하죠.

요동은 혈거(穴居)가 발전된 형태라고 할 수 있는데요. 요동은 지세에 따라 그 형태가 다르죠. 크게 지붕이 평평한 평정(平頂) 형태, 절벽처럼 가파른 곳에 건축된 접애(接崖) 형태, 격자 모양의 천정(天井) 형태 등 세 가지로 나뉘는데요. 이러한 황토고원의 지리적 특징이 요동형태의 건축양식을 출현하게 하였죠.

(그림 5-42) 산시성 농촌의 흙집

⑥ 산시성의 불교문화를 보여주는 문화재로 운강석굴 외에 또 무엇이 있나요?

옛날 춘추전국시대의 진(晋)나라, 남북조시대의 북위, 북제, 북주의 중심지였던 산시성은 당시에 번성했던 불교의 영향을 받아 불교문화유적이 많이 남아있죠. 그중 유네스코 세계문화유산인 운강석굴은 화려하고 찬란한 당시의 불교문화를 가장 잘 나타내고 있는 유적지이고요.

이외에 절벽에 걸린 듯한 모습의 사찰인 현공사, 중국 불교 4대 명산 중의 하나인 오대산과 '중국의 그랜드캐넌'이라 불릴 정도로 오묘하고 절묘한 비경을 자랑하는 해발 2,000m 고지의 멘산(綿山)은 깎아지른 절벽에 세워진 불교 사찰들과 도교 사원 등으로 유명한 불교 유적지라고 할 수 있습니다.

제6장 중국 북방문화

1. 베이징, 톈진, 동북 3성의 역사와 문화

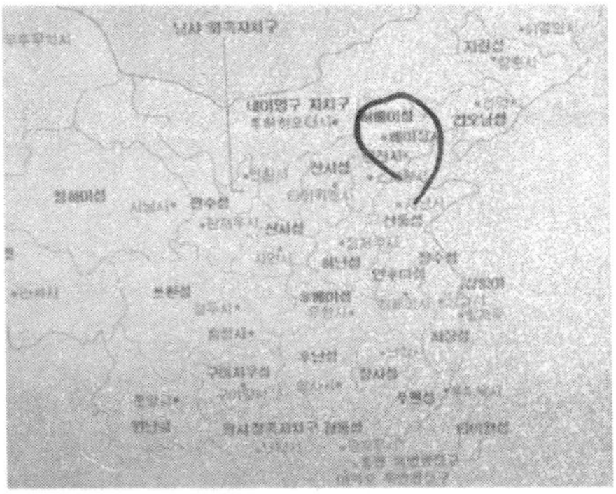

한 도시를 이해한다는 것, 이는 매우 흥미로운 일이다. 중국에는 약 700개의 도시가 존재하고 있는데, 그 많은 도시 중에서 하나의 도시를 선택하여 여행을 한다면 과연 어느 도시를 선택할까? 아마 많은 사람이 수도 베이징을 선택하지 않을까 한다.

베이징은 단연 도시 중의 도시, 중국 역사상 명실공히 하늘 아래 유일한 수도로서, 원나라 이후 현재까지 800년 이상 중국의 수도로 자리매김해왔다. 베이징은 단지 하나의 도시가 아니라 중국의 과거, 현재, 미래가 존재하는 곳이며, 베이징이라는 도시의 이해를 통해 중국을 진일보 이해할 수 있다고 본다.

여기서는 베이징과 톈진 그리고 동북 3성을 포함한 중국 북방의 문화와 역사에 대해 살펴보고자 한다.

1) 베이징의 역사, 건축, 베이징사람의 기질

고대 중국에서 도시 형성의 기본 조건은 효과적인 방어가 가능한 지형, 곡물의 충분한 공급, 편리한 수자원 등이다. 베이징은 화북평원의 북쪽에 위치하며, 서북으로는 험준한 산지가, 동남으로는 바다와, 남쪽으로는 농경에 적합한 넓은 평원과 맞닿아 있을 뿐만 아니라 중원과 동북, 몽골을 연결하는 교통의 요충지로써 도시 형성 조건을 충분히 갖추며 발전해왔다.

베이징은 춘추전국시대에는 지(薊), 요(遼)나라 때는 연경(燕京), 금(金)나라 때는 중도, 원(元)나라 때는 대도(大都)라고 불렸으며, 이후 북평(北平)이라고도 불렸다. 각기 다른 왕조에 따라 명칭이 바뀌면서 약 20여 개의 이름을 가지게 되었다. 베이징에 가면 연경맥주 등 연경이라는 한자를 흔히 볼 수 있는 것도 베이징의 과거 이름이 연경이었기 때문이다.

고대 취락지 위치는 현재 루거우차오(蘆溝橋)가 있는 곳이며, 도시건립 3,000여 년의 역사를 가지고 있고 800여 년간 수도로서의 역사도 가지고 있는 곳이다.

베이징은 유구한 역사 이외에도 거대한 도시 면적을 자랑하고 있다. 중국어로 도시를 '城市', 즉 성시라고 하는데, 중국 대다수 도시가 '성과 벽', 그리고 그 성벽을 통과하는 '문'으로 구성되어 있기 때문이다. 고대 중국에서 성벽과 성문이 없는 성시는 상상할 수 없으며, 도시의 성벽이 높으면 높을수록, 성문은 많으면 많을수록 진정한 성시라고 생각하였다.

'중국역사도성'인 베이징은 수도 기능을 담당하기 위해 건립된 철저한 계획도시였다. 『설문해자』에서 '경(京)'은 인공적으로 건설한 높은 언덕을 말한다. 여기서 '인공적'이라 함은 사람들이 자연스럽게 모여 살다 조성된 취락이 아니라 애당초부터 어떤 의도를 갖고 설계된 계획도시라는 것을 말한다. '높은 언덕(絕高丘)'은 천자가 사는 곳으로 절대적인 신성한 곳을 의미한다. 베이징은 성이며 또한 경성입니다. 그러므로 중국 최대의 성과 벽, 문을 가졌다는 것은 당연하다.

베이징성은 내성 9문, 외성 7문, 황성 4문의 20개의 성문 이외에도, 용맥구(龍脈口) 4문, 궁성(宫城) 4문, 근대(近代) 4문 등 32개의 문이 있습니다. 이렇듯 베이징성은 한 겹, 한 겹 둘러싸인 담과 각각의 문으로 이루어져 있어, 문으로 들어가 문으로 나오면 베이징을 거의 다 이해한다고 말할 수 있을 것이다.

일반 서민의 생활 속에서도 계획적으로 짜인 양식을 찾아볼 수 있는데, 바로 베이징 전통주거건축인 사합원(四合院)이다. 사합원은 주로 베이징의 구 성안을 중심으로 산재한 좁은 골목길인 후퉁(胡同)에 많이 존재한다. 여기서 '사'는 동, 서, 남, 북 네 방향을 상징하며, '합'은 동서남북 네 면의 건물이 모여 '구(口)'자를 형성함을 말한다. 조화, 평등, 화해를 상징하며 대표적인 북방건축 양식의 하나다.

(그림 6-1) 베이징 사합원

베이징은 각 왕조의 정권 다툼

(그림 6-2) 베이징 후퉁

(그림 6-3) 작가 라오서

의 중심지였기에 격전지나 다름없었다. 그 속에서 살아가는 베이징사람들은 개방성과 수용성을 갖추지 않으면 살아갈 수 없었을 것이다. 그들은 북방의 지리적 영향으로 인해 잦은 외부 침략을 받으면서, 호방하고 대담한 기질을 가지게 되었다. 또한 황제의 수도에 거한다는 자부심과 함께 당당한 기세를 가지며, 체면 우선의 삶을 중시하기도 한다.

작가 라오서(老舍)는 소설 『낙타상자(駱駝祥子)』에서 자신의 베이징 생활을 "전국이 모두 표준어로 따라 하며", "황제가 세운 황궁을 뜰과 제단, 공원으로 삼고", "진귀한 서적들을 보고", "가장 탁월한 견해를 들을 수 있다."라고 묘사하고 있다.

2) 베이징과 정치문화

베이징은 1949년 중화인민공화국 수립과 함께 다시 중국의 수도가 된다. 과거에 여러 왕조의 수도였기에 정치 중심지 기능을 수행해왔고, 곳곳에 숱한 굴곡의 역사를 머금은 궁궐과 왕릉 등 정치적 유적과 유물을 보존하고 있다.

중국의 심장인 베이징의 중심부에는 톈안먼이 있다. 톈안먼은 1616년 지어진 것으로 약 500년의 역사가 있고, 그 북쪽으로 명대 이후 궁으로 쓰였던 고궁(故宮)이 펼쳐진다. 720,000㎡의 대지 위에 하늘의 임금이 산다는 만 칸의 궁궐보다 하나 적다는 9,999칸의 궁궐로서 동서 대칭과 음양오행에 맞추어 건립된 건축물이다. 산둥성 취푸 공묘의 대성전과 타이안의 대묘와 더불어 중국 3대 궁중 건축물에 속한다. 동북쪽으로는 명나라를 호령했던 13명 왕의 묘인 명 13릉이 있다.

고궁을 가로질러 통과하고 나면, 이자성의 난을 피해 몸을 숨겼던 명나라 마지막 왕 숭정이 목을 매어 죽은 곳인 인공산 경산공원이 보인다. 이어 북서쪽에는 항저우 서호를 본뜬 곤명호가 펼쳐지는 이화원이 자리한다. 청나라 말기에 변법자강운동과 의화단사건 등 근·현대화 기간에 벌어졌던 자강운동 및 영욕의 역사를 함께 하며 한때 중국을 호령했던 서태후가 머물던 곳이다.

(그림 6-4) 고궁 전경

(그림 6-5) 고궁 오문

(그림 6-6) 명 13릉

톈안먼 광장은 약 200만 명이 수용할 수 있을 정도로 넓다. 광장 남쪽 마오주석기념당, 서쪽 국회의사당 격인 인민대회당, 동쪽 역사박물관, 중앙의 인민영웅기념비 등 현대 중국정치의 살아있는 현장이 밀집하고 있다. 그중 그 중심부에 서 있는 인민영웅기념비는 1989년 톈안먼 민주화운동 당시 무고한 시민과 학생들을 향해 쏜 창흔이 한때 그대로 남아있기도 하였다. 동족상잔의 비극적인 정치 암운이 드리워진 시절의 상징이다.

상하이가 경제중심도시라면 베이징은 정치중심도시라고 할 수 있다. 2022년말 제20차 전국대표대회를 거치면서 탑3인 공산당 총서기이자 국가주석인 시진핑, 리창, 자오러지가 정치 중심인 베이징에서 현재의 중국을 이끌어가고 있다.

3) 만리장성과 진시황

(그림 6-7) 쓰마타이 만리장성

만리장성은 1987년 세계문화유산에 등록된 중국 고대의 최고 방어건축물이다. 역사적으로는 기원전 7세기부터 건축이 시작되어 명대에 이르기까지 약 2,000년 간 이어오며 끊임없이 축조된 거작이다. 이 장성은 기원전 221년 중국을 통일한 진시황이 자연지형을 이용하면서 기존 장성을 연결하여 서쪽 간쑤성에서 동쪽 랴오닝성까지의 만여 리의 장성을 건설하면서 만리장성이라는 명칭을 얻는다.

이후 한나라 때는 흉노족의 침략을 막기 위해 신장에서 헤이룽장까지의 방어선을 구축하였고, 명나라 건국 후에는 여진족의 침입을 막고자 장성을 보수하고 증축하여 동쪽으로 압록강에서 서쪽으로 간쑤성 가욕관까지의 12,700리의 장성을 만들었다. 10리마다 봉화대를 설치하여 연락을 취하였고, 성벽에는 사격을 위한 구멍을 만들었으며, 열 명의 병사 또는 다섯 마리의 마차가 함께 달릴 수 있을 정도로 넓은 길도 만들었다.

베이징에서 볼 수 있는 장성은 명나라 때 건축된 것으로서, 그중 팔달령이 가장 잘 보존된 곳이고 경관이 좋아서 관광객의 발길이 끊이지 않고 있다. 하지만 최초의 원형 모습은 허베이성 구베이커우(古北口) 쓰마타이의 흙으로 쌓은 토성에서 찾아볼 수 있다. 장성은 계절에 따라 각기 다른 풍광으로 변화무쌍한 모습을 보여주며, 능선을 따라 길게 늘어선 웅장한 자태를 중국인들은 자신들의 정체성을 상징하는 용으로 묘사하고 있다.

당시 진시황은 장성을 쌓는 데 20만 명의 죄수를 동원하였고, 축조 과정에서 수많은 사람이 희생되었다고 한다. 자신의 사후를 위한 묘를 만들면서도 70만 명의 죄수를 동원하였고, 공사 후에는 내부 비밀을 유지하기 위해 처형하였다고 한다. 당시 진나라 병사가 막강했던 이유는 적을 죽인 만큼 출세하고 승진하기 때문이다. 그래서 당시 진은 10만 로마 대군보다 많은 60만 대군을 거느릴 수 있었다.

이밖에, 자신의 입지를 강화하기 위해 수많은 경전을 불태우고 학자들을 생매장했던 분서갱유 사건은 세계 최초의 언론탄압이라는 점에서 오점을 남긴다. 물론 필요한 문서들은 남겼고, 그에 대한 비판과 비평은 역시 후대 역사가들의 편협적 시각에서 나온 것이라는 등 이에 대한 반론도 만만치 않다.

지금까지 발굴 작업은 엄두도 못 내는 길이 6km, 높이 1.9km의 산처럼 거대한 진시황릉과 만리장성을 바라보면, 그의 폭정이라는 부정적 측면과 함께 최초로 중국을 통일하고 수많은 유적을 남겼다는 긍정적 측면이 동시에 느껴진다.

4) 톈진(天津)과 저우언라이 그리고 음식문화

톈진은 베이징, 상하이, 충칭과 함께 중국 4대 직할시 중 하나다. 중국인들이 숭앙하는 저우언라이(周恩來) 전 총리가 이곳에서 공부하고 활약하였기 때문에 톈진이 급발전하게 되면서 더욱 유명해졌다. 600년의 역사를 이어오고 있는 이곳은 처음에는 안후이성사람이 많이 이주해 와서 살았기 때문에 안후이성 방언과 풍습 등의 문화가 농후하게 남아있다.

(그림 6-8) 톈진 저우덩기념관

톈진하면 우선 저우덩기념관(周鄧紀念館)을 들 수 있다. 저우언라이와 그의 영원한 혁명동지인 부인 덩잉차오(鄧穎超, 1904-1992) 여사를 기리는 기념관이다. 총리 시절 외교활동을 펼치며 사용했던 전용비행기가 전시되어 있고, 2004년에는 청렴의 표상이었던 등 여사 탄신 100주년 기념전이 열린 바 있다.

웨이진루(衛津路)에 위치한 난카이대학(南開大學) 역시 저우언라이와 관계가 깊은 학교이다. 저우언라이는 청년 시절인 1919년 이곳 난카이대학에서 공부하고 1회 졸업생으로 사회에 진출한다. 당시에 일제 침략에 항거하고 불의에 대항하며, 민중을 자각시키는 활동을 활발히 전개한다. 산둥성 권리가 독일로부터 일본으로 양도되자 열강과 베이징 정부에 대항하여 시위운동을 벌인다. 중국을 차별하는 열강의 무도함을 직시하며, 혁심과 혁신의 정신을 근본으로 운동을 추진하는 각오사(覺悟社) 결성하고 주도하다가 체포되기도 한다.

즉 반외세, 반제국, 반일, 반군벌, 반전통, 반봉건, 민주, 자유, 여성해방 등을 기치로 내건 5.4운동(May 4th Movement)을 주도한 것이다. 우리나라 3.1운동의 영향을 받아 일어난 5.4운동을 기점으로 전통에서 현대사회로 전환이 되었으며, 동시에 신문화운동과 문학혁명운동도 꽃을 피우게 된다.

(그림 6-9) 난카이대학 저우언라이

덩잉차오 역시 톈진 여학교에 부임하여 학생들을 가르치면서, 봉건사상과 습관 속에 자유와 존엄을 빼앗긴 여성들을 해방하는 운동에 앞장선다. 덩잉차오는 중국 개혁을 위해 생애를 바칠 것을 맹세하고, 국공합작 시에 톈진에서 공산당과 국민당의 젊은 여성리더가 된다. 공장과 농촌을 누비며 노예처럼 일하는 여성에게 사회개혁을 외치며, 음지에서 힘을 쓰기도 한다.

덩잉차오는 제국주의 타도를 외치는 그녀를 위험분자로 본 군벌을 피해 톈진을 탈출한 후 저우언라이와 결혼한다. 그리고 그들의 혁명운동은 계속 이어진다. 동지애로 맺은 이 부부에게는 호애(서로 사랑), 호경(서로 존경), 호면(서로 격려), 호위(서로 위로), 호양(서로 양보), 호량(서로 이해), 호조(서로 도움), 호학(서로 배움)이라는 팔호(八好)원칙이 있다고 한다.

그래서 저우 부부는 현재까지도 마오쩌둥과 쑨원과 더불어 중국인이 존경하는 지도자로 기억되고 있다. 난카이대학 교문 앞에는 저우언라이 동상이 세워져 있고, 동상 아래에는 "나는 난카이를 사랑한다.(我是愛南開的)"는 그의 말이 새겨져 있다. 캠퍼스에는 또한 큰 쇠로 만든 학교 종이 있는데, 일본군이 침략하면서 소실된 종을 동문이 일본 침략의 치욕적인 역사를 잊지 않기 위해 모금한 돈으로 다시 제작하였다고 한다. 그들의 역사 인식이 느껴진다.

또 캠퍼스 안에는 대중로(大中路)라는 길이 있다. 김대중 전 대통령의 톈진 방문을 기념하여 명명한 길이라고 한다. 이 길은 바로 한중 교류의 출범과 활성화를 상징적으로 보여주고 있다.

(그림 6-10) 톈진 구불리 만두식당

톈진 시내에는 남시식품가(南市食品街)라는 거리가 있다. 이곳은 음식 박물관이라고 불릴 정도로 중국 전역의 요리가 다 모여있다. 이곳에서는 특산품 십팔가마화(十八街麻花)라는 꽈배기 과자 모양의 톈진 음식을 체험할 수 있다. 이 외에 천진의 대표적인 별미로는 구불리포자(狗不理包子)라는 납작한 만두가 있는데, 일반 만두와는 달리 밀가루 발효법이 달라서 담백하면서도 특색 있는 맛이 난다.

구불리 식당은 원래 주인이 고(高)씨인데, 손님들이 와도 쳐다보지도 않고 만두 빚는 일에만 몰두하자, 손님들이 주인 이름을 고(高)와 비슷한 구(狗)로 바꾸고 손님을 거들떠보지도 않는다는 뜻인 불리(不理)를 붙여 불렀다고 한다. 이후 식당 이름은 손님이 구불리 식당으로 불리게 되었다고 한다. 아이러니하게도 이러한 모욕적인 이름에도 불구하고 구불리 만두식당은 항상 문전성시를 이루고 있다.

근처에는 또한 고문화가(古文化街)와 고루(鼓樓)가 있는데, 각종 민속공예품을 구경하고 살 수 있는 곳이다. 아시아에서 두 번째로 높다고 하는 TV송신탑(電視塔)도 관광거리 중 하나다.

5) 동북 3성의 지리적 위치와 역사

중국 북방문화는 일반적으로 만리장성 북쪽의 대흥안령(大興安嶺)을 기준으로 동과 서로 구분되는 동북과 서북 문화를 가리킨다. 북방 거주 민족은 예로부터 자신들의 언어인 알타이어를 사용하며 농업을 주업으로 하는 한족과는 다른 생활방식인 유목생활을 영위해 나가고 있다.

다수의 조선족이 거주하며, 한국 근대사의 곡절이 얽힌 지역이기도 하다. 동북인은 기질적으로 술을 좋아하고, 친구를 위해 자신을 희생할 정도로 의협심이 강하며, 순박하고 솔직하고 개방적인 편이다.

중국 역사 중에서 북방민족이 중국 전체를 통치했던 시기로는 거란의 요, 여진족의 금, 몽골인의 원, 만주족의 청을 들 수 있다. 이들은 중원문화 못지않게 유구한 역사 속에서 여러 차례 문화의 번영기와 쇠퇴기를 맞으며 북방지역만이 가질 수 있는 독특한 문화 형태를 만들어갔다.

동북 3성은 중국 동북지역의 헤이룽장성(黑龍江省), 지린성(吉林省), 랴오닝성(遼寧省省)을 일컫는다. 이 지역은 과거부터 지리적, 역사적으로 우리와 밀접한 관계가 있는 곳이다. 북한과의 관계가 호전되면 육로를 통해 자동차나 기차로 평양을 거쳐 신의주를 넘어 바로 동북 랴오닝성 단둥으로 들어갈 수 있으며, 단둥에서 다시 북방지역 어디든지 자유롭게 왕래할 수 있게 된다.

고구려의 중심지였던 지안, 발해국의 발원지였던 헤이룽장성의 경박호, 안중근 의사가 이토 히로부미를 살해했던 하얼빈 그리고 옥사했던 다롄의 뤼순 등지를 육로로 갈 수 있다는 것은 단지 희망사항이 아닐 수도 있다.

최근 동북 3성에 대한 기대와 희망은 비단 우리뿐만이 아니라 중국 내에서도 활발하게 일어나고 있다. 1949년 중화인민공화국 건국 후, 동북 3성은 석유, 석탄 등 풍부한 지하자원과 철강 조선 등 중공업의 발달이라는 호재를 바탕으로 급격한 발전을 이루어왔다. 2003년 후진타오 정권이 출범하면서 지역균형발전전략의 일환으로 '동북 3성 진흥' 정책을 추진하며 선진기술도입과 경쟁력 있는 신흥 산업기지로의 도약을 목표로 동북지역 경제에 새로운 성장 계기를 마련하기도 하였다.

(그림 6-11) 하얼빈 안중근의사기념관

(그림 6-12) 하얼빈 러시아풍 성당

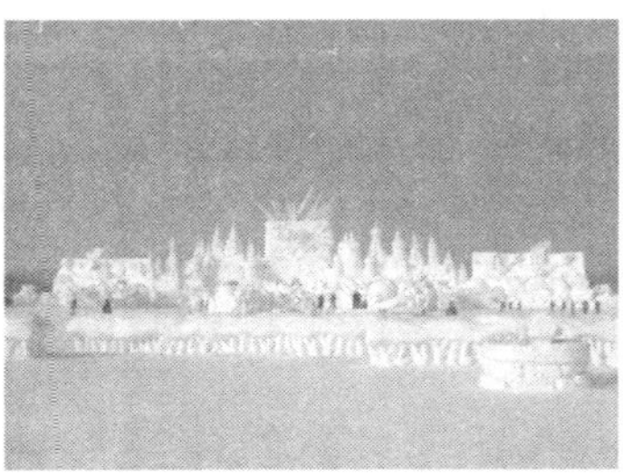

(그림 6-13) 하얼빈 빙설제

하지만 1990년대 이후 자원 고갈과 노후 설비 등의 문제로 인해 중국 내 대표적인 경제낙후 지역으로 전락한다. 최근 북중 정상회담, 한중일 자유무역구 추진과 같은 호재가 동북 3성 경제발전과 각 도시에 커다란 발전 기회를 가져올 것으로 기대되면서 이곳의 주요 4개 도시인 다롄, 선양, 하얼빈, 창춘 지방정부가 발 빠르게 도시계획을 재조정하며 새로운 발전 기회를 모색 중이다.

헤이룽장은 러시아, 몽골과 접경지역인 북동부에 위치한다. 인구는 3,700만 명이고 성도는 만주어로 '그물을 말리는 곳'이라는 뜻의 하얼빈(哈爾賓)이다. 민족은 한족 외에 조선족을 비롯하여 만저우족·후이족·몽골족·어룬춘족 등 소수민족이 많이 거주한다. 겨울에 열리는 하얼빈의 빙등축제와 빙설축제가 유명하며, 모래섬인 태양도, 얼음조각전을 볼 수 있는 조린공원, 하얼빈 구역사와 신역사, 교통 요지인 무단장 등이 둘러볼 만하다.

지린성은 러시아·북한과 접해있고, 성도는 창춘(長春)이다. 인구는 약 2,500만 명이며, 한족 외에 조선족·만저우족·몽골족 등이 거주하고 있다. 역사적으로는 옛날 숙신족의 거처였고, 한대에는 부여, 당대에는 발해, 명대에는 여진족의 중심지였다. 지린성 창춘은 1931년에는 일본 제국주의가 만주괴뢰국을 세우기도 하였다. 창춘에는 중국 산타나(Santana) 자동차공장, 마지막 황제 푸이가 살던 만주국 황궁, 영화제작소인 창춘영화성 등이 있다.

지린성 옌볜(延邊) 조선족자치주의 주도는 옌지(延吉)로서, 조선족의 60%가 이곳에 거주하고 있다. 백두산, 두만강 투먼, 윤동주묘와 혜란강, 일송정이 있는 룽징 등이 있다. 특히 고구려의 옛 수도인 국내성(광개토대왕비·장군총·국내성터·환도산성·고구려무덤군)이 있는 지안도 가볼 만하다.

랴오닝성은 동북지역의 남단에 위치하고, 인구는 4,200만 명이다. 성도 선양(瀋陽)은 중국에서 5번째로 큰 도시이자 최대 중공업 도시이다. 랴오닝성박물관·고궁·중산광장 등이 가볼 만하다.

다롄(大連)은 랴오닝성 최남단에 위치한 해양성 기후의 항구도시이자 대외무역항이다. 다이아몬드 매장량이 전국 1위이

(그림 6-14) 선양 고궁

며, 성해공원·노호탄공원 등이 가볼 만하다.

(그림 6-15) 다롄 십거리로타리

다롄은 100년이 넘는 건물들과 최신 고층빌딩들이 조화롭게 공존하는 도시이다. 아주 오래된 전차가 시내 한복판을 천천히 오가는 동시에 한쪽에서는 고속 지상철이 빠르게 질주한다. 과거와 현재의 공존은 간선도로인 중산로에 있는 중산광장의 십거리로터리를 봐도 알 수 있다. 로터리로 향한 길이 10개나 된다. 과거에 만들어진 옛 건물들을 그대로 보존하면서 그 뒤로 현대식 건물을 지었기 때문에 과거의 길 열 개가 그대로 보존되어 있다. 서울 테헤란로 같은 길도 있고, 오래된 러시아나 일본식 건물로 빼곡한 거리도 있다. 과거에 일본에 이어 러시아가 점령하였고 그 후 다시 일본이 재점령했던 역사 배경을 생각하면 이해할 수 있는 풍경이다.

또한 동북지역은 앞서 언급한 티베트의 서남공정, 신장위구르의 역사 재편 작업인 서북공정과 더불어 고구려의 역사를 중국의 지방정권으로 편입한 동북공정 프로젝트가 추진되고 있는 곳이기도 하다. 한족 이외의 민족이나 역사에 대해 오직 '하나의 중국'만을 주장하는 중국 중앙정부의 역사 정책 앞에서 동북 3성이 가진 과거의 역사적 의미를 곰곰이 새겨보아야 할 것이다.

6) 동북지방, 또 다른 신화와 역사 연관성

신화 속에서 역사의 발자취를 찾아볼 수 있는 예를 하나 더 살펴보자. 중원지역 동북쪽에서 세력이 왕성했던 만저우족의 시조신화 관련 이야기 중에 애신각라 포고리옹순 고사 내용이 나온다.

> 처음에 하늘의 세 선녀가 내려와 장백산 동쪽 물가에서 목욕을 하였다. 큰언니 은고륜, 둘째 정고륜, 막내 불고륜이었다. 목욕 후 물가로 나오니, 신작(神鵲)이 붉은 과일(朱果) 하나를 물어다가 불고륜의 옷 위에 떨어뜨렸는데 색깔이 너무 고와 차마 손에 내려놓지 못하고 입에 물었다. 옷을 입다가 그 과일이 뱃속으로 들어간 후 감응으로 임신을 하였고, 한 남자아이를 낳았는데 말을 잘 했고 금방 성장하였다. 불고륜은 포고리에게 세상을 다스리라고 말하고는 포고리를 배를 천지에 놓고 배 안에 그를 앉혀놓았다… 포고리는 지상에 올라와 버들가지와 쑥을 잘라 방석을 만들어 그 위에 앉았다.

애신각라 포고리옹순 고사는 어디서 많이 들어 본 느낌이 들 것이다. 이 고사는 전체적으로 우리나라 유화(柳花)와 주몽 고사와 흡사하다. 장백산과 천지는 유화가 노닐던 압록강과 같은 지역이고, 포고리의 버들가지 방석은 유화(柳花)와 상응하며, 불고륜이 여러 자매와 강에서 목욕하다가 주과의 감응으로 임신하는 장면은 유화가 여러 자매와 목욕하다가 태양 감응으로 임신하는 장면과 유사하다.

이와 함께 만저우족 사극사 고사에서 사극사은도리가 태어날 때 입술이 뾰족하고 깃털이 등에 덮여있는 모습은 새 부리 모양의 입술을 가진 혁거세 부인 알영과 긴 입술을 가진 주몽 어머니의 모습과도 거의 비슷하다.

한편 몽골족 영웅 장가르 고사에서 죽은 자의 살을 만들고 깨워 살린다는 이야기는 우리나라 무가(巫歌)에서 바리공주가 꽃잎으로 부모의 뼈에 살을 붙이는 샤머니즘적 재생 모티프와 동일하다. 이 밖에, 허저족, 어룬춘족 등 북방 소수민족들의 신화고사에서 우리나라 고사와의 유사성이 많이 발견되기도 한다. 이처럼 신화 비교를 통해 역사의 밀접성과 민족 간 친연성을 확인할 수 있다.

7) 홍산(紅山)문화

홍산문화는 중국 네이멍구와 랴오닝성 서쪽의 신석기시대의 고고문화를 가리키며 기원전 5,000년부터 기원전 3,000년 전까지의 기간 사이에 존재하였다. 최초에는 네이멍구 츠펑(赤峰)시에서 발견이 되었는데, 후에 시간이 지나면서 발굴 작업성과도 늘어나자 점차 타 문화와는 또 다른 성격의 고고학문화를 형성하고 있음을 발견하고, 결국 처음 발견된 곳의 이름을 따서 홍산문화라고 칭하게 되었다.

2천여 년간의 긴 시간 속에서 홍산의 초기 사람들은 '울타리를 치고 길을 만들고 집을 지으면서' 산림을 개척하였다. 조건이 극히 열악한 환경 속에서 생존을 위해 자연과 끊임없이 투쟁하면서, 먹을 것을 찾아 배를 채우곤 했다. 하지만 이러한 조건 속에서도 홍산 사람은 휘황찬란한 고대문화를 창조해냈다.

네이멍구자치구의 동남부, 랴오닝성의 동남부, 랴오닝성의 서부 지역 도처에 홍산문화의 유적과 묘지가 촘촘하게 분포되어있다. 홍산문화는 그 전 단계인 랴오닝성 북부의 신락문화(기원전 8,000년)

와 홍산문화 후기 단계인 하가점문화(기원전 1,500년)와 함께 요하(遼河)문명에 속한다.

홍산문화는 1919년 스웨덴 안데르손이 처음 발견하였고 이후 프랑스인 리쌍 등이 여러 유적지를 발견하면서 학계에 알려졌으며, 이후 신석기문화유적이 추가로 확인되었다. 1973년 홍산문화 석관묘에서 옥기가 발견되고, 1979년 커쭤 둥산쥐 등에서 제사 터인 제단과 여신상이 발견되었으며, 1981년 뉴량허유적에서 건물터와 적석총 등이 발견되었다. 후터우거우에서도 다량의 묘군이 발견되었다. 이에 그동안의 황하 중심의 일원적 문명기원론에 대해 비판적 시각으로 바라보면서, 문명 발생의 다원성과 지역문화의 다양성을 주장하기 시작하였다.

특히 유적에서 문명문화가 시작되는 문턱 단계인 모계사회의 흔적이 발견되고 소수 지도층만이 지닐 수 있는 옥기와 적석총이 발견된 점은 황하문명과는 다른 새로운 문명이나 문화권이 형성된 것으로도 평가할 수 있다.

(그림 6-16) 홍산문화 유물

홍산문화의 수많은 유물 중 가장 걸출한 유물은 당연히 '홍산옥기'라고 할 수 있다. 네이멍구 웅뉴터, 츠펑, 아오한 등지에서 발견된 옥기는 그 모양이나 형식이 새롭고, 조형이 생동감 있으며, 정교하고 아름다워서 동 시기의 수많은 원시문화 중에서 독보적이라 칭할 수 있다.

홍산문화 후기에 나온 하가점문화

중 네이멍구 츠펑시에서 발견된 석성의 축성형식이 고구려 축성형식과 유사하며, 고조선의 상징적이고 대표적인 유물인 비파형 동검이 많이 발견된 사실에 미루어 홍산문화와 고조선의 깊은 관계성을 주목하는 시각도 있다.

베이징과 동북 3성의 역사와 북방문화에 대해 살펴보았다. 이어서 안후이성, 후베이성에 대해 학습하면서 중국문화의 다양성에 대해 좀 더 알아보고자 한다.

보충설명

• **경극 (Peking Opera)**

경극(Peking Opera)은 우리의 판소리나 일본의 가부키처럼 중국의 종합공연문화예술을 대표하는 오페라의 일종이다. 영어 명칭은 남방 발음의 영향으로 베이징 대신 페킹으로 발음한다. 그 기원은 원곡과 명청 전기까지 거슬러 올라간다.

청나라 건륭황제가 80세 생일 때 지방희 중 안후이성 휘극(徽剧)과 장쑤성 곤곡(崑曲), 후베이성 한극(漢劇) 및 쓰촨성 진강(秦腔)에 베이징 궁실극과 민간극을 조화시키고 현지 언어와 풍습을 결합하여 창작해 낸 극이다. 따라서 경극 형성에는 안후이성 등과 밀접한 관련이 있다.

(그림 6-17) 경극 장면

경극에서 배우의 역할이 엄격하게 규정되어 있는데, 경극 배우들은 어린 나이에 수련을 시작하여 일찍부터 자신의 배역이 정해진다. 입문 때부터 생(生), 단(旦), 정(淨, 호걸 · 악한), 말(末), 축(丑)으로 엄격하게 구별된다.

생은 남자가 배역을 맡고 단은 여자가 배역을 맡는다. 정은 검보(脸谱) 즉 얼굴에 분장을 한 역을 말하는데, 호방한 인물은 검은색과 수염을 달고 사나운 인물은 청색이나 흰색을 쓴다. 말은 노생과 같은 차역을 말하고, 축은 성격이 활발한 어릿광대를 말한다.

일반적으로 두세 시간의 장편으로, 극적인 요소가 많이 등장한다. 배우들은 강과 창으로 연출하며, 무용 등 상징적 동작으로 표현하기도 한다. 경극 반주는 피리 같은 관악기, 얼후 같은 현악기, 나고 같은 타악기로 리듬과 분위기를 조절한다.

경극은 중국 전역에서 폭넓게 공연되고 있다. 특히 베이징(北京)과 톈진(天津) 그리고 상하이(上海)가 경극의 중심지가 되고 있다. 경극에서 사용하는 대사는 주로 베이징 지역의 방언을 사용하고 있으며, 극본은 형태와 리듬을 중요하게 여겨 엄격한 규율에 따라 쓰인다. 내용은 역사와 정치, 사회와 일상생활에 관한 이야기가 주를 이루며, 즐거움과 교훈을 줄 수 있는 이야기를 담고 있다. 대표 작품으로는 「백사전」, 「료천궁」, 「패왕별희」 등이 있다.

● 만리장성과 「맹강녀(孟姜女)」 고사

「맹강녀(孟姜女)」 고사는 중국 4대 민간고사 중 하나다. 이 고사는 만리장성을 소재로 한 이야기로서 내용은 다음과 같다.

진시황이 천하를 통일하고 외족의 침입을 막고자 만리장성을 쌓았다. 그런데 만리장성이 무너지자 대책을 강구하면서, 맹강녀의 남편인 범기량을 장성에 함께 매장하면 장성이 무너지지 않는다는 소문을 듣는다. 이에 진시황은 범기량을 노무자 명목으로 차출하여 장성 아래 다른 죄수들과 함께 매장하였다. 영문도 모르고 하염없이 남편을 기다리던 부인 맹강녀는 겨울이 되자 남편을 위해 겨울옷을 만들어 장성 공사현장으로 찾아갔다. 여기서 남편의 생매장 소식을 접한 맹강녀는 며칠간 대성통곡을 하였고, 이에 만리장성이 무너져 내리면서 장성 속에 매장된 수많은 유골이 모습을 드러냈다. 맹강녀는 유골 중에서 자신의 남편 유골을 찾기 위해 꾀를 낸다. 남편의 유골은 내가 흘린 눈물이 흘러들 것으로 생각한 그녀는 유골 하나하나 뒤지기 시작했고 마침내 유골을 찾아내 고향으로 돌아가 장례를 치렀다.

• 베이징환구조

베이징은 전역이 환로(環路)라고 일컬어지는 고리 구조로 이루어져 있다. 일(一)환로, 이(二)환로, 삼(三)환로, 사환로, 오환로, 육환로 등 총 7개의 환로가 있다. 그중 칠환로는 '베이징외곽순환고속도로(大外環高速公路)라 불리며, 길이는 총 940km이고, 그중 890km가 허베이(河北)지역에 속해있다. 수도지역순환고속도로(首都地區環線高速公路) 중 퉁저우(通州)에서 다싱(大興) 구간은 2018년 8월 20일에 전 구간이 개통되어 베이징의 원활한 교통을 확보하고 있다.

베이징 전 지역이 일환로부터 칠환로까지 7개의 환로로 이루어졌다고 하지만, 실제로 베이징에서 통용되는 환로 주소에 일환은 존재하지 않는다. 그렇다면 일환로는 어디를 지칭하는 것인가? 일환로에 대한 견해는 첫째, 1921년 건설된 베이징 최초의 궤도전차 노선에서 명명되었다는 설이다. 1920년 베이징이 교통을 개선하기 위하여 톈안먼에서 시작하여 서쪽으로 시단(西單), 북쪽으로 핑안리(현재의 平安大道), 동쪽으로 디안먼(地安門), 북쪽으로 구러우(鼓樓), 다시 동쪽으로 자오다오커우(交道口)에서 베이신차오(北新橋)까지, 남쪽으로 둥쓰(東四)를 거쳐 둥단(東單)까지, 서쪽으로 톈안먼 앞까지 총 17km의 첫 번째 전차궤도 환형로를 건설했고, 1950년대 철거하였다.

하지만 이 길은 여전히 환형로로 칭해졌다. 후에 자금성 벽을 따라 또 다른 환형철도를 건설하였지만, 베이징 성벽을 허물면서 이 철도는 사라지게 되었고, 원 베이징의 옛 성벽이 있던 곳에 새로운 환형도로를 건설하면서 이미 있는 환형로의 명칭을 피하고자 새로운 환형로를 이환로라고 명명하였다. 즉, 일환로를 과거의 전차노선이라고 보는 견해이다.

둘째는, 명나라 때 자금성을 축조하면서 자금성을 둘러싼 주변을 일환로로 보는 견해이다. 셋째는, 삼환로가 먼저 건설되고, 그다음에 이환로가 건설되어 졌고, 일환로는 원래 없다는 견해이다. 베이징의 도로 건설역사를 살펴보면 1950년 삼환로가 처음으로 건설되었다. 당시에 삼환로는 북환로, 동환로, 남환로를 통칭하여 삼환로라고 칭하였다. 그 후 1970년대 초기에 이환로가 건설되었고 일환로는 애초에 존재하지 않았다는 견해이다.

대체로 중국인 사이에는 자금성 부근을 일환로로 인지하는 견해가 많다. 이환로는 중국의 월 스트리트라는 명칭을 가질 만큼 은행을 비롯한 금융의 중심지로 유명하다. 특히 이환로의 땅값은 상상을 초월할 만큼 비싸기로 유명하다. 이환로와 삼환로에는 베이징대학교와 칭화대학교를 비롯한 중국 유명한 대학이 자리하고 있으며, 학원로(学院路)가 위치한다. 오환로와 육환로는 교통의 원활한 소통을 위한 고속도로가 많이 건설돼 있다. 베이징의 수도공항도 육환로에 위치한다.

• 자장면과 베이징

자장면은 중국 전통 특색을 지닌 면 음식으로, 최초에 베이징에서 기원한 음식이다. 후에 주변 산둥 지방에 전파되면서 산둥요리(魯菜)가 되었다. 하지만 황하 남북지역으로 전파되면서부터는 중국 10대 면요리(中國十大麵條) 중 하나라는 영예를 얻게 된다.

이때부터 자장면은 베이징, 산둥성, 톈진, 허베이성, 랴오닝성, 지린성 등 북방지역에 유행하면서, 채소 고명과 자장을 면과 비벼서 먹기 시작하였다.

조리법은 우선 오이, 참죽나무, 콩나물, 푸른 콩, 노란 콩을 채로 썰거나 잘 삶은 후에 면에 올릴 고명으로 준비해둔다. 다음으로 자장을 만드는데, 잘게 썬 고기와 파, 생강을 기름에 볶은 후에 노란 콩으로 빚은 황장 또는 밀가루로 빚은 첨면장을 풀어 넣어 함께 볶아서 자장을 완성한다. 다음으로 면을 푹 삶은 후, 그 위에 자장을 끼얹은 후, 채소 고명을 얹으면 자장면이 완성된다.

(그림 6-18) 베이징 왕푸징 자장면집

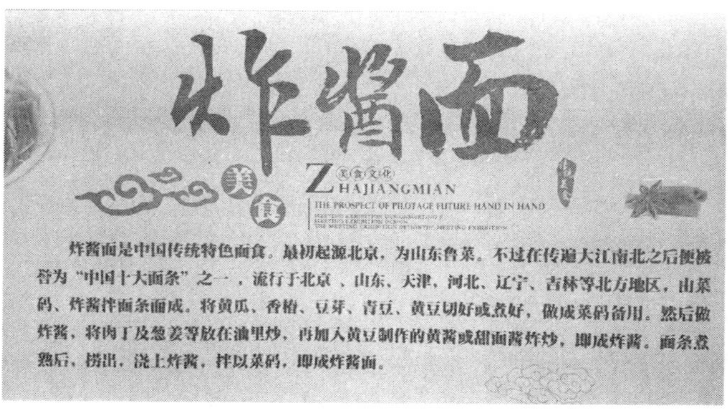

(그림 6-19) 자장면 유래

● **교통문화 - 열차**

개혁개방정책 실시 이후, 중국사회의 변화와 고속성장을 상징적으로 보여주는 것이 바로 중국 고속철의 보편화이다. 이제는 거의 어디서나 시속 300km가 넘는 속도로 달리는 허셰하오(和諧号) 둥처(動車)를 이용할 수 있다. 둥처는 수송과 유통의 혁명으로서, 중국의 변화에 속도감을 더해 주고 있다.

현재 수백조 원의 자금을 투자하면서 충칭-쿤밍과 청두-라싸 노선 철길을 건설하는 등 전국 고속철도망 확충에 애를 쓰고 있다. 하이퍼루프라는 진공터널에서 자기부상열차를 음속에 가까운 시속 1,224km로 운행하는 차세대 이동수단도 건설 예정이다.

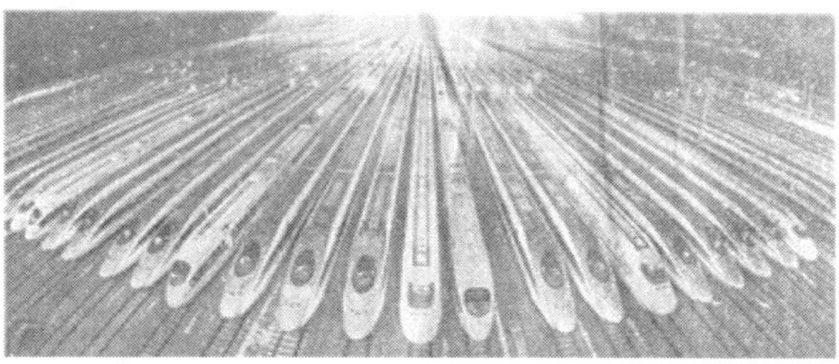

(그림 6-20) 중국 고속철

(그림 6-21) 상하이 고속철 역사

예전에는 상하이에서 샤먼까지 가려면, 또는 베이징에서 시안까지 가려면 저녁에 기차에 올라 침대칸(軟臥, 硬臥)에서 하루를 보내고, 다음날 낮에까지 탔는데, 지금은 아침에 타면 오후에 내려 당일로 여행을 할 수 있다. 좌석마다 우리나라 SRT처럼 충전 콘센트가 있어서 편리하다. 헤이룽장성 하얼빈에서 랴오닝성 선양까지도 서너 시간이면 갈 수 있다. 도시마다 건설된 최신 고속철 역은 시설도 훌륭하지만 엄청난 승객 수요에 맞추었기 때문에 그 규모도 상당히 크다.

고속철은 편리하기는 하지만, 시간에 촉급하지 않다면 기존 일반 기차를 타고 다니는 중국여행도 묘미가 있다. 시짱 라싸에서 칭하이성과 간쑤성, 시안을 거쳐 가는 열차는 험준한 산과 고원을 통과해야 하기에, 아직은 고속철이 없고 일반 열차인 칭짱열차(青藏列車)를 타야 한다. 라싸에서 시안까지는 30시간을 타고 가야 하지만, 열차 내부에는 산소 공급기도 있고 침대칸도 있으며, 칭짱고원에 펼쳐진 아름다운 자연경관을 보며 갈 수 있기에 나름대로 이국적인 여행의 맛을 느낄 수 있다.

고속철과 둥처의 열차표는 G나 D로 표시를 하고, 일반 열차표는 T, K 등으로 표시한다. 일반 기차의 좌석은 가격이 저렴한 잉쭤(硬座)와 조금 비싼 롼쭤(軟座) 두 종류가 있는데, 아무래도 후자가 편리하다. 노선에 따라 이층열차도 있고 침대차도 있다. 침대차의 경우 값이 싼 잉워(硬臥)와 비싼 롼워(軟臥)가 있는데, 롼워 내에서도 4인 1실과 2인 1실 두 종류가 있다.

표를 구매할 때 여권이나 신분증을 보여준다. 이는 표에 이름과 신분증 번호를 표기하여 역내 또는 열차 내로 들어갈 때 다시 신분증과 대조함으로써 테러나 사고 방지를 미연에 방지하기 위함이다.

중국 열차에는 대부분 식당 칸이 있어서 중간에 이 칸에 들러 식사도 하고 담소도 나눌 수 있으며, 도시락 카트를 이용할 수도 있다. 고속철의 경우에는 아침에 차를 탄 후 식단메뉴를 보고 예약 주문하면, 식사 때

음식이 편리하게 좌석까지 배달된다. 열차 내에는 뜨거운 물이 비치되어, 차를 마시거나 컵라면 먹는 것을 좋아하는 중국인여행객의 기호에 맞추고 있다.

질의응답

① 베이징은 중국의 과거, 현재, 미래가 존재하는 곳이라고 하는데, 이 부분을 어떤 모습을 통해 알 수 있는지요?

베이징은 수도이자 중국의 상징적인 도시죠. 현재 베이징의 모습은 그 시선을 어디에 두느냐에 따라 과거, 현재, 그리고 미래까지 볼 수 있는 곳이죠. 만리장성, 자금성 등 수많은 유산과 유적은 현재를 살아가고 있는 베이징에서 언제든지 과거를 향유할 수 있는 곳입니다.

베이징은 800년이라는 긴 시간 동안 수도의 자리를 굳건히 지키고 있는 중국 최대의 도시인데요. 긴 시간 동안 많은 변화를 거쳐 현재의 모습을 갖추고 발전을 꾀하고 있죠. 과거에 역사 고도로써 문화재와 유산을 보존하며 정치도시로서의 면모를 중시했다면, 현재는 자연생태와 문화생태의 친환경적인 도시로 거듭나기 위해 노력하고 있죠. 대표적인 예가 공장이 즐비했던 낙후된 지역을 문화마을로 탈바꿈시킨 789 문화거리죠.

반면에 창핑구(昌平區)에 위치한 '미래과기성(未來科技城)'만 보아도 과학기술로 미래를 준비하는 중국의 모습을 볼 수 있죠. 베이징의 미래를 단지 과학기술 발전만으로 예측하는 데는 한계가 존재할 것인데요. 중국은 공산당 일당의 정책이 곧 나라의 정책이기 때문에 공산당의 단기적 미래 정책을 이해하면 좀 더 구체적으로 베이징 더 나아가 중국의 미래를 이해할 수 있죠.

근시적인 계획으로는 시진핑(習近平) 중국 국가주석이 2012년 18차 당대회에서 총서기에 오른 직후 국가부강, 강군, 민족부흥, 인민행복을 내세운 중국몽(中國夢)을 언급할 수 있는데요. 주 내용은 과거 세계의 중심 역할을 했던 전통 중국의 영광을 21세기에 되살리겠다는 의미로, 경제와 군사 패권의 강화 등을 추진하는 중국의 전략을 의미하죠.

시 주석은 2017년 전당대회에서도 중국몽을 서른두 차례나 언급하며 2050년까지 세계 최강국으로 우뚝 서겠다는 목표를 제시했고요. 또한 중국몽을 실현하는 구체적인 두 가지 방법을 제시했는데, 하나는 중국공산당 창당 100주년이 되는 해, 즉 2021년에 전면적인 소강사회를 건설하는 것이며, 둘째는 중화인민공화국 건국 100주년이 되는 해, 즉 2049년에 사회주의 현대화를 완성하는 것이죠.

이와 함께 사개전면(四個全面)도 주창했는데요. 첫 번째 전면적인 소강사회 건설은 2012년 제18차 공산당 전국대표대회에서, 두 번째 전면적인 개혁심화는 2013년, 세 번째 전면적인 의법치국과 전면적인 당 건설은 2014년에 제시한 후, 이를 종합하여 2015년 사개전면으로 이론화하였죠.

중국몽과 사개전면을 바탕으로 완성한 '시진핑 신시대 중국특색 사회주의 사상'은 당장과 헌법 총칙에 삽입되죠. 이 사상은 전면적인 초요사회(복지국가) 실현, 중화민족의 위대한 부흥, 세계 일류 군대 건설, 공산당의 지도 역량 강화, 사회주의 법치체계 수립, 사회주의의 현대화, 신형 국제관계 구축을 핵심 내용으로 하죠.

중산층사회(소강사회)의 건설, 사회주의 현대화, 사회주의 강국,

강군, 민족부흥, 인민행복이라는 중국몽이 그대로 배어있고요. 의법치국을 강조하면서도 당 중앙의 권위를 수호하며, 사회주의 현대화와 함께 중산층사회 건설(샤오캉)이라는 사개전면도 반영되어 있죠. 상대국을 존중하고 평등 협상에 임하고 내정간섭을 반대하지만 국가 이익이 침해받을 때는 적극적으로 나선다는 의지가 담겨있으며, 자유경쟁과 사유재산을 보장하면서도 사회주의 분배제도를 견지한다는 점도 강조하고 있습니다.

한편 중국이 명운을 건 10대 핵심 산업 육성프로젝트인 '중국제조 2025'를 발표했는데요. 여기에는 고성능 의료기기, 바이오 신약 기술, 반도체, 통신장비, 항공우주 관련 제품이 다수 포함되죠. '중국제조 2025'는 중국 국무원이 제조업 체질 개선과 첨단산업 육성을 위해 내놓은 경제발전 전략으로 향후 30년간 3단계에 걸쳐 중국 제조업의 고도화를 추진함으로써 제조 산업을 통한 초강국 지향이라는 내용을 담고 있습니다.

1단계(2015~2025년)는 미국·독일·일본·한국 등과 같은 글로벌 제조 강국 대열에 진입하고, 2025년까지 핵심 기술과 부품 및 소재의 자급화를 이루겠다는 것이고요. 2단계(2026~2035년)는 글로벌 제조 강국 내 중간 수준을 확보하는 것이고, 3단계(2036~2045년)는 제조 강국 중 최선두로 나서는 것이죠. 차세대 정보기술(IT)과 항공우주, 선박, 철도, 전기차, 로봇 등 10대 전략산업도 첨단산업 육성으로 새 먹거리를 창출하는 게 시급해진 것이죠.

이렇듯 과거 경제발전을 통해 따뜻하게 입고 배부르게 먹는 것을 중시한 '원바오(温飽)'를 외치던 중국은 현재 14억 중국인들의 기본적인 의식주를 해결하고 생활 수준을 향상하는 '소강사회' 건설을 거쳐, 부강, 민주, 문명, 조화가 이루어진 '대동사회'를 건설한다는 야심 찬 미래계획을 선보이고 있죠.

베이징은 시각적으로도 과거, 현재, 미래가 존재하는 곳이지만, 그 속을 살펴보면 과거, 현재, 미래의 큰 흐름을 읽을 수 있는 곳이기도 합니다.

② 시진핑 특구로 불리는 슝안신구는 선전특구, 상하이 푸둥신구에 이은 세 번째 국가급 경제특구라고 하는데 왜 슝안신구를 만들게 되었는지요?

지리적으로 베이징, 톈진, 허베이를 잇는 중심라인에 위치하고 있어서 3개 지역의 공동발전을 도모할 수 있고, 베이징에서 100km 정도 떨어져 베이징의 수도 기능을 분산할 수 있는 위치라는 점이 주된 이유죠. 2017년 4월 슝안신구 건설이 발표된 후, 1단계로 교통망과 인프라를 구축하고 있고요. 2018년 2월 베이징과 슝안신구를 잇는 도시간 철도 건설이 착공되었으며, 2019년 1월 농업은행, 공상은행, 차이나모바일, 차이나유니콤, 바이두, 알리바바 등 주요기업들이 입주했죠.

③ 동북 3성은 고구려의 역사를 중국의 지방정권으로 편입한 동북공정 프로젝트가 추진되고 있는 곳이라고 알고 있는데요. 기타 서남공정과 서북공정에 대해 간략한 설명을 듣고 싶습니다.

중국은 다민족 국가 형태를 유지하고 있는데요. 하지만 한족이 다수인 관계로 과거부터 한족 중심의 중화사상이 지배적인 사상으로 자리잡았죠. 이러한 중화사상으로 인해 한족과 소수민족은 적지 않은 문제로 갈등을 일으켰는데요. 중국당국은 이러한 문제들을 근원적으로 해결하기 위하여 소수민족의 역사를 한족의 역사 안에 포함하여 통일된 역사를 만들려는 역사 왜곡 프로젝트를 추진해왔죠.

그 예가 1986년 덩샤오핑의 지시로 티베트 역사왜곡 프로젝트인 서남공정과 2002년 신장 위구르족의 분리독립을 사전에 차단하기 위해 실시하는 서북공정이 진행되었죠.

중국당국은 중국사회과학원(中國社會科學院) 산하 변강사지연구중심(邊疆史地硏究中心)을 설치하고 7세기부터 독립국가 상태로 당나라 시절 중앙아시아에서 그 당당함을 펼치던 티베트의 역사를 중국의 지방정부로 왜곡하는 것을 주 내용으로 하는 서남공정을 추진하였죠. 그 과정에서 한족과 티베트인은 문화와 언어의 뿌리가 같다는 '한장동원론(漢藏同源論)'을 주장하고 있죠.

(그림 6-22) 중국사회과학원

서북공정은 중국당국이 서북쪽 위구르지역이 중화문명권이라 주장하며, 기원전 60년에 한나라가 신장에 서역도호부(西域都護府)를 설치하고 역대로 중국이 신장지역을 군사적, 정치적으로 통치했다고 하며 신장의 영토소유권을 주장하고 있죠. 동시에 그 역사는 당연히 중국사 일부라고도 주장하고 있고요.

④ 우리나라처럼 중국의 춘절에도 고향으로 가려는 사람들로 인한 교통 혼잡이 심하나요?

(그림 6-23) 거리를 가득 메운 차량 행렬

14억이 넘는 인구를 가진 중국은 춘절 때 우리나라의 경우보다 교통혼잡 현상이 훨씬 심하죠. 특히 중국의 춘절은 약 2주일 정도의 긴 휴일이라 많은 중국인이 고향으로 가서 명절을 보내고자 하기 때문에 더욱 그렇죠. 물론 농촌 사람들은 거의 한 달간 휴일을 즐기죠. 이 기간은 춘운기간(春運期間), 즉 춘절 운송 특별기간이라는 표현을 쓸 정도로 교통이 매우 혼잡합니다.

2. 안후이성, 후베이성의 문화 이모저모

여기서는 중국문화를 좀 더 깊게 이해하기 위해서 중국 동부 지역인 안후이성과 후베이성으로 그 시선을 돌려보고자 한다.

1) 안후이성 지리와 사람, 황산, 황메이시

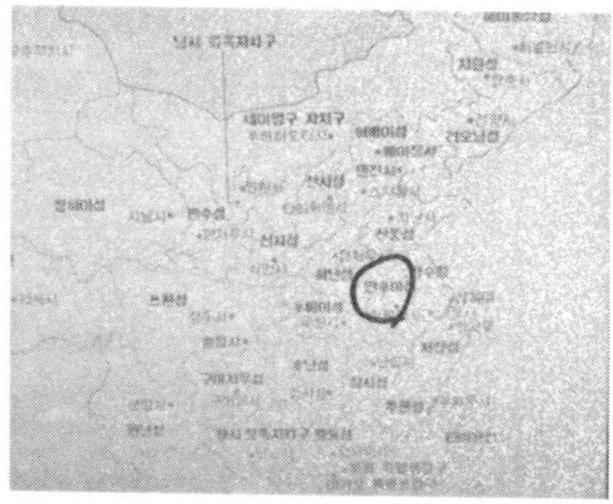

안후이성은 중국의 동쪽, 양자강 중하류 지역에 위치하며, 약칭은 환(皖)이다. 고대에는 회이(淮夷)라고도 불렸으며 2,000년 이상의 역사를 지닌 고도이기도 하다. 청나라 강희 6년(1667)에 행정구역 '성(省)'이 만들어졌으며, 이때 안경부(安慶府)와 휘주부(徽州府)의 각 첫 글자를 따서 안후이(安徽)로 명명하였다.

인구의 90% 이상이 곡식과 면화 등 농업에 종사하며, 황산 모봉차(毛峰茶) 등 중국 10대 명차 중 네 종류가 안후이성에서 생산될 정도로 유명한 차 재배지이기도 하다.

동쪽으로 장쑤성, 저장성과 인접하고, 서쪽으로 후베이성, 허난성 남쪽으로는 장시성과 연결되고 북쪽으로는 산둥성에 인접하고 있다. 지세가 복잡 다양하고, 산지와 구릉 및 평원이 남북으로 걸쳐 있으며, 서남이 높고 동북이 낮은 지세를 갖추고 있다. 안후이성을 관통하는 양자강과 회하(淮河)를 기준으로 회북평원(淮北平原), 강회구릉(江淮丘陵), 환남산지(皖南群峰) 등 3개의 자연 지역으로 나뉜다.

회북평원은 지세가 평탄하고 멀리 펼쳐졌으며, 강회구릉은 서쪽에 높은 산맥이 뻗었고 동쪽은 구릉이며 호수가 많고 기름진 경작지가 광활하게 펼쳐져 있다. 환남산지에는 대별산, 황산, 구화산, 천주산과 같은 최고 해발 1,860m에 이르는 대형 산맥이 뻗어있어서 빼어난 자연경관이 펼쳐진다.

안후이성은 우월한 자연조건으로 인해 토지, 광산, 수자원 및 동식물 자원이 풍부하며, 풍부한 생물자원은 중국 8대 요리계통의 하나인 휘(徽)요리를 탄생시키는 중요한 배경이 되기도 하였다. 휘 요리의 특징은 향신료와 볶는 조리법을 적게 사용하고, 기름과 불의 세기, 그리고 색깔을 중시하며, 중국의 의식동원(醫食同源, 음식과 의약은 본래 그 뿌리가 하나) 전통을 계승하고 있다.

또한 식재료 본연의 맛을 유지할 수 있는, 고우고 푹 삶고 찌는 등의 조리법을 잘 사용하여 소박하고 우아하며 깔끔하고 진한 맛을 내는 것이 특징이다. 돼지고기를 피에 싸 먹는 징장러우쓰(京醬肉絲)는 우리 입맛에 맞는 대표적인 휘 요리 중 하나다.

다양한 자연환경이 안후이성사람에게 풍족한 생활을 제공하였다면, 여러 성과 맞닿은 유리한 지리적 입지조건은 사람들이 장사에 능할 수 있는 환경을 제공했다고 할 수 있다. 안후이성 최대의 상인 집단인 휘상(徽商)의 탄생과 "안휘성사람이 없으면 도시가 안 생기고 안휘성 사람이 없으면 장사가 되지 않는다.(無徽不城鎮，無徽不成商)"라는 말은 장사에 뛰어난 안후이성사람을 잘 묘사하고 있다.

안후이성은 다른 성과의 지리적인 교차지역이기도 하지만 문화적인 교차지역이기도 하다. 안후이성의 '황매극'은 중국 5대 지방극 중 하나로써 베이징의 경극(京劇), 동북지방의 평극(評劇), 저장성의 월극(越劇), 허난성의 예극(豫劇) 등과 함께 많은 사람의 사랑을 받고 있다. 「천선배(天仙配)」는 황매극의 대표 작품으로 천계의 일곱 번째 공주와 인간과의 사랑을 아름답게 표현한 극으로 안후성을 여행한다면 한번 볼 만한 가치가 있는 작품이다.

이밖에도 아름다운 경치와 경관은 안후이성을 중국 내에서도 관광지가 가장 풍부한 지역으로 만들었다. 안후이성 남쪽 황산은 산정에 자라난 기울어진 소나무(奇松), 기이한 바위(怪石), 산 중턱에 걸린 구름운해(雲海), 온천(温泉)으로 수많은 관광객을 맞이하였으며, 예로부터 이백 등 많은 문인으로부터 사랑을 받은 곳이기도 하다. "황산에 오르고 나니 천하에 산이 없더라(登頂黃山, 天下無山)"라고 할 정도로 산중의 산인 황산의 아름다움은 빼어나다. 1990년 유네스코에 등록, 현재 중국 5A급 관광명승지로 대접을 받는 곳이기도 하다.

중국 최고의 산인 황산은 중국의 개혁개방과 밀접한 관계가 있다. 덩샤오핑이 황산을 방문한 후 그곳 경치를 중국인들만 보기에는 너무 아까우며 세계인들이 볼 수 있도록 개방해야겠다는 마음을 먹으면서 중국의 개방정책이 시작되었다고 한다. 오늘날 중국이 G2로서의 위상을 누리게 된 배경에는 덩샤오핑의 개혁개방이 있었고, 그 배경에는 동기부여가 된 황산이 있었다.

이밖에 중국 도교의 4대 명산 중 하나인 제운산(齊雲山)과 불교 4대 명산 중 하나인 구화산(九華山)도 유명하다. 또한 환남지역의 고촌(古村)인 시디(西递)와 훙춘(宏村)은 그 아름다운 경관으로 유네스코에 등재되었다. 이곳은 영화 「와호장룡」의 촬영지로서 신비롭고 고즈넉한 분위기를 드러내고 있는 곳이다.

주요 도시로는 성도이자 정치, 경제, 문화, 교통의 중심지인 허페이(合肥)가 있다. 조조가 군사훈련을 한 교노대(教弩臺) 등 삼국시대의 흔적이 많아 삼국고지(三國故地)로 칭해지기도 한다. 천 년 전 포청천의 주인공이자 청백리의 상징이었던 포증(包拯)의 사당인 포증묘도 있다.

2) 역사와 대중문화예술- 초한지전과 「패왕별희」

안후이성은 초나라 패왕 항우와 그의 절세미인 애첩인 우미인(虞美人)의 비련을 그린 「패왕별희(霸王別姬)」와도 인연이 깊다. 초나라와 한나라 사이의 전쟁이 일어난 곳인 해하 지역이 바로 안후이성에 있기 때문이다.

진나라가 망하고 당시 패권을 잡기 위해 항우는 한 고조 유방과 전쟁을 벌이지만, 해하의 싸움에서 사면초가(四面楚歌)로 점차 수세에 몰린다. 항우가 "우(虞)야 우(虞)야 어찌할까?"라는 비통한 심정을 담은 「해하가」를 부르자 이를 들은 우미인은 자결하였고, 오강으로 도망간 항우 역시 칼을 뽑아 자살한다. 훗날 우미인의 혈흔이 남은 땅에서 꽃이 피었는데, 사람들이 이를 우미인초라고 불렀으며, 중국 담배의 시초가 되었다는 전설이 전해지고 있다.

승리한 유방은 한 고조로 등극하면서, 중앙집권제와 봉건제를 결합한 형태인 군국제를 실시함으로써 통치기반을 닦는다. 안정기에 접어들면서 주변 제후들을 제거해갔는데, 개국공신이자 명장인 한신도 포함되었다.

유방의 성공을 위해 헌신했던 한신은 누명을 쓰고 죽게 되자 "재빠른 토끼가 죽으면 날랜 사냥개는 삶아 없어지고(狡免死, 走狗烹), 높이 나는 새가 떨어지면 좋은 활은 구석에 처박히게 되며, 적국이 패하면 지모 있는 신하는 필요 없게 되는구나!"라는 최후의 말을 남기고 사라져간다. 토사구팽(免死狗烹)이란 고사성어는 바로 여기서 유래한다.

3) 후베이성의 자연경관, 황학루와 적벽

후베이성(湖北省)은 동정호(洞庭湖) 북쪽에 위치한다고 하여 지어진 이름으로, 춘추전국시대 초와 삼국시대 오의 수도가 위치했던 유구한 역사를 지닌 지역이다.

양자강 중류 유역에 위치한 후베이성은 약칭으로 악(鄂)이며, 원래 후난성(湖南省)과 합쳐 후광성(湖廣省)으로 불렸던 곳이다. 동쪽으로 안후이성, 남쪽으로 장시성 및 후난성, 서쪽으로 쓰촨성, 서북쪽으로 산시성(陝西省), 북쪽으로 허난성 등 9개의 성과 인접하고 있어 '구성통구(九省通衢, 아홉 성을 통과하는 통로)'로 불리며 수륙교통의 요지 역할을 해왔다.

성도 우한(武漢)은 중국의 배꼽이라고 부를 정도로 대륙 심장부에 위치하고 있다. 중국에서 다섯 번째로 큰 도시인 우한은 한커우, 한양, 우창 등 인접한 3개 도시가 합쳐진 도시이고. 인구는 약 910만 명으로 중부지역에서 가장 많다. 1911년 청을 무너뜨린 신해혁명이 시작된 역사 도시이자, 넓은 평야와 교통 요충지라는 지리적 여건 속에 농업과 상공업이 발달한 도시이기도 하다.

(그림 6-24) 우한의 황학루

이외에도 우한(武漢)에 위치한 중국 강남 3대 누각 중의 하나인 황학루(黃鶴樓)가 현존한다. 황학루는 223년 삼국시대에 하구성(夏口城) 일각의 높은 곳에서 촉이나 위나라의 군대가 넘어오는 것을 감시하기 위해 지어진 5층짜리 목적성 망루였다.

명나라와 청나라 시기에만 7차례 소실되었고, 10차례 다시 짓거나 수리되었는데, 현재의 황학루는 1981년 10월부터 짓기 시작하여 1985년 6월에 완성된 콘크리트 건물이다. 지붕은 마치 학이 하늘로 승천하는 모습의 진취적 기상이 서려 있다. 누각에 오르면 시 중심을 가로지르는 한수(漢水)와 양자강이 합류하는 두물머리 장관도 즐길 수 있다.

황학루는 당나라 시인 최호(崔顥)가 황학루의 아름다움을 극찬한 시 「황학루」를 쓴 후 더욱 유명해진 누각이다. 이백 또한 황학루에 올라 굽이치는 양자강 강물을 굽어보며 시상에 잠겼으나 최호의 시를 발견하고 "더 이상 무슨 말로 황학루의 아름다움을 논하겠는가?"라며 붓을 던졌다는 일화가 전해진다.

하지만 이백은 후에 우리에게 잘 알려진 시 「친구 맹호연을 광릉으로 보내며(送孟浩然之廣陵)」를 쓰면서, 황학루를 언급하기도 한다.

옛 친구 서쪽에서 황학루와 이별하고
안개 꽃핀 삼월에 양주로 내려가네.
외로운 돛단배 먼 그림자 푸른 하늘로 사라지니
오직 긴 강만이 하늘 끝으로 흐르네.
고인서사황학루(故人西辭黃鶴樓)
연화삼월하양주(烟花三月下揚州)
고범원영벽공진(孤帆遠影碧空盡)
유견장강천제류(惟見長江天際流)

이백이 당시 이미 천하에 시명(詩名)을 날리던 10년 위 친구 맹호연이 번화한 도시인 양주로 떠나게 되자, 부러움과 함께 석별의 애틋한 정을 담아 노래한 시이다. 그의 친구를 향한 애잔한 마음이 느껴지는 시 구절이다.

중국 역사의 산증인인 양자강을 굽어보며, 그 옛날 수많은 왕조의 흥망성쇠 속에 군사 요충지이자 피비린내 나는 격전장이 될 수밖에 없었던 황학루에서 인생무상과 함께 고향을 그리며 노래했던 문인들의 절절한 심정을 느껴보는 것도 좋을 것이다.

우한은 또한 중부지역의 교육 거점 도시이기도 하다. 화중공과대학(華中工科大學)과 우한의과대학 등 명문대학이 많다. 그중에서도 우한대학(武漢大學)은 중국 10위권 내 대학에 속하며, 본부동이 있는 캠퍼스는 단일 캠퍼스로는 중국 내에서 가장 큰 규모를 자랑한다. 캠퍼스투어를 하다 보면, 마치 산속 궁궐을 여기저기 관람하는 듯한 착각에 빠질 정도로 그 규모가 상당히 큼에 놀라움을 금치 못할 것이다.

(그림 6-25) 우한대학

양자강 유역에 위치한 우한의 여름은 열대야로 인해 매우 후덥지근하다. 그래서 우한은 난징, 지난, 충칭과 함께 중국 4대 용광로(火爐)라고 한다. 2004년에는 2개월 동안 강타한 양자강 대홍수로 인해 제방이 무너지고 우한 전체가 물바다가 되면서 많은 희생이 발생했던 아픈 상처도 남아있다. 3천 명의 사망자와 2억 명의 이재민이 발생하고 5백만 채의 주택이 파괴되었으며, 농경지 침수와 기간망의 파손으로 역 25조 원에 이르는 경제적 손실을 감수해야만 했다.

당국의 지휘 아래 수십만 인민해방군이 사투를 건 홍수와의 전쟁에서 승리함으로써, 민족 단결심을 보여주기도 했다. 하지만 우한은 2020년에는 코로나-19의 발원지로 지목됨으로써, 상당한 타격을 받기도 하였다.

후베이성의 지형은 크게 악남(鄂西)산지, 강한(江漢)평원, 악동북(鄂東北), 악남서(鄂南西)의 4개 지역으로 나뉜다. 악남산지 지역에는 진령산맥(秦岭山脈)의 동쪽 연장 부분인 해발 1,612m의 도교 성지인 무당산(武當山)과 대파산맥(大巴山脈)의 동쪽 부분인 원시 산림풍경구 신농가(神農架)가 위치한다.

신농가는 전설상의 삼황 중 하나인 신농씨가 이곳에서 여러 약초의 맛을 보고 백성들의 병을 고쳤고, 가파른 절벽에 있는 약초를 캐기 위해 나무를 베어 절벽을 올라갔다 하여(架, 선반) 명명된 곳이다. 신농씨를 기리기 위한 제단이 설치된 신농가에는 기이한 동식물이 많고, 아름다운 원시삼림이 우거져 있으며, 야인이 출현한다는 소문이 있는 곳이기도 하다. 최고봉인 신농정(神農頂)은 해발 3,105.4m로 '화중제일봉'으로 이름난 곳이기도 하다.

강한평원과 악동북, 악남서의 낮은 산지와 구릉지역, 그리고 양자강 수계에 속하는 42개에 달하는 강들이 제공하는 풍부한 수자원은 허베이성을 중국 전역에서 10위권에 드는 곡물 생산지로 자리매김하게 하였다.

환경적, 지리적 우세는 후베이성 사람들에게 상업 발달의 기회를 제공하였다. "하늘에는 머리 아홉 개의 새가 있고, 땅에는 후베이 사람이 있다.(天上九頭鳥，地上湖北佬)"라는 말은 후베이성 사람들이 상업이나 처세에 있어 얼마나 총명하며 영리한지 나타내는 말이다.

중국 내에서 안후이성과 후베이성 상인 외에도 저장성과 상하이

상인들도 뛰어난 상업적 업적을 나타내고 있는데, 이러한 상업에 대한 발 빠른 발전은 현재 세계시장에서 중국이 단시간 안에 급진적인 발전을 이루게 한 근원이 되지 않았을까 하는 생각을 해본다.

후베이성은 우월한 지리적 조건으로 인해 예로부터 중요한 군사적 요충지로 여겨졌다. 특히 『삼국연의』와 관련된 유적지가 많이 존재하는데, 후베이성 푸치현(蒲圻縣)에 위치한 적벽(赤壁)은 208년 손권과 유비의 연합군 5만 명이 조조의 20만 대군에 싸워 대승을 거둔 적벽대전의 배경지이기도 하다.

후베이성에는 이밖에 삼국시대 촉의 영웅 인물이었던 관우의 묘인 관릉도 남아있다. 관우가 손권과의 전투에서 목이 잘리는 참수를 당한 후 그의 목은 조조에게 보내졌지만, 조조는 옛 의리를 살려 그의 머리를 허난성(河南省) 뤄양(洛陽)에 묻고 그 묘지를 관림(關林)이라 칭했기 때문에 실제로 그의 묘는 두 개가 된다.

이상으로 안후이성과 후베이성에 대해 알아보았다. 중국의 동남부 내륙에 위치하여 다른 성과의 인접성이 유리해 상업이 발달하였고, 군사적 요충지로 인해 겪어야 했던 격동의 역사를 지녔다는 공통점을 가지고 있다.

이어서 서북지역으로 눈을 돌려 칭하이고원, 닝샤후이족자치구, 동티베트문화에 대해 학습하고, 중국의 소수민족정책을 살펴보며, 좀 더 다양하게 중국을 이해해 보고자 한다.

3. 칭하이고원, 닝샤후이족자치구, 동티베트문화

이 지역은 대부분이 해발 3,000m의 고원이라는 지리적 조건으로 인해 인구밀도가 비교적 낮고, 한족이 아닌 소수민족인 후이족과

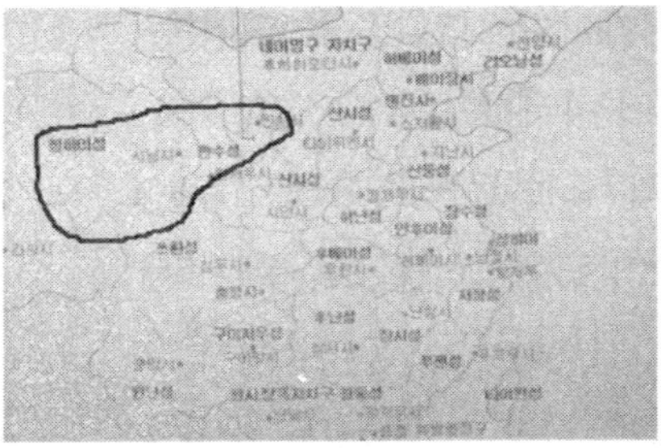

(그림 6-26) 칭하이, 닝샤

티베트인이 거주하고 있다. 여기서는 이 지역의 지리적 위치와 환경적 조건으로 인한 독특한 문화, 그리고 중국 중앙정부의 소수민족정책에 대해 알아보도록 한다.

1) 칭하이고원의 지리학적, 생물학적 의의

칭하이고원은 세계의 지붕으로 일컬어지는 칭짱(青藏)고원의 동북부에 위치하며, 중국 유명한 3대 강인 황하, 양자강, 란창강(瀾滄江)의 발원지다. 대부분 지역이 해발 3,500m 이상으로 높고, 시짱(西藏)과 칭하이성, 쓰촨성 서쪽과 신장(新疆) 남부, 간쑤성과 윈난성 일부분 지역과 경계가 맞닿아 있다.

고원 남쪽에는 히말라야산, 북쪽에는 곤륜산이 휘감고 있다. 호수와 습지 면적이 가장 넓으며 습지 자원이 풍부하여 생태환경 보호구역으로 지정되었다.

칭하이고원의 지질형성은 고생대까지 거슬러 올라간다. 과거 바다였던 칭하이고원은 2억 년 전, 인도판이 북으로 지각 이동하며 아시아판의 아래로 침투하여 지각을 상승시키는 과정 중에 형성되었다. 현재도 지각의 상승변동은 여전하며, 칭짱고원과 더불어 매년 상승하고 있다.

칭하이고원의 융기는 생물학적이나 지질학적으로 중요한 의의가 있다. 생물학적으로는 고생대 생물을 연구할 수 있는 중요한 곳이며, 빙하와 호수의 습지 생태 자연환경은 다양한 식물과 야생동물을 볼 수 있는 곳이기 때문이다. 지리학적으로는 중국 북쪽의 거대한 병풍 역할을 하여, 북쪽 한랭 공기가 남쪽으로 유입하는 것을 막아준다. 한편 히말라야산맥 남쪽의 온화하고 습한 공기가 북쪽으로 유실되는 것을 저지하는 중요한 역할도 담당하고 있다.

현재 지구기후변화로 인해 빙하와 습지의 유실면적이 갈수록 늘어나고 있어, 이 아름다운 자연지역을 보존하려고 중국 정부는 적지 않은 노력을 기울이고 있다. 칭하이고원은 열악한 생활환경으로 인해 인구밀도가 낮다. 하지만 2만 년 전 구석기시대에 인류가 생존한 흔적이 있고, 주변의 한(韓)문화, 서역문화, 인도문화가 결합한 독특한 문화를 유지하고 있다.

칭하이고원의 여러 면에 대해 언급하였는데, 사실 많은 중국인이 칭하이고원에 대해 기억하고 있는 것은 초등학교 6학년 국어 교과서에 실린 「칭하이고원의 한 그루 버드나무(青海高原一株柳)」라는 글일 것이다. 몰아치는 광풍과 건조하고 열악한 칭하이고원의 환경 속에서 한 그루 어리고 여린 버드나무가 씩씩하고 꿋꿋하게 모든 어려움을 헤치고 나아가 짙은 녹음이 우거진 환경을 이루어낸다는 희망의 메시지가 담겨있다.

2) 닝샤후이족문화와 동티베트문화

중국여행 시 식당에서 주문하면 종업원이 "니유선머지커우더?(你有什么忌口的?)"라고 자주 묻는다. 이 말은 "가리는 음식이 있어요?"라는 뜻이다. 이때 돼지고기를 먹지 않는다고 말한다면 아마 그 사람은 후이족(回族)이나 위구르족일 가능성이 크다. 이슬람을 믿는 후이족은 중국 55개 소수민족 중 3번째로 많은 인구수를 가지고 있다.

소수민족은 주로 중원지역이 아닌 변경지역에 거주하며 그들만의 언어, 역사, 문화, 종교를 보존하며 한족과 더불어 살아왔다. 후이족은 중국 전역에 걸쳐 분산 거주하고 있는데, 닝샤후이족자치구와 간쑤성, 산시성, 허난성 등 주변 지역에 집단거주지를 형성하여 생활하고 있다. 후이족 최대 집단거주지인 닝샤후이족자치구는 황하의 상류지역에 있으며, 남쪽으로는 황토고원이, 북쪽으로는 닝샤평원이 자리하고 남고북저 형태를 띠고 있다.

이 지역은 춘추전국 시기에는 강융(羌戎) · 흉노(匈奴)가 거주하였고, 원나라 때는 중국으로 유입된 페르시아인과 아랍인 및 튀르키예인 등 서역 민족들이 이슬람교를 주 종교로 신봉하며 오랜 세월 동안 중국에 정착하여 생활하면서 한족과 섞이게 된다.

그 결과 후이족은 외관상 한족과 분간이 어렵고, 별도의 민족 언어나 문자 없이 한족과 마찬가지로 중국어와 한자를 사용하고 있다. 다만 일상생활과 종교 활동 용어 중에 아랍어와 페르시아어의 어휘가 일부 섞여 있는 것을 볼 수 있다. 한족에 대한 친화력이 비교적 강한 후이족이지만 종교문제로 인한 갈등을 대외적으로 표출하기도 한다.

후이족의 생활습관은 한족과 크게 다를 것이 없으나, 이슬람문화권이 가지는 독특한 습성은 존재한다. 돼지, 말, 당나귀 고기를 먹지 않고, 이슬람 교리가 인정하는 방법으로 잡은 '할랄(halal)' 고기만 먹고, 이슬람교에서 유래된 전통명절 개재절(開齋節)을 보내는 것이 후이족이 지닌 고유한 문화 습성이다. 후이족이 오랫동안 한족에 자연스레 동화된 경우라면 티베트족은 가장 강렬하게 자기만의 민족 색깔을 드러내기에 중국 중앙정부의 강력한 통제를 받고 있다.

서부 티베트문화에 대해 이미 언급하였기에 여기서는 동부 티베트에 대해 간략하게 소개하고자 한다. 동부 티베트는 시짱자치구의 동쪽인 창두지역(昌都地區)과 린즈지역(林芝地區)을 주로 일컫는다. 이 지역은 평균적으로 해발 3,240m에 달하며, 횡단(橫斷)산맥과 금사강(金沙江), 란창강(瀾滄江), 노강(怒江) 등의 3강 유역에 위치하며 쓰촨성, 칭하이성, 윈난성 등과 경계를 맞닿는 요충지다. 천장공로(川藏公路)와 전장공로(滇藏公路)라는 두 도로가 반드시 거쳐 지나가야 하는 길목이라 차마고도(茶馬古道)의 요지이기도 하다.

이곳은 히말라야 조산운동이 만들어낸 험준한 산맥과 만년설의 봉우리가 하늘과 맞닿아 있고, 아래로는 푸르고 차디찬 빙하가 흐르는 호수가 청정자연 속에 고스란히 보존되어 그 생태적 가치만으로도 주목을 받고 있다.

이러한 자연 환경적 고립이 가져온 티베트불교의 원시성과 다른 문화와의 교류가 희소하다는 고유성이 알려지면서 성지 순례자들이 많이 찾고 있으며, 과거 여인국이라 불렸던 동여국(東女國)의 중심지였던 곳에는 모계제 사회와 동부 티베트의 강인한 유목문화가 공존하고 있다.

동부 티베트의 주요 도시인 창두(昌都)는 동서로는 쓰촨성, 동남으로는 윈난성, 서남으로는 미얀마와 인도, 서북으로는 시짱, 북으로는 칭하이성와 인접한 탁월한 지리적 위치로 인해 교역의 중추 역할을 하며 '장동명주(藏東明珠)'라는 이름으로 각광을 받고 있다. 강파림사(强巴林寺)와 창도사(昌都寺)는 티베트불교를 고스란히 담아내고 있는 아름다운 사찰이라고 할 수 있다.

3) 중국 정부의 소수민족정책과 소수민족독립

중국은 92%의 한족과 8%의 소수민족으로 이루어진 다민족 국가다. 8%에 해당하는 소수민족은 중국 전체 국토면적의 65%를 차지하며, 각기 변방인 광시좡족자치구, 네이멍구자치구, 닝샤후이족자치구, 신장위구르자치구, 시짱자치구 등 5개 자치구에 주로 거주하고 있다.

예로부터 중국은 거대한 국토를 효과적으로 통치하고, 여러 민족을 하나로 지배하기 위해 한족 중심의 강력한 중앙집권체제를 유지하였다. 중국민족은 중원에서 일어난 한족의 전신인 화하계가 주변의 소수민족과 수천 년 동안 대립 투쟁과 화친을 거치면서 중원 중심으로 민족의 대화합과 융합과정을 거치면서 이루어졌다고 말할 수 있다.

즉 소수민족에 대해서는 기본적으로 대립, 화친, 융합이라는 과정을 거쳐 하나의 중국이라는 테두리로 귀속시키고자 하는 태도를 유지해왔다. 현재 중국 정부의 '하나의 중국', '대가정정책'은 이러한 이념과 맥락을 같이한다.

중국 정부는 소수민족이 민족자주 독립운동 같은 문제를 일으키지 않고, 사회주의체제인 중국의 기본적인 정치와 경제 노선을 지킨다는 전제하에, 소수민족과의 평등한 공존 관계를 유지하기 위해 정치, 경제, 문화, 교육 등 다양한 분야에서 소수민족 배려 정책을 시행하고 있다.

실제로 중국당국은 소수민족은 자녀를 두세 명까지 낳을 수 있도록 허가하며 소수민족의 인구 증가를 유도하고, 소수민족 자치구에서는 그들의 고유 언어와 문자 및 종교의 자유를 인정하고, 어느 정도의 자치적인 정치활동을 허락하여 자치 조례제정권과 예산집행권을 부여하는 우대정책을 시행하고 있다. 경제적으로 낙후된 지역의 부흥을 위해 지원을 하고도 있다.

하지만 이러한 중앙정부의 우호적인 소수민족정책에 반해 소수민족들의 자주 독립운동은 빈번하게 일어나고 있고, 특히 티베트는 인도에 망명정부를 두고 독립운동을 지속하고 있다.

즉, 정부의 우호적인 소수민족 정책이 있지만, 소수민족은 실질적인 혜택을 받지 못한다고 생각하고 있다. 또 한족을 소수민족 지역으로 이주시키고 이민족 간 결혼을 유도하여 자치구의 한족화를 꾀하고, 소수민족의 중앙정치 진출에 제약과 견제를 하며, 실생활에서도 취업과 승진 및 보수 면에서 한족과 차별을 두고 있다. 중앙정부의 이러한 양면적 태도로 인해 소수민족은 삶의 터전에서의 주도권 상실과 경제적 격차에 상대적 박탈감을 느끼면서 쌓인 불만과 불신을 봉기와 시위로 표출하며, 이를 독립운동으로까지 확대하고 있다. 하지만 중국당국은 소수민족 분리 독립은 협상 대상에서 완전히 배제하는 전략을 취하며 강경 무력진압으로 일관하고 있다.

중앙정부의 강경한 태도와 소수민족의 분리 독립에 대한 열망이 첨예하게 대립하고, 이로 인한 유혈사태의 빈번한 발생은 현 중국사회가 해결해야만 하는 문제 중 하나다.

이상으로 중국 서북부의 칭하이고원, 닝샤후이족자치구와 동티베트의 문화, 그리고 중국의 소수민족정책에 대해 살펴보았다. 중국은 참으로 거대하고 다양한 지역 특색을 띠고 또 그 지역의 사람들은 독특한 특성을 가졌음을 확인하였다. 지역 특색뿐만 아니라 다양한 민족이 가지는 특유의 민족 특색도 학습하였다.

질의응답

① 중국에는 다양한 민족과 종교가 공존하고 있는데요. 이로 인한 갈등이 있나요?

중국도 대체적으로는 종교에 대해 관용적인 편입니다. 자생적인 유교나 도교, 그리고 외래 종교인 이슬람교, 불교와 샤머니즘, 남방의 마조신앙 등 민간신앙은 서로 잘 어우러지면서 공존하고 있죠.

간혹 신장위구르자치구나 티베트자치구의 독립 추구를 저지하기 위해 이슬람교나 티베트불교에 대한 견제가 있을 때가 있죠. 기독교나 가톨릭에 대해서는 어느 정도는 자유로운 활동이 가능하나, 우리나라 사람이 중국에서 선교하는 부분에 대해서는 반정부세력과의 결탁, 탈북민 인권 문제 제기 등 민감한 사안이 발생할 수 있기에 예의주시하며 간혹 집안을 수색하기도 한다는 이야기도 들리는 상황입니다.

② 칭하이호 환경문제가 심각하다는데, 자연환경 보호를 위해 어떤 노력을 하는지요? 칭하이고원의 생할 환경은 어떤지요?

칭하이 고원의 자연환경을 보존하기 위해 중국정부는 이 지역을 '칭하이호국가급자연환경보호구역', '풍경명승자연생태보호구역'으로 지정하였죠. 이를 위해 관련 법률을 제정하고 여행발전과 여행수요의 합당한 조정을 위해 직접 관여하고 있고요.

칭하이고원은 해발 5,000~6,000m의 만년설에 덮인 산맥과 골짜기, 빙하의 물이 흘러드는 하천 및 빙식호·염호 등이 있어 변화무쌍한 지형이죠. 초원이 넓어 목축에 이용되며, 산지의 삼림, 하천의 수력 및 지하자원 등 미개발 자원이 많아 중요한 지리적 요새로 평가받기도 합니다.

하지만 높은 해발과 열악한 자연과 기후 조건으로 인해 고원과 산 중턱의 초원에서 일부 티베트 짱족이나 몽골족이 야크, 말 낙타 등을 사육하며 낙후된 생활을 영위하고 있고요. 따라서 인구밀도는 상당히 낮은 실정입니다.

제7장 중국 남방문화

1. 특별행정구 홍콩과 광둥성의 광둥요리와 광둥어

여기서는 중국의 남방문화를 살펴보고자 하는데, 우선 요리와 방언이 특색 있는 홍콩과 광둥성에 대해 알아본다.

(그림 7-1) 광둥성, 홍콩

1) 홍콩(香港)과 광둥성(廣東省)

홍콩은 영국의 조차지로서 오랜 기간 지배받으며 홍콩 특유의 문화를 형성한다. 아편전쟁 패배 후 난징조약(1842)을 체결하면서 홍콩은 1997년 반환받기까지 150여 년간 영국의 식민지하에 놓인다.

홍콩은 자유무역항으로서 유럽인의 왕래가 잦았고, 광둥지역에서 내려온 이주자들로 구성되면서 홍콩은 다양한 요소가 혼합된 문화를 형성하였다. 중국적 가치와 영국식 사고, 민주와 자유 의식은 홍콩의 반환과 함께 일국양제(一國兩制)라는 제도의 틀 속에서의 외교와 국방의 제한 상황을 맞으면서 다양한 가치와 제도가 공존하는 독특한 문화를 만들어간 것이다. '식민지 홍콩'은 어둠 속에 사라지고 '홍콩 차이나'가 새 아침을 맞게 되지만, 홍콩의 정체성은 여전히 혼란스럽다.

(그림 7-2) 홍콩 반환 기념비

홍콩은 국제적인 비즈니스 중심지와 세계적인 관광 대국으로서의 기존의 명성을 유지하며 지속적인 발전을 도모하고 있다. 언어는 영어가 공식어로 그대로 유지되며, 거리와 간판 및 관광지의 영어 안내표기도 그대로 통용되고 있다. 홍콩은 크게 대륙의 끝자락인 구룡(九龍)반도와 홍콩섬과 기타 섬들로 이루어져 있으며, 도시 전체가 쇼핑문화 거리이다. 다만 최근 홍콩의 국가보안법 통과 및 코로나-19 그리고 국제 무역과 금융의 홍콩에서 상하이로의 이전 전략으로 인해 과거의 명성이 조금씩 퇴색되어가는 경향도 보인다.

(그림 7-3) 홍콩 독립시위

한편 광둥성의 광저우(廣州)는 성도로서 주강 하류에 인접하며, 베이징, 상하이와 함께 중국의 3대 도시에 속한다. 한족 외에 소수민족 이족(彝族), 먀오족(苗族) 그리고 기타 소수민족이 함께 거주하고 있다.

광저우는 열대와 아열대 기후에 속하여 예로부터 식물의 왕국이라 불릴 만큼 꽃과 풀이 풍성하다. 화남식물원(華南植物園), 운태화원(雲台花園), 류화호수공원(流花湖公園) 등은 이러한 남국의 조경 특색을 잘 살린 공원이다.

광저우 교외에는 온천풍경구나 국가삼림공원이 있어 아름다운 자연을 충분히 느낄 수 있다. 다른 도시와는 달리 자전거보다는 오토바이를 주요 교통수단으로 이용하는 시민이 눈에 많이 띈다.

광저우의 우수교육기관으로는 중산대학(中山大學)을 꼽을 수 있다. 중산대학은 이곳 출신인 중국의 국부 쑨원의 호인 중산을 따서 지은 교명인데, 캠퍼스에 들어서면 쑨원 동상이 손님을 반긴다.

(그림 7-4) 광저우 중산대학

광저우와 함께 중국경제의 선두 역할을 하는 선전(深圳)은 광둥성 남부 해안가에 위치하며, 홍콩과 광저우의 가교역할을 하는 도시다. 선전은 또한 역사 깊은 도시로써 진나라와 수나라의 고묘, 당나라의 해광사와 영도사, 남당의 환도사, 송나라의 적만천후묘, 명·청 시기의 신안팔경 등 고대문물과 명소들이 곳곳에 자리하고 있다.

선전은 중국의 주요 대외무역 중심도시이자, 가장 일찍 개방된 경제특구 중 하나로서 개방개혁 40년 역사와 함께 경제도시의 상징성이 강하다.

1978년 12월 개혁개방 선언 당시 3층을 넘어서는 건물이 없는 인구 3만의 가난한 어촌이었던 선전은 1980년 중국의 첫 경제특구로 지정된 이후 꾸준히 성장하면서 이제는 100m 넘는 마천루만 1,000곳을 가진 인구 2,000만의 거대 도시가 되었다.

세계 최대 통신장비 기업 화웨이, 중국의 대표적 정보기술 기업인 텐센트(騰訊, 텅쉰), 전기차 판매 세계 1위를 달성하고 있는 자동차 회사 BYD, 세계 최대 드론 업체 DJI 같은 글로벌 기업의 본사가 선전에 있다. 이 중 이용자가 10억 명을 넘어선 모바일 메신저 위챗(微信, 웨이신)의 개발업체인 텐센트는 시가총액 세계 3위 기업으로 도약했다.

선전은 주민들의 평균연령은 30세일 정도로 중국의 미래를 보여주는 실험적인 도시가 되었으며, 2018년 중국 스마트시티 발달수준 평가에서 1위를 차지해 중국의 스마트시티로 떠오르고 있다.

최근에는 젊은이들이 창업의 꿈을 갖고 선전으로 달려와 스타트업 기업을 설립하고 있다. 그래서 이곳을 중국의 실리콘밸리라 부른다. 중국 개혁개방의 1번지인 광둥성 선전은 몇 년 전만 해도 선진국 제품을 모방한 산자이(山寨, 모조품) 천국이었다. 그러나 지금은 4차 산업을 이끄는 혁신도시가 되어가고 있다.

광둥성은 또한 많은 화교가 배출된 지역이기도 하다. 한족 중 전란을 피해 남하한 객가인(客家人, Hakka)도 많이 거주한다. 과거에 허난성 지역에 거주하던 객가인은 전쟁을 피해서 5차례나 남하하여 광둥성과 푸젠성 지역에 정착하였다. 이들 중 수십만 명은 광저우 동쪽인 월동(粵東)에 집단거주하고 있다. 그래서 이 지역에 객가인의 전통 주거지 등 객가문화가 많이 남아있다.

한편 마카오는 포르투갈의 지배를 받다가 홍콩 반환 2년 후인 1999년 중국으로 편입된다. 그래서 여전히 포르투갈의 문화가 곳곳에 남아있다.

2) 먹을거리는 광저우(廣州)에

중국에는 "먹을거리는 광저우에 있다."라는 말이 있다. 요리의 종류와 재료가 다양하기 때문이다. 광저우사람은 먹기를 좋아하고, 먹는 데 돈을 아끼지 않으며, 먹을 줄 알고, 과감하게 먹는다. 우스갯말로 "다리가 네 개 달린 것 가운데 책상다리 빼고 다 먹고, 나는 것 중에는 비행기 빼고 다 먹고, 헤엄치는 것 중에는 잠수함 빼고 다 먹는다."라고 할 정도로 그 재료가 다양하다.

산둥요리, 쓰촨요리, 장쑤 화이양요리와 함께 4대 음식에 들어가는 광둥요리는 생맹(生猛), 즉 날 음식과 맹수를 주요 특징으로 내세우고 있다. '생'은 싱싱하고 신선한 해산물을 날것으로 먹는 것을 말한다. "바다의 신선함을 즐기기 위해서는 허리에 찬 돈을 아끼지 말아야 한다."라는 말이 있듯이 광둥의 해산물 요리는 고급 음식으로 유명하다.

(그림 7-5) 광둥요리

'맹'이란 진귀한 짐승과 맹금류를 식재료로 사용하는 것을 말하는데, 이처럼 뱀, 곤충, 고양이, 원숭이 등 희귀한 재료를 이용하는 것도 광둥요리의 특징이다. 그래서 보양식을 먹으러 광둥에 여행을 가는 중국인이 많고, 뱀 요리를 먹기 전에 뱀을 목에 두르고 사진을 찍었다며 자랑하기도 한다.

중국요리의 꽃이라 불리는 딤섬(點心, 간식 또는 가벼운 식사)도 대표적인 광둥음식이다.또한 광둥성 지역은 열대 및 아열대 기후로서 무더위가 심해 이 지역 사람들은 담백하고 부드러운 음식을 즐기고, 인체에 수분과 영양을 보충해주는 죽과 뜨거운 국물 요리도 좋아한다.

홍콩은 실제로 광둥사람이 주로 거주하는 광둥지역권으로 홍콩요리는 마카오 요리와 함께 광둥요리에 속한다. 차와 함께 각종 딤섬을 즐기는 '얌차(飮茶)문화'가 특색 있는 음식문화다.

홍콩과 광둥 지역의 대표 요리로 불도장이라는 보양식이 있다. 재료로는 자라 옆구리 살, 상어 지느러미와 부레, 사슴의 종아리 인대, 해삼, 전복, 은행, 청경채 등의 재료와 7일간 숙성한 육수를 사용하는데 맛과 영양이 뛰어나다. 폐에 좋으면서 담백한 백합 요리도 유명하다.

3) 얌차(飮茶, 차 마시기)문화

(그림 7-6) 광둥식 딤섬

홍콩과 광둥 사람의 차 마시는 습관은 타지인과는 확연히 다르다. 그들이 차를 마시러 간다는 것은 단순히 차만 마시는 것이 아니라 각종 먹거리를 먹는 행위가 포함된다. 차에 다양한 간식거리인 딤섬을 곁들이는 '얌차문화'는 홍콩을 포함한 광둥의 독특한 문화다.

얌차는 차를 마신다는 의미의 음차(飮茶)의 광둥식 발음으로 '차를 마시며 딤섬을 즐기는' 의미가 내포되어 있다.

딤섬은 브런치나 점심으로 가볍게 즐기는 메뉴로, 딤섬의 개수는 찜, 튀김, 볶음, 죽, 후식 등 2,000가지가 넘는다. 담백하고 기름지지 않은 광둥요리에서는 찜류를 가장 선호하는 편이다. 해산물과 고기 등 각종 영양 있는 재료가 들어간 죽도 선호하는데, 이 지역의 죽을 특히 별도로 광둥죽이라고 부를 정도로 인기가 많다.

딤섬을 즐기기 전에 중국인이 애호하는 마작을 하며 담소를 즐기는 것도 홍콩사람의 일반적인 모습이다. 식당에 들어서면 식당인지 마작을 즐기는 오락 장소인지 모를 정도로 마작 패를 뒤섞는 소리가 여기저기서 들린다. 가족, 친구, 직장 동료 등 여러 명이 모여 다양한 딤섬과 차를 즐기며 왁자지껄 떠드는 광둥사람과 홍콩사람에게 "차 한 잔 할래요?"라는 말은 확실히 우리의 차 문화와는 다른 의미로 다가온다.

4) 광둥어

한국의 방언은 기본적인 의사소통에 크게 문제가 없다. 그러나 중국의 방언은 다르다. 중국은 국토가 넓고 인구가 많아 각 지방에서 사용하는 방언이 다양하고, 방언 간에는 서로 의사소통이 되지 않아 통역할 정도로 발음 차이가 크다. 중국에서 TV를 보면 중국어 자막이 나오는데, 이는 바로 방언의 발음이 각각 달라서 문자를 통해 의미를 전달하기 위해서다.

중국의 방언은 크게 한족 공통의 기초 방언으로 한족의 약 70%가 사용하는 북방방언, 상하이 · 장쑤성 · 저장성 등지에서 사용하는 오방언, 후난성 일대의 상(湘)방언, 장시성 지역의 감방언, 광둥성 동부, 푸젠성 서부 등지의 객가(客家, Hakka)방언, 푸젠성 푸저우 등 민난지방과 타이완의 민방언, 광둥성 광저우 말로 대표되는 월방언 등 7가지로 나눌 수 있다.

그중 광둥어의 영향력은 북방방언에 뒤지지 않는다. 광둥어는 광둥성, 광시좡족자치구, 홍콩, 마카오와 동남아, 그리고 해외에 거주하는 화교 사이에서 널리 쓰이는 언어로 현재 약 1억1천만 명이 사용하는 것으로 알려져 있다. 과거 홍콩영화와 노래가 전 세계에서 인기를 끌면서 중국을 대표하는 언어로까지 부상했었다.

중국대륙의 젊은이들이 광둥어를 배워 광둥어 노래를 부르는 것이 한때 유행하기도 하였다. 주윤발이나 장국영이 등장한 <영웅본색> 등 홍콩영화에서 구사하는 언어가 바로 광둥어다. 우리나라 개그맨들이 흉내 내는 엉터리 중국어도 바로 이 광둥어를 모방한 것이다.

광둥어는 발음 자체가 완전히 다르다. 표준어인 푸퉁화의 성조는 4개지만 광둥어는 성조가 6개나 된다. 과거 광둥어가 독립된 언어인지 중국어의 일종인지를 두고 논쟁이 벌어지기도 하였다. 심지어 어순에서도 차이가 나고 어휘도 다른 부분이 있다. 그래서 중국 본토에서 홍콩의 신문과 잡지의 글쓰기를 엄격히 통제한다고 한다.

홍콩이 중국으로 귀속된 뒤 중국 정부가 표준어인 푸퉁화를 확대하는 정책을 시행하면서 광둥어 입지가 좁아지자 이를 '광둥어 탄압'으로 간주하고 반발하는 움직임도 있다. 이처럼 광둥 방언의 부침은 시대와 문화의 변화를 반영하고 있다.

어떤 이는 "광둥어를 사용하는 사람은 보수적이고 폐쇄적인 사유방식을 갖기 쉽다."라고 말하지만, 사실 광둥인은 광둥어를 아끼지만 그렇다고 푸통화를 거부하지 않는다. 실리를 추구하는 광둥인들은 필요에 따라 광둥어를 하기도 하고 푸통화를 하기도 한다. 하지만 "푸통화의 제창과 광둥화의 고수가 공존할 수 있을까?"라는 의문을 제기하는 사람들도 있다.

이상으로 광둥과 홍콩의 음식문화와 광둥 방언에 대해 살펴보았다. 이어서 타이완의 문화에 대해 알아보도록 한다.

질의응답

① 홍콩에서는 광둥어와 푸통화 중 어느 것을 많이 사용하나요? 푸통화를 확대하려는 중국당국의 의지가 강한가요? 광둥어를 못 하는 중국인이 있나요?

홍콩 반환 이후 홍콩사람은 푸통화를 배워 사용하기 시작하였고, 그래서 현재는 푸통화가 통용되고 있죠. '하나의 중국'이라는 명분을 앞세워 힘으로 푸통화를 보편화시키려는 중국의 정책이 점점 더 강화되는 추세입니다. 하지만 홍콩사람끼리는 광둥어를 사용하죠. 광둥사람과 홍콩사람을 제외한 타 지역 중국인은 광둥어를 대부분 잘 하지 못합니다.

② 온전히 차 맛을 즐기기 위해 차를 마시거나 기름진 음식을 소화시키기 위해 차를 마시는 일반적인 차 문화와 얌차문화는 다른 것인가요? 얌차문화는 광둥지역에서만 발전된 것인가요? 그리고 딤섬은 중국 전 지역에서 동일한 모양으로 판매하나요?

차를 즐기거나 식후 소화를 돕기 위해 차를 마시는 문화는 중국의 일반적이고 보편적인 문화인데요. 다만 스낵이나 간식 등 간단한 먹거리와 함께 차를 마시는 얌차문화는 광둥지역에서 처음 시작되었죠.

광둥지역의 얌차문화는 다른 도시에도 전파되어 얌차 식당이 종종 영업하고 있는데요. 다만 광둥지역만큼 대중화되어 있지는 않죠. 베이징 상황을 보면 광둥식 딤섬 그대로 판매하고 있고 손님들은 그 맛을 즐기고 있는데요. 유명한 딤섬식당은 모두 광둥에 본점을 두고 있는 체인점 형식이 대부분이기에 중국 전 지역에서 전통적인 딤섬의 모양 그대로 판매한다고 보면 될 것 같네요.

③ 광둥성 내 산터우라는 지역에는 그 지역 방언이 있다고 들었는데요.

산터우(汕頭) 지역의 언어는 광둥성 동부 연안 지역의 차오저우(潮州), 제양(揭陽), 산터우(汕頭)에서 사용하는 방언으로 정식 명칭은 '차오저우어(潮州語)'라고 하는데요. 월방언, 객가방언, 민방언과 함께 광둥성 내에서 영향력이 큰 방언에 속하죠. 광둥성에는 이밖에도 20여 개의 방언이 사용되고 있습니다.

2. 장쑤성, 저장성, 장시성, 푸젠성, 하이난성, 후난성 문화

강남지역인 장쑤성, 저장성, 장시성, 푸젠성, 하이난성, 후난성의 문화적 특색 이모저모를 살펴보고자 한다. 먼저 장쑤성 쑤저우(蘇州)와 저장성 항저우(杭州) 이야기로 시작해본다.

1) 강남문화의 대표, 쑤저우(蘇州)와 항저우(杭州)

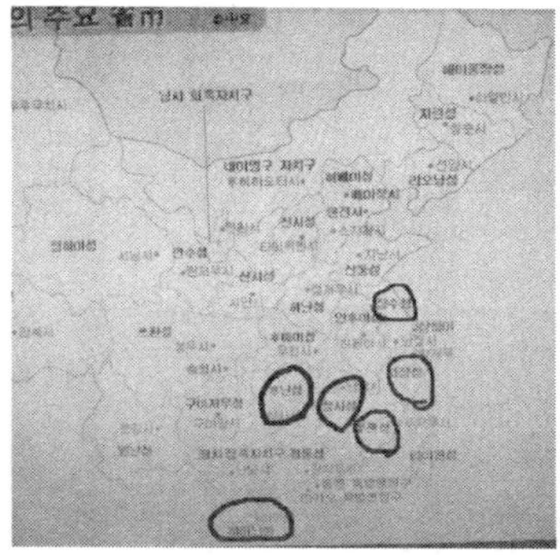

(그림 7-7) 장쑤, 저장, 장시, 푸젠, 하이난, 후난

강남문화를 대표하는 지역은 중국 장쑤성 쑤저우와 저장성 항저우라고 해도 무방할 정도로 두 도시는 강남의 전통문화와 색채를 잘 간직하고 있다. “하늘에는 천당이 있고, 땅에는 쑤저우와 항저우가 있다.(上有天堂, 下有蘇杭)”는 말이 있을 정도로 쑤항(蘇杭)으로 불리는 쑤저우와 항저우는 예로부터 천연 곡창지대여서 물산이 풍부하고 문화가 발달하였다. 도시와 농촌 모두 생활 수준이 높고 주민들의 소양도 깊다. 기후가 좋고 자원이 풍부하여 살기 좋은 ‘지상천국’으로 불려온 것이 이 도시의 자랑이다.

두 지역 모두 호수와 강이 많다. 운하가 도시를 지나는 곳이라 물이 풍부하여 물의 도시 또는 동양의 베네치아라고도 불리며, 중국의 강남문화라 하면 떠오르는 곳이 되었다. 지표면이 낮아 운하를 파면서 나온 흙을 이용하여 둑을 쌓고, 마을을 조성하여 지표면을 높이고 운하를 이용한 수상교통을 활용하는 일석삼조의 효과를 본 곳이다.

물이 많아 자연스레 아름다운 다리도 많이 건설하였고, 강남의 따뜻한 기후 탓에 정원도 발달하였다. 도시의 건축물은 아담하면서 진취적인 곡선미를 살리면서 평온하고 아름다운 강남문화 색채를 더욱 짙게 만들었다.

쑤저우는 춘추시대와 삼국시대에 오(吳)나라의 중심지였다. 항저우는 춘추시대에는 월(越)나라 중심이었고, 남송시대에는 수도(항저우는 당시에 임안으로 불렀음)였기에 유서 깊은 역사문화가 여기저기 흩어져 있다. 특히 춘추시대 두 나라 사이에서 발생한 오월동주(吳越同舟), 오월춘추(吳越春秋), 와신상담(臥薪嘗膽)과 같은 역사 고사와 성어는 지금까지도 널리 회자하고 있다. 쑤저우에 대해 좀 더 자세히 살펴보자.

(그림 7-8) 호구탑

오왕 합려와 그의 아들인 부차의 월왕 구천과의 전쟁으로 유명한 와신상담이라는 성어는 쑤저우 외곽에 자리한 호구(虎邱)에서 그 자취를 찾을 수 있다. 송대 문인 소동파(蘇東坡)가 "쑤저우에 와서 호구에서 노닐지 않으면 유감이다.(到蘇州而不遊虎邱,乃是憾事.)"라고 말했을 정도다.

경치가 빼어난 이곳에는 호랑이 모양의 언덕답게 넓은 바위로 이루어진 언덕이 있고 그 주위에 시검석(試劍石), 즉 오왕 합려가 천하의 명검을 시험해보기 위해 잘랐다는 갈라진 돌이 있다. 그의 무덤 옆에는 검지(劍池)가 있다. 또 1,000명이 앉아서 승려의 설법을 들었다고 하는 천인석(千人石)이라는 평평한 바위도 있다.

쑤저우는 실크로 유명하다. 비단은 바로 쑤저우 근교인 오강(吴江)에서 만들어진다. 쑤저우에는 비단박물관이 있어서 비단의 역사와 생산 과정까지 모두 보여주고 제품 판매도 이루어진다. 실크 넥타이나 옷, 블라우스 등은 질이 좋다는 평을 받고 있다.

번화가 관전가(觀前街)에는 삼만창이라고 하는 찻집이 유명하다. 쑤저우의 특산 녹차로는 푸른 소라 모양의 차라고 해서 붙여진 이름인 벽라춘(碧螺春)이 있다. 쏘가리를 다람쥐 모양으로 튀긴 요리 송서계어(松鼠桂魚)는 쑤저우 특색 음식이다.

(그림 7-9) 시검석

송서계어와 함께 오 문화의 발상지인 태호(太湖)에서 나오는 멸치 모양의 투명한 은어(銀魚)와 민물새우도 특산 명물이다. 쑤저우사람은 매끼 민물고기요리가 상에 오를 정도로 생선은 그들의 일상의 음식문화의 한 부분이다. 이밖에 계두두(鷄頭豆)라는 음식도 쑤저우 명물이다. 쑤저우에는 고염무와 범중엄 등 대학자와 문인들이 많이 배출되었고, 장원과 원사들도 많다. 문화예술 방면에서는 공연예술이자 후대 경극에 영향을 준 곤곡이 탄생한 곳이기도 하다.

(그림 7-10) 현묘관과 관전가

(그림 7-11) 송서계어

쑤저우는 문화고도이기 때문에 어디를 가도 편안하고 아늑한 느낌을 주는 전통가옥과 정원을 볼 수 있다. 쑤저우사람은 문화를 사랑하고 조용하며 싸움을 싫어하는 온순한 기질을 가지고 있다. 그래서 쑤저우에서는 싸우는 소리를 거의 들을 수 없으며, 서로 싸워도 싸우는 것 같지 않게 조용하게 대화하듯이 싸운다. 심성이 온화하여 문혁 당시 마오쩌둥도 이곳 쑤저우는 건드리지 않았을 정도였다. 자전거를 타고 가면서 여유롭게 전통 노래를 부르는 쑤저우 행인들을 종종 볼 수도 있다.

이제 항저우에 대해 좀 더 자세히 살펴보자.

항주의 역사는 기원전 221년 진나라 때 전당현이라는 이름으로 역사에 처음 등장하였으며, 항주라는 이름은 수나라 때부터 불렸다. 남송 시절 도읍을 이곳 항주로 정하였기 때문에 항주에는 남송 시절 유적들이 많이 남아있다. 현재는 송성(宋城)이 재현되어 당시의 도시 형태와 모습을 살펴볼 수 있다.

16세기에 항저우를 방문한 마르코 폴로는 이곳을 가리켜 "세계에서 가장 아름다운 도시"라고 칭찬한 바 있고, "아침에도 좋고 저녁에도 좋고 비 오는 날에도 또한 좋다."라는 이야기가 전해질 정도로 아름답다. 경항운하(京杭運河)와 호수 서호는 특히 도시의 아름다움을 더해준다.

만리장성이나 구이린과 함께 중국 10대 경관에 속하는 서호의 뇌봉탑은 중국의 4대 민간고사인 「백사전(白蛇傳)」의 소재가 되었고, 서호의 범람을 막기 위해 당나라 때 백낙천이 쌓은 제방 백제(白堤)와 송나라 때 소동파가 쌓은 제방 소제(蘇堤)가 아직도 남아있다.

특히 소동파가 즐겨 먹었다는 돼지고기 삼겹살 간장조림요리인 동파육(東坡肉)은 항저우의 특산음식으로 유명하다. 이밖에 녹차인 용정차(龍井茶)가 유명하다. 용정은 우물에서 용이 보였다고 해서 붙여진 지명이다. 서호의 비경에 걸맞게 최근에는 인상시후(印象西湖)라는 종합 예술 공연이 서호를 배경으로 열리고 있다.

서호는 계절마다 독특한 아름다움을 지니고 있고, 아침과 저녁의 느낌이 다르며, 안개 낀 날과 맑은 날의 느낌이 다르다. 서호에서 볼 수 있는 열 가지 절경인 서호 10경은 참으로 아름답다. 서호의 다른 이름은 서자호(西子湖)라고도 하는데, 이는 시인 소동파가 서호를 서시에 비유한 데서 나온 이름이다.

(그림 7-12) 서호

서호 10경은 겨울에 눈이 녹으면서 마치 다리가 끊어진 것 같은 착각을 불러일으키는 단교잔설(斷橋殘雪), 백제 서쪽 끝에 호수 면과 거의 같게 만든 조망대인 평호추월(平湖秋月), 서북쪽 비정을 중심으로 펼쳐지는 연꽃 향기 그윽한 곡원풍하(曲院風荷), 소동파가 만든 제방인 소제춘효(蘇堤春曉), 5백여 그루의 모란뿐 아니라 15,000그루의 꽃에 둘러싸인 홍어지(紅魚池)에서 노는 잉어를 바라보는 즐거움에 연유해 붙어진 화항관어(花港觀魚), 서호 동남쪽 버드나무 가지 사이로 들리는 꾀꼬리 소리가 고운 곳인 유랑문앵(柳浪聞鶯), 호수 서남쪽에 있는 남고봉(南高

(그림 7-13) 동파육

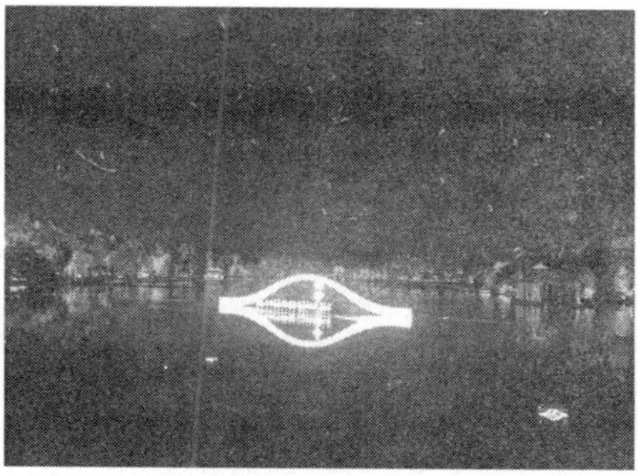

(그림 7-14) 인샹시후 공연

峰)과 서북쪽에 있는 북고봉(北高峰)이 산수화처럼 운치가 있는 쌍봉운(雙峰雲), 서호 안에 만든 인공 섬으로 섬 남쪽에 있는 높이 2m의 구멍으로 바라보는 달이 아름다운 삼담인월(三潭印月), 정자사(淨慈寺)와 영은사(靈隱寺)에서 울려오는 종소리가 운치를 돋우는 남병만종(南屏晩鐘), 뇌봉산(雷峰山) 꼭대기에 있던 뇌봉탑(雷峰塔)에서 비치는 석양이 분위기가 있는 뇌봉석조(雷峰夕照) 등이다.

"맑은 호수는 비 내리는 호수보다 못하고, 비 내리는 호수는 달빛 호수만 못하고, 달빛 호수는 눈 내리는 호수만 못하다." 청대의 시인 위원(魏源)은 서호의 아름다움을 이렇게 노래하였다.

남송 시절 여진족의 금나라에게 빼앗긴 중원을 회복하기 위해 필사의 노력을 한 애국명장 악비를 기리는 악비묘, 불교 유적인 영은사(靈隱寺)와 육화탑(六和塔)도 유명하다. 특히 326년에 창건된 영은사는 석굴 조각상 예술의 극치를 보여준다. 330개가 넘는 조각상 중 웃음을 띤 낙천적인 포대화상(布袋和尙)의 모습은 특히 인상적이다.

육화탑은 전당강 주변 월륜산에 세워졌는데, 외관은 13층이지만 실제로 내부는 7층이다. 이 탑을 오르면 전당강과 중국에서 최초로 건설된 1,500m의 전당대교의 모습을 한눈에 볼 수 있다. 매년 음력 8월 18일을 전후해 바닷물의 역류가 이루어지기 때문에, 전당강의 대 역류를 막아달라는 기원으로 이 탑이 세워진 것이다.

(그림 7-15) 전당강과 육화탑

전당강과 육화탑을 소재로 한 소설 「유의전(柳毅傳)」이 있다. 동정호와 전당강을 다스리는 수

신인 용왕의 가족이 동정군과 전당군 등으로 의인화하여 인간세계와 거리낌 없이 교류하고, 인간 유의 역시 후에 신선이 되는 등 수궁과 인간계라는 서로 다른 세계를 넘나들며 인간과 신선의 삶을 동시에 영위하는 모습이 흥미를 끄는 작품이다.

이밖에 장쑤성의 전장(鎭江), 우시(無錫), 볶음밥으로 유명한 양저우(揚州), 저장성의 사오싱(紹興), 자싱, 우전(烏鎭) 등도 강남문화의 정취를 느낄 수 있는 곳이다.

2) 쑤저우와 정원문화

(그림 7-16) 졸정원

쑤저우의 졸정원(拙政園)과 유원은 베이징의 이화원, 허베이성 청더(承德)의 이궁과 함께 중국 4대 정원에 속할 정도로 그 건축미와 예술미는 높이 인정받고 있다. 세계문화유산에 등재된 졸정원은 원래 당나라 시인 육귀몽의 집이었다가 원대에 대굉사로 바뀌었던 것을 명나라 때 왕헌신이 중앙에서 뜻을 이루지 못하고 고향에 돌아와 칩거하면서 개축한 것이다.

졸정원이란 이름은 진나라의 반악이 쓴 글 가운데 "채소밭에 물을 주고 채소를 가꾸는 것도 보잘 게 없는 사람들의 위정이다."라는 글귀에서 따온 것이다. 영어로는 졸정원을 '미천한 행정관료의 정원(Humble Administrator's Garden)'이라고 번역한다.

졸정원은 동, 중, 서 세 부분으로 나뉘는데, 그 핵심은 중원에 집중되어 있다. 중원에는 원향당, 향주, 독특한 모양의 견산루와 파산랑, 해당, 파초가 빼곡히 들어선 비파원 등의 건축물이 적절히 배치되어 있다. 정원 너머로 저 멀리 대안탑이 조화를 이루고 있다. 졸정원은 중국 정원의 특색을 한눈에 살펴볼 수 있을 정도로 뛰어난 강남의 대표 정원이다.

중국 정원은 자연 경치를 집안에 조성해 놓고 감상할 수 있게 하는 데 주안점을 두고 있다. 곳곳에 연못을 파고 주변에 기암괴석으로 풍취를 돋우며, 나무를 심고 이를 감상할 수 있게 정자를 세워 놓는다. 연못의 연꽃, 정자와 정자를 이어주는 통로와 다리, 연못 주변 수목들의 배치가 정원의 골격을 이룬다. 정자 지붕 끝은 제비 꼬리처럼 치켜 올라간 것이 특징이며 안쪽에는 탁자와 의자가 있어서 여기에 앉아 술과 차를 마시며 시와 음악을 즐길 수 있도록 설계되어있다.

특히 사면에는 창을 내어 사방의 경치를 볼 수 있도록 만든다. 앞쪽으로 멀리 호수와 산의 모습을 바라보고, 서쪽으로 연못의 연꽃을, 동쪽에는 소나무와 대나무의 정취를, 뒤쪽에는 기암괴석과 난초를 볼 수 있게 조성해 놓는다. 경치를 보는 각도에 따라 연못의 달을 감상할 수 있는 곳, 설경을 바라보는 곳 등 사철 정취를 잘 느낄 수 있는 곳에 정자를 세운다. 명대에 건축된 유원은 규모는 작고 아담하지만 구조가 짜임새가 있으며 다양한 나무들로 아름다움을 더한다. 그리고 사자림(獅子林)은 원대인 1350년에 만들어진 정원으로 호수의 석가산으로 이름이 알려졌기 때문에

(그림 7-17) 사자림

‘가산왕국’이라고도 한다. 전체면적 10,000㎡ 가운데 태호(太湖)에서 가져온 태호석이 절반을 차지하고 있다.

‘사자림’이라는 이름은 이곳의 기묘한 바위들이 각기 사자의 모양을 닮았다고 해서 붙여진 것이다. 신선이 이곳에 100마리의 사자를 숨겨 놓았는데, 왕이 99마리밖에 찾아내지 못해 아쉬워했다는 전설도 있다. 사자림 내부의 21개 동굴은 미로처럼 이어져 있어서 관광객들이 서로 바라볼 수 있는 위치에 있는데도 상대방에게로 가는 길을 찾지 못하기도 한다.

3) 장쑤성 난징(南京)

장쑤성 성도인 난징은 양자강 하류에 위치하며 도시 면적 4,500㎢, 인구 500여만 명, 2,400여 년의 역사를 가진 중국 7대 고도 중 하나다. 난징은 석두성(石頭城)이라는 명칭으로도 불린다. 이 명칭은 난징 청량산(清凉山)에 위치한 육조 시기의 유명한 유적지인 석두성에서 유래한다.

229년 손권이 이곳에 도읍을 정해 오(吳)라고 칭하였고, 그 후에 동진(東晋)과 남조인 남송(南宋), 제(齊), 양(梁) 진(陳), 오대 기간 중의 남당(南唐), 명(明), 태평천국(太平天國), 중화민국(中華民國) 등 10개 왕조 및 정부가 이곳을 도읍으로 삼았다. 1840년에 발생한 아편전쟁에 패한 후인 1842년에 난징의 황포강에서 영국과 치욕적인 불평등조약인 난징조약을 체결한 장소이기도 하다.

난징은 양자강 유역의 해상교통의 편리함을 이용하여 전자, 기계, 중공업 등이 발달하였고 문화의 중심지로서의 명성도 얻고 있다. 기후는 아열대에 속한다. 난징은 수로(水路), 육로(陸路), 공로(空

路) 모두 교통편이 좋아서 중국 수륙 교통 중계지의 하나가 되었다.

배를 이용하면 양자강을 따라 우한(武漢)과 장강삼협(長江三峽)을 지나 충칭으로도 갈 수 있다. 난징은 징후(京滬)철도가 지나가므로 고속철(高鐵, 動車)을 이용하여 수십 곳의 대도시 여행을 할 수 있다.

(그림 7-18) 중산릉

대표적인 유적지를 소개하면 다음과 같다. 먼저 중산릉(中山陵)은 1911년 신해혁명을 일으켜 청 왕조를 몰아내고 공화체제를 구축한 국부 쑨원의 묘지로 난징 자금산(紫金山)의 남쪽 기슭에 위치한다. 1926년에 착공하여 1929년에 완공되었으며, 130ha의 부지 내부는 광장, 석방, 제당, 묘실, 음악대 등으로 이루어져 있다. 쑨원은 민족, 민권, 민생이라는 삼민주의(三民主義)를 주장하였는데, 그의 동상은 체코인 작가가 조각한 까닭에 유럽인의 모습을 하고 있다.

명효릉(明孝陵)은 명(明) 왕조의 창시자인 홍무제 주원장(朱元章)의 묘이다. 내부는 방성, 비정, 보성, 태조묘 등으로 이루어졌고, 능으로 통하는 참배 도로 양쪽에 배치된 석조 문신, 무장 석수는 16쌍으로 장관을 이룬다. 주원장의 아들인 영락제가 베이징으로 천도하면서 난징의 궁궐 모습을 그대로 이어받아 베이징 자금성 궁궐을 축조하였다. 그래서 이후 왕들은 사후에 베이징 북쪽에 명십삼릉(明十三陵)에 묻히게 된다. 명효릉 주변에는 삼국시대 오나라 손권의 묘인 손릉(孫陵)도 있다.

다음으로 영곡사(靈谷寺)는 중산릉(中山陵) 동쪽에 있으며 514년에 세워졌지만 1318년 현재의 장소로 옮겨졌다. 사찰 안에는 명대 건축물인 무량전 · 송풍각 · 영곡탑 · 지공탑이 남아있는데, 그중 무량전은 전체가 벽돌로만 쌓아 올려진 구조로서 그 견고함으로 인해 700년이 지난 지금도 잘 보존되어 있다.

다음으로 난징 시내 속 호수인 현무호(玄武湖)는 총면적이 444ha인데, 그중 능의 면적은 49ha로서 호수 총면적의 1/9을 차지하고 있다. 호수 속에는 5개의 작은 섬이 있고 모두 다리로 연결되어 있다.

난징 시가지를 관통하는 양자강 위의 장강대교(長江大橋)는 그 위용을 자랑한다. 1968년에 완공된 이 다리는 전체 길이가 6,772m로서 도로와 철로 양용 도로로는 세계에서 가장 길다. 사실 그 기초는 구소련에서 계획하였으나 중소 분쟁으로 마지막에는 중국 자체 기술로 완공시켰기 때문에 이 다리는 난징시민들의 자존심이자 중국인의 자존심의 상징물이 되고 있다. 4개의 기초 지지대는 높이가 70m나 되며, 대교의 야경 또한 아름답다.

(그림 7-19) 난징대학살기념관

다음으로 우화대(雨花臺)는 육조(六朝)시대에 불사(佛事)가 많이 있던 곳이며 하늘에서 꽃비가 내린다는 고사에서 명칭이 유래하고 있다. 국민당 통치 시기에 학살당한 혁명 열사를 위한 기념비가 세워졌다. 이밖에 1937년 중일전쟁이 발발하면서 상하이를 통해 난징으로 진격한 일본군에 의해 몇 주 만에 30만 명의 시민들이 학살당한 난징대학살을 기리는 난징대학살우난동포기념관도 있다.

그리고 오룡담(烏龍潭)공원은 장편소설 『홍루몽』을 연상케 하는 곳이며, 청량산(淸凉山)공원도 다양한 문학 작품 속에 등장했던 유명한 공원이다. 난징의 특산이 우화석은 난징을 배경으로 한 『홍루몽』 속 주인공 가보옥의 탄생 소재가 되기도 한다. 소설 속 12명의 여인인 금릉12채(金陵十二钗)의 금릉은 난징의 옛 명칭이다. 그리고 난징의 진회하(秦淮河)는 청대 『도화선』 속에서 이향군과 후방역의 이야기의 배경이 되는 곳으로서 야경이 특히 아름답다. 이밖에 공자의 사당인 부자묘와 과거시험 장소였던 공원(貢院)도 잘 보존되어 있다.

4) 양저(良渚)문화

중국대륙은 다원적 문명과 문화를 지니고 있다. 현재까지 발견된 문명으로는 황하 유역에서 발원한 황하문명 외에 랴오닝성과 네이멍구 지역에서 발원한 요하문명, 그리고 양자강 유역에서 출현한 양자강문명이 있다. 그중 양자강문명에는 마가빈문화, 굴가령문화, 하모도문화와 이를 계승한 양저문화 등이 포함된다.

70년대에 사오평원의 하모도에서 벼농사와 건축물 유적이 발견되었는데, 이 시기의 문화를 하모도문화로 칭한다. 이후에 양저문화가 출현하는데 양자강 하류 저장성과 장쑤성 지역을 중심으로 흥성하였다. 시기적으로는 기원전 3,300년부터 기원전 2,200년 전까지의 약 1,100년의 기간이다. 관련 유물과 유적은 1930년대부터 발굴이 시작된다.

항저우 서호(西湖)박물관에서 근무하는 젊은 연구자 스신겅(施昕更)은 자신의 고향인 양저 일대에서 야외 조사를 하다가, 1936년 11월 3일 기반분(棋盤墳)이라는 곳의 마른 연못에서 검은 도자기 조각 몇 점을 발견하였다. 양저문화 관련 최초의 유물 발견으로 평가되며, 이후 관련 고고학 발굴이 활발해진다.

이후 1950년대에 우싱과 자싱의 저습지에서 발견된 유적지에서는 벼농사에 쓰인 괭이와 돌도끼 등이 발견되었고, 소나 돼지를 키운 흔적도 발견되었다. 일찍이 벼농사가 발달했음을 알 수 있다.

1973년 장쑤성 우셴 초혜산(草鞋山) 유적지의 발굴은 상징적인 사건으로, 초혜산 유적지에서 처음으로 옥종, 옥벽 등 대형 옥기가 양저문화 도자기와 함께 묻혀있는 무덤이 발견되었다. 주한(周漢) 시기의 유물로 여겨져 온 옥기가 사실은 양저문화의 유물이었다는 것이다. 초혜산 발굴에 이어 장쑤성 우셴 장릉산(張陵山) 유적지에서도 옥종과 옥벽 등 양저 문화 유물들이 부장된 대형 고분을 발굴하였고, 이어서 창저우(常州) 등지에서 큰 규모의 무덤도 발견하였다.

이로부터 학계에서는 양저문화 옥기에 대해 관심을 가지기 시작했다. 한편으로는 중국 예법 중에서 중요한 역할을 한 옥기가 마침내 '오랑캐의 땅'으로 여겨졌던 강남지역에서 기원한다는 사실을 발견한 것이다. 또 한편으로는 이 지역의 큰 무덤과 작은 무덤의 규모가 크게 차이가 나는 사실은 당시 양저문화의 사회 분화와 발전이 이미 상당히 높은 수준에 이르렀다는 점을 증명하였다.

(그림 7-20) 양저문화 옥기

1987년 반산(反山)에서 11개의 대형 고분이 발견된다. 이 대형 묘지들은 배열 위치, 묘혈 규격, 부장품의 수량과 종류에 있어 많은 차이가 있고 엄격한 규정을 따르고 있다. 양저문화의 사회적 분화와 직능 분담 등의 내용을 연구하는 데 새로운 소재를 제공하고 있다.

평면적으로 내외 삼중의 흙 색깔 구조, 가장자리에 돌로 축대를 쌓는 복두형(覆斗形) 모양의 제단(祭壇) 유적도 밝혀냈다. 학자들은 양저 묘지와 제사터, 양저 옥기와 제사 간의 밀접한 관계에 주목하고 있다. 아울러 순장제 풍속도 확인할 수 있다.

2007년에 1년 가까운 시추 조사와 발굴 작업을 통해서는 동서 길이 약 1,700m, 남북 길이 약 1,900m, 총면적 약 300만㎡에 달하는 양저 고성 유적지도 발견하였다. 이로써 독립 문화권으로서의 양저문화의 발전 상황을 확실하게 엿볼 수 있게 되었다.

대형 제단과 함께 수많은 옥기가 매장된 제사장으로 추정되는 인물의 무덤도 발견되었다. 제정일치의 권력을 소유한 제사장의 무덤을 조성하는 데 수많은 인력이 동원되었다는 사실은 원시공동체에서 계급사회로의 전이를 나타내는 동시에 정치 권력의 출현이 시작되었음을 보여준다.

5) **장시성**(江西省) **이모저모**

장시성은 예로부터 감(赣gàn)으로 불려서 이 지역 자동차 번호판에는 감(贛)이 새겨져 있고, 이 지역 방언도 감 방언이라고 부른다. 장시성은 수도(水都)라고 불릴 정도로 물로 둘러싸여 있다. 상하이에서 고속철을 타고 저장을 지나 남서쪽으로 3시간 40분가량 내려가면 장시성 성도인 난창에 도착한다. 난창 역시 지형적으로 어머니강인 751km의 감강으로 둘러싸여 있다.

난창은 중국 공산당 현대사에서 중요한 도시다. 1927년 8월 1일, 당시 군벌 퇴치를 위해 국민당과의 합작 하에 북벌에 매진하다가 국공 분열이 되면서 위기에 처한 공산당과 국민당 좌파가 공산당의 우경화를 저지하기 위해 연합하여 난창기의(南昌起義)를 단행한다. 현재도 난창 시내 중심의 81광장에 난창기의를 기념하는 대형 팔일 난창기의기념탑(八一南昌起義紀念塔)이 세워져 있다.

(그림 7-21) 난창기의기념탑

장시성 지역은 과거에도 화려한 문화유적과 역사를 지닌 곳이다. 황학루, 악양루와 함께 중국의 강남 3대 누각에 속하는 아름다운 자태의 등왕각(滕王閣)은 당나라 때 건립되어 지금까지 전해지고 있다.

당나라 때인 653년에 당 고조 이연의 아들 이원영(李元嬰)이 이곳에서 홍주도독(洪州都督)을 맡으면서 지은 것이다. 가무악 배우들을 데려와서 종일 가무회를 열었다고 하는데, 이원영이 후에 등왕으로 봉해졌기 때문에 이 누각을 등왕각으로 불렀다고 한다. 등왕각 뒤편으로는 감강이 흐르고 건너편은 전통 건물과는 대조적인 현대식 건물로 즐비하다.

장시성의 자랑거리로는 도자기 예술의 성지 징더전(景德鎮)이 있다. 징더전에서 생산된 도자기들은 장시성뿐만 아니라 전국에서 전시되고 판매될 정도로 그 인기가 꾸준하다. 도자기 예술과 함께 민간탕화 등 민간예술 활동도 생활 속에서 활발하게 이루어지고 있다.

장시성 위쪽 주장(九江)에 이르면 폭포와 절경으로 유명한 루산(廬山)이 나온다. 이곳은 여름 별장으로 주목받고 있기도 하고, 펄벅의 작품 『대지』의 배경이 된 곳이기도 하다. 또, 마오쩌둥의 루산회의와 장제스와 미국 마샬의 담판이 이루어진 곳으로 현대사에 있어서도 주요 거점이 되는 산이다.

(그림 7-22) 등왕각

(그림 7-23) 징더전 도자기

더 거슬러 올라가면 도연명, 이백, 백거이, 소동파가 그 아름다움을 시로 노래한 산이기도 하다. 장시성에는 예부터 훌륭한 인물이 많이 출현하였는데, 당송팔대가 중 한 사람인 구양수가 그 대표적인 인물이다.

난창의 미식거리인 성진타(繩金塔)에는 샹구러우빙탕(香菇肉餅湯)과 같은 음식을 맛볼 수 있는데, 이곳에는 특히 홍고추와 청고추를 넣어 만든 매운 요리가 많은 편이다.

장시성에서는 난창과 징더전, 주장의 루산과 함께 유채꽃과 단풍이 아름다운 시골 마을 우위안(婺源)도 가볼 만하다.

(그림 7-24) 주장 루산

6) 푸젠성(福建省)과 객가문화

푸젠성은 예로부터 민(閩)으로 불렸고, 따라서 이들의 방언을 민방언이라고 한다. 민의 남쪽 사람들이 명말 정성공(鄭成功)을 따라 푸젠 남쪽 구랑위(鼓浪嶼)에서 배를 타고 타이완으로 이주하여 현재 타이완 현지사람들 대부분은 일상생활에서 민난어(閩南語)를 구사하고 있다.

푸젠성의 방언과 함께 음식과 민간신앙 등이 타이완에 그대로 전승되어, 양 지역 요리가 흡사하고 바다의 여신 마조(媽祖)를 기리는 풍습이나 마조묘(媽祖廟) 구조나 양식도 흡사하다.

상하이 훙차오 고속철역에서 출발하면, 푸젠성 성도인 샤먼까지 약 8시간 정도 걸린다. 몇 년 전 D와 G로 약칭되는 고속철이 건설되기 전 상하이와 샤먼 구간은 보통열차로 21시간 정도 걸렸으니 격세지감이 느껴질 정도로 변화가 크다.

샤먼에는 타이완에서 보던 묘지와 흡사한 묘지도 보이고, 이곳의 사원 형태도 타이완의 그것과 비슷하다. 붉은 바나나, 용안, 두리안

(류옌), 망고 과수원이 널려있고, 야자수가 있는 아열대의 경관이 이국적이다. 유럽의 화교들이 돌아오면서 형성한 유럽풍의 건축물이 겹쳐지면서 마치 유럽과 홍콩, 마카오, 타이완이 혼합된 도시 스타일을 보여준다. 샤먼대학, 샤먼이공대학, 화교대학 등 우수한 대학들도 즐비하다.

푸젠성에는 대륙 북방에서 피난 내려온 객가인(Hakka)이 집단거주하고 있다. 그래서 객가인 특유의 가옥형태인 둥그스름한 토루(土楼)가 잘 보존되어 있다. 그중 영정(永定) 토루 등은 세계문화유산으로 등재되어 있다.

(그림 7-25) 객가인 토루

객가인은 원래 중원에 거주하던 한족의 일파로 동진 이후 전쟁 등의 이유로 강남의 푸젠성, 장시성, 광둥성 지역으로 이주한 후, 토착민과의 갈등을 빚기도 하고, 어울려 잘 지내며 독특한 문화를 만들어왔다. 객가인들은 비극의 역사를 겪었음에도, 그들은 중국의 유태인으로 불릴 정도로 경제관념이 뛰어나 세계 화교 경제의 주축을 이루며 적극적으로 활동하고 있다.

푸젠성에는 샤먼과 성도인 푸저우(福州) 외에 명약 편자황(片仔癀)으로 유명한 장저우(漳州) 등이 대표적인 도시다.

7) 하이난성과 리족

중국 광둥성 남쪽에는 최남단 섬인 하이난성이 있다. 1988년 성으로 승격되었는데, 총면적이 약 34,000㎢에 이르는 중국 제일의 섬으로, 약 650만 명의 인구가 살고 있다.

하이난성은 아열대 기후라 습도가 높고 날씨가 덥지만 풍경이 아름답고, 야자와 파인애플, 바나나 등의 열대과일이 많이 생산되며, 리족(黎族) 등의 소수민족 문화도 많이 남아있다. 리족은 베트남에까지 퍼져있는 백월족이었다고 하며, 리족 외에 먀오족, 후이족, 좡족, 그리고 푸젠성과 광둥성 사람이 많이 거주하고 있다.

하이난화(海南話)는 광둥어와 비슷하지만, '안녕하세요.'를 의미하는 중국어 '니하오마?'는 방언 '루호마?'라고 발음하는 등 또 다른 계통의 방언으로 분류된다.

하이난성의 라오제(老街)는 예전에 화교들이 거주하던 곳으로서 남미나 유럽에서 돌아온 화교들의 영향을 받아 서구식 건축물이 눈에 많이 띈다. 이국적 건물들이 아열대 섬의 자연풍광과 어우러져 마치 제주도와 홍콩, 타이완, 그리고 하와이를 합쳐놓은 듯한 묘한 분위기가 느껴지는 곳이다.

중국대륙에서 이곳으로 가려면 항공편과 배편, 그리고 배로 중간을 이은 열차편이 있다. 성도는 하이커우(海口)이고 여기에서 고속철을 타고 서남쪽으로 2시간가량 가면 싼야(三亞)라는 해변도시가

(그림 7-26) 하이난 민속촌

(그림 7-27) 싼야천고정 공연

(그림 7-28) 하이난 음식

나온다. 이동하는 동안에도 하이난성이 아열대와 열대가 공존하는 곳임을 체험할 수 있다.

싼야는 하이난성 최남단 열대 도시로서, 인구는 37만 명이고 면적은 1,877㎢이며 바다를 둘러싸인 현대화된 도시이다. 전형적인 열대 해양성 기후를 나타내고 있으며 중국 유일의 국제적인 피한지로 손꼽힌다.

전형적인 열대 풍경은 가장 큰 볼거리다. 수심 9m까지 눈으로 확인할 수 있는 야룽완(牙龍灣), 다둥하이해수욕장(大東海海浴場) 등이 있는데, 야룽완은 특히 중국이 자랑하는 최고의 해수욕장으로서 국가에서 관리하는 까닭에 항상 깨끗하고 아름답다.

소수민족 민속촌의 민속공연과 전통생활 모습도 둘러볼 만하다.「싼야천고정(三亞千古情)」공연 중에 관람석이 양쪽으로 분리되고 천장에서는 공연하는 사람들이 수영하는 모습을 보여준다. 해상 실크로드의 역사를 보여주려는 의도이며, 이곳에서는 독특하고 인상적인 공연을 체험할 수 있다. 싼야의 야경은 녹회두(鹿回頭) 언덕에서 보는 방법과 배를 타고 보는 방법이 있는데, 모두 인상적이고 아름다운 풍경을 맛볼 수 있다.

하이커우의 치러우음식거리(騎樓小吃街)에 가면 하이난 특색의 요리를 맛볼 수 있다. 하이난의 토속 요리로는 원창지(文昌鷄), 둥산지(東山鷄)라는 닭 요리, 장야(醬鴨), 자지야(炸鷄鴨), 센수이야(咸水鴨)라는 오리 요리, 그리고 새우와 게 요리, 산양 요리, 파파야에 담긴 오골계탕, 돼지귀(猪耳朵), 분탕(粉湯), 영양죽, 발효달걀죽(皮蛋粥), 쌀국수(米粉) 등 다양하다.

흥미로운 점은 이곳의 KFC나 피자헛에서는 현지화 전략을 구사하여 죽이나 더우장, 볶음밥, 발효달걀두부(皮蛋豆腐) 등 중국음식을 함께 판매하고 있다.

(그림 7-29) 하이난 치러우음식거리

8) 후난성의 음식과 소수민족

중국 제 1세대 리더인 마오쩌둥의 고향은 후난성이다. 후난성은 예부터 상(湘) 지방으로 불렸으며, 그래서 후난성의 요리는 상채(湘菜)로 불리고, 후난성의 방언은 상(湘)방언으로 불린다. 이 지역의 자동차 번호판 첫머리도 모두 상(湘)으로 시작한다.

중국에서는 후난성사람에 대한 평가는 좋은 편이다. 그런데 그들이 먹는 요리는 매운 고추가 많이 들어가서 상당히 맵다. 후난성 출신의 마오쩌둥도 고추가 없으면 밥을 먹지 않았으며, "고추가 들어간 매운 음식을 먹지 않고는 혁명을 할 수 없다."라고 말할 정도로 그들의 매운 음식 사랑은 대단하다. 중국에서 산시성, 쓰촨성, 후난성의 요리가 매운데, 새콤하게 매운맛, 얼얼하게 매운맛, 그냥 매운맛으로 각각 정평이 나 있다.

후난성에도 소수민족이 많이 거주하는데, 그중 투자족(土家族)이 많다. 1992년 세계문화유산에 선정된 유명한 관광지 장자제(張家界)는 투자족이 거주하는 고장이면서, 안개 속에 살짝 드러나는 수천 개의 산봉우리와 동굴, 폭포, 계곡 등 다양한 경치로 인해 아바타와 서유기 촬영지가 되기도 하였다.

투자족은 개고기를 선호하여 투자구육(土家狗肉)이라는 간판도 종종 보인다. 후난성은 아름다운 자연경관과 음식 그리고 소수민족 문화가 잘 어우러진 지역이라고 할 수 있다.

보충설명

• 장쑤성 한산사와 장계의 풍교야박

강과 다리가 어우러진 쑤저우에는 전형적인 경관을 보여주는 한산사(寒山寺)가 있다. 한산사는 양(梁)나라 519년에 세워진 고찰로 처음에는 묘리보명탑원(妙利普明塔院)으로 불리었다. 당나라의 고승 한산(寒山)이

머문 뒤부터 한산사라는 이름이 붙은 이 절은 다섯 차례나 화재가 발생하여 소실되었다가 1907년에 재건되었다.

한산사는 당나라 장계(張繼)의 「풍교야박(楓橋夜泊)」이라는 시에 등장하면서 더욱 유명해졌다. 장안으로 과거시험을 보러 갔다가 고배를 마시고 고향으로 돌아오던 장계는 그가 탄 배가 풍교와 강촌교(江村橋) 사이에 머물렀을 때 한산사의 종소리를 듣게 된다.

(그림 7-30) 쑤저우 한산사

(그림 7-31) 쑤저우 풍교

수심에 차 있던 장계는 "달은 지고 까마귀 우니, 서리만 하늘에 가득한데, 강가의 고기잡이배의 불빛에 근심에 차 잠 못 이루네. 오랜 소주성 밖 한산사, 한밤중 종소리가 나그네 뱃전까지 이르네.(月落烏啼霜滿天, 江楓漁火對愁眠, 姑蘇城外寒山寺, 夜半鍾聲到客船.)"라고 노래하며 이곳의 경치에 빗대어 자신의 낙담한 마음을 표현하였다.

종은 2층의 종루(鐘樓)에 보관되어 있는데, 종을 한 번 치면 10년이 젊어지고 행운이 온다는 전설이 내려온다. 한산사 입구에는 오랜 역사를 가진 강촌교(江村橋)가, 한산사 오른쪽으로 약 100m 떨어져 있는 철령관 밖에는 장계의 시에 나오는 풍교(楓橋)가 놓여 있다. 철령관은 수로의 폭이 넓어 각종 물자를 실은 화물 선박이 오가는 모습을 볼 수 있다.

• 장쑤성 우시(無錫)

쑤저우 바로 옆에는 우시라는 도시가 있다. 이곳은 고대 한 왕조의 주요 무기 생산지였다. 예전에는 주석이 많이 나는 곳이었으나, 지금은 주석이 나지 않아 우시(無錫)라고 명명하였다. 장쑤성의 중심 역할을 하며 2,300년의 역사를 지니고 있다. 우시는 태호(太湖)가 감싸고 있고, 주위의 매원(梅圓) 등 강남 정원이 볼만하다.

중국 CCTV에서 방영되는 『삼국연의』의 주 무대인 삼국성(三國城)과 당성(唐城), 구주성(歐洲城)이 이곳에 있다. 삼국성과 당성을 통해 중국의 옛 역사와 문화를 관람할 수 있는데, 삼국성은 이름 그대로 위·촉·오 삼국시대 당시의 사회 모습을 재현해 놓은 곳이다.

입구에 들어서는 순간 거대한 성문과 성벽이 압도적이고, 웅장한 성과 누각, 그 성 주위로 끝이 보이지 않는 태호는 거대한 장관이다. 여기에는 오 왕조, 위 왕조, 촉 왕조 등 삼국시대의 왕궁이 그대로 재현되어 있다. 당성은 중국 당대(唐代)의 성을 재현해 놓은 곳으로서, 입구에 들어서면 화려한 문물과 단청무늬가 눈길을 끈다.

• 저장성 항저우 서호와 소설 『백사전(白蛇傳)』

「백사전」은 중국 4대 민간고사 중 하나로서, 다양한 장르로 재창작되어왔다. 내용을 요약하면 다음과 같다.

송나라 소흥(紹興) 연간에 항주(杭州) 한약방의 허선(許仙)이라는 남자가 서호(西湖)에서 만난 여인 백낭자(白娘子)[이름은 백소정(白素貞)]와 결혼하였는데 여러 가지로 괴이한 점이 많았다. 백낭자는 바로 천년 묵은 백사(白蛇)로 몸종인 청사(靑蛇)와 함께, 인간으로 변하여 사모하던 허선과 결혼한 것이다. 백사가 인간으로 변한다는 것은 요망한 짓이라고 여긴 금산사의 중 법해(法海)가 그녀를 따라다니며 끝내 그녀의 사랑을 방해하는 존재로 나타난다. 법해는 그녀가 뱀인 것을 허선에게 알려주며 단옷날 웅황주(雄黃酒)를 그녀에게 뿌리면 형체를 드러낼 것이라고 말한다. 단옷

날의 풍습으로는 여러 가지가 있으나 중국인들은 단옷날 웅황주를 마시면 뱀을 막을 수 있다고 여겼다. 허선이 법해가 일러주는 대로 웅황주를 그녀에게 뿌리니 그녀가 거대한 뱀의 몸을 드러낸다.(이 장면은 영화 '청사(青蛇)'에서 적나라하게 묘사됨) 자신의 아내가 거대한 백사인 것을 보고 너무 놀란 허선은 그만 죽어버리고, 백낭자는 백방으로 노력하여 선산에서 신선초를 구하여 남편을 다시 살려낸다. 법해는 허선을 금산사에 불러 부부의 정을 갈라놓고, 백낭자는 남편을 찾기 위해 끝내 홍수로 금산을 수몰시킨다. 백낭자와 허선은 단교(斷橋)에서 재회한다.

한편 다른 전설에 의하면 법해가 허선에게 바리를 하나 주었고, 허선이 그것으로 백낭자를 덮었더니 천년 묵은 뱀의 모습이 드러났고, 그녀의 몸종이었던 청사는 청어(青魚)로 변했다고 한다. 법해가 그것을 뇌봉사(雷峰寺)로 가져가 땅에 묻고 그 위에 탑을 세워 다시는 인간으로 변하는 요망스러운 짓을 하지 못하게 눌렀다. 그 탑이 바로 뇌봉탑(雷峰塔)이다.

• 저장성 사오싱(紹興)

와신상담(臥薪嘗膽)으로 널리 알려진 춘추시대 오(吳)와 월(越)의 전쟁 속에서 경국지색의 미모로 왕조의 흥망을 결정지었던 서시(西施)의 고향인 사오싱(紹興)은 바로 항저우 근처에 위치한다. 서시는 양귀비, 왕소군, 초선과 함께 중국 4대 미녀로 꼽힌다.

(그림 7-32) 뇌봉탑 원형 모습

서시는 월나라에서 땔나무 장수의 딸로 태어난다. 오나라 부차에게 패한 월나라 구천의 충신 범려는 보복을 위해 그녀에게 예능을 가르쳐서 호색가인 부차에게 바친다. 부차는 서시의 미모에 사로잡혀 정치를 돌보지 않다가 마침내 월나라에 패망하였다.

이백은 「오서곡(烏棲曲)」에서 이렇게 읊었다.

고소대 위에 까마귀 깃들이려 할 적　姑蘇臺上烏棲時
부차는 궁중에서 서시에 흠뻑 취했었네.　吳王宮裏醉西施
오가 초무의 환락 끝나지 않았는데　吳歌楚舞歡未畢
푸른 산은 어느덧 지는 해를 반쯤 삼켰었네.　青山猶銜半邊日
은 바늘 세운 금 항아리에선 물 많이 새었고　銀箭金壺漏水多
일어나 바라보면 가을 달 물결 속에 빠져있네.　起看秋月墜江波
동녘 밝았으니 못다 한 즐거움 어이 했을까.　東方漸高奈樂何

(그림 7-33) 루쉰의 고향 사오싱

(그림 7-34) 사오싱 명물 오봉선

서시가 강에서 빨래할 때, 그 미모가 너무 아름다워서 강물 속에서 헤엄을 치던 고기들이 넋을 잃고 바라보다가 강바닥으로 가라앉았다는 고사 서시완사(西施浣紗)로 유명하고 사랑하는 사람의 눈에 서시가 보인다는 "정인안리간서시(情人眼裏看西施)"라는 말도 회자하고 있다.

사오싱은 또한 루쉰(魯迅)의 고향으로도 알려져 있다. 그래서 노신의 소설 작품 속에 사오싱을 배경으로 한 장면이 많이 등장한다. 움막을 뜻하는 발과 손으로 저어가는 배 오봉선(烏篷船), 발효두부를 취수에 한 시간 담근 후 튀겨서 고추장에 찍어 먹거나 바삭바삭한 야채와 함께 먹는 생취숙향(生臭熟香)의 취두부 등 문학 속에 등장하는 장면들을 현장에서 그대로 느낄 수 있다.

또한 사오싱에는 소흥주(紹興酒)가 유명하다. 소흥주는 황주(黃酒) 계열인데, 항주는 중국에서 가장 오래된 술의 품종이다. 황주는 약의 기능을 높여주고, 요리에도 사용되었으며 영양도 있다. 황주를 빚을 때 점성이 큰 찹쌀과 보리쌀, 옥수수 그리고 고구마를 주재료로 사용한다.

(그림 7-35) 사오싱 취두부

(그림 7-36) 소흥주 여아홍

소흥주 중에는 소흥가반주(紹興加飯酒)가 유명하다. 가반주는 양조과정에서 밥을 이용하고 물을 적게 이용한다고 한다. 적황색을 띠고 있으며 도수는 15도 안팎이다. 우리의 청주와 비슷하며 세계 술 품평대회에서 상을 받기도 한 명주이다. 대륙과 타이완 모두 이 소흥주를 선호하는 편이다.

소흥주 중에는 여아홍(女兒紅)이라는 술도 있다. 이곳 사람들이 딸을 낳으면 바로 이 술을 담아 마당에 묻어 놓았다가 딸이 장성하여 시집갈 때 이 술을 꺼내어 잔치를 벌인다고 한다. 아들을 낳으면 마찬가지 이유로 장원주(壯元酒)를 담근다고 한다. 사오싱사람의 일상과 뗄 수 없는 밀접한 술이다.

• 상하이 도시문화

중국 정부의 정경분리 정책에 따라, 상하이는 중국의 경제수도이자 경제발전의 상징도시로 자리매김 되면서 옛 국제도시의 명성을 회복하고 있다. 중국 유일의 상품선물시장을 비롯해 선진 금융시장이 가동되고 있으며, 선전, 홍콩을 잇는(滬港通) 주식시장의 중심에 위치하고, 기존의 무역과 금융 관련 업체들이 상하이로 몰리면서 이제 상하이는 세계의 금융 메카로 우뚝 솟아올랐다.

하루가 다르게 변화하는 스카이라인은 가공할만할 정도의 위용을 뽐낸다. 특히 2010년 상하이 세계 엑스포 개최와 더불어 명실공히 국제도시의 면모를 더욱 확고하게 다졌다. 20년 전만 해도 작고 붐비는 훙차오(紅橋) 국제공항과 상하이역, 상하이 남북을 가로지르는 황포강(黃浦江)은 특별함을 느끼게 할 정도로 위용 있어 보이지도 않았다. 동쪽 푸둥(浦東) 지구에는 동방명주전시탑(東方明珠電視塔) 하나가 스산하게 솟아있고, 장강을 잇는 남포대교(南浦大橋)를 버스로 참관하고 난징로를 도보로 구경하는 정도였다.

(그림 7-37) 상하이타워, 월드금융센터, 진마오빌딩

(그림 7-38) 상하이 와이탄

하지만 얼마 지나지 않은 현재의 상하이는 그야말로 초고층 초호화 빌딩 숲을 이루고 있다. 지상 88층, 높이 402m의 진마오빌딩(金茂大厦) 빌딩을 선두로 수많은 초호화 빌딩이 들어서더니 상하이월드금융센터(環球金融中心)도 완공되어 미국의 월스트리트 기능을 수행하고 있고, 몇 년 전에는 125층의 상하이 타워(上海中心大夏)도 완공되었다.

전체인구의 1%, 전국토의 0.06%에 불과한 작은 도시가 전국 공업생산총액의 1/12, 항만 적하량의 1/6, 항만 무역 수출입총액의 1/4을 점유하고 있다. 현재 3개의 지하철 노선이 15개로 늘어났으며, 해저터널 역시 20여 개로 늘어나면서 상하이 시민들은 쾌적한 생활을 누리게 되었다.

동북아 허브 역할을 담당하는 상하이의 푸둥국제공항의 위용은 인천공항만큼 압도적이고, 공항에서 중심부까지 바퀴 없이 떠서 사람들을 실어 나르는 시속 430km의 자기부상열차는 상하이의 발전 속도를 상징적으로 보여주고 있다. 상하이항의 컨테이너 물동량은 홍콩항, 싱가포르항에 이어 세계 3위를 기록하고 있다. 와이탄이 중국의 과거 모습이라면 푸둥은 중국의 미래라는 그들의 말이 실감 난다.

상하이의 중심지를 가로지르는 기다란 난징로는 그야말로 휘황찬란한 명품 브랜드 상점과 호텔, 각종 식당과 쇼핑센터들로 즐비하다. 저녁의 난징로 거리는 화려한 네온사인과 하늘을 향해 쏘는 조명들로 더더욱 화려함의 극치를 보여준다. 하루 조명을 위해 사용되는 전기 값만 8억 원이 넘는다고 한다. 난징로 중심인 런민광장(人民廣場)을 기점으로 사통팔달의 지하철 노선이 깔려 대규모 수송능력을 자랑하고 있으며, 지하철 내부는 서울의 지하철보다 시설이 우수할 정도다.

(그림 7-39) 상하이 푸둥

(그림 7-40) 예원

황포강을 가로지르는 유람선에서 바라보는 밤하늘은 불꽃쇼와 빛의 향연으로 수놓으며 상하이의 자신감을 공격적으로 보여주는 듯한 느낌을 준다. 중국 내에서도 상하이는 추구해야 할 목표물이 되고 있다. 칭다오시는 발전 목표를 상하이로 두고 얼마 전부터 “상하이를 쫓아가자(追上海)”라는 구호를 외치고 있다. 그들은 언제부터인가 “계획이 변화를 따라오지 못한다(計劃趕不上變化)”,

(그림 7-41) 상하이 전자방

"계획이 변화만큼 빠르지 않다(計劃不如變化快)"라는 말을 외쳐왔다. 지금 그 말이 실감 나는 단계에 이르렀다.

상하이에는 강남의 전형적인 정원을 느낄 수 있는 예원(豫园), 인사동과 흡사한 전자방(田子坊), 유럽 거리를 연상케 하는 신천지(新天地) 등 볼만한 곳이 많다. 고등교육기관 중 푸단대학, 자오퉁대학, 퉁지대학, 화둥사범대학 등은 중국 지성의 대표적인 요람이다.

• 상하이임시정부

(그림 7-42) 상하이 임시정부

상하이 시내 신천지 근처 고층빌딩 숲 사이로 누추한 집들이 늘어선 마당로 306호에는 대한민국 임시정부 청사 건물이 남아있다. 표지판도 크지 않고 작은 골목에 자리하고 있어서 찾기 쉽지 않은 곳이다. 3.1운동 후 상하이에서 광복을 위해 김구 선생을 비롯한 독립투사들이 활동하던 장소이다. 우리나라 독립을 위해 이 길을 수없이 오가며 활동했을 독립운동가를 생각하면 절로 숙연해진다.

안으로 들어가면 작지만 깨끗하고 깔끔하게 임시정부 활동 당시의 모습 그대로 꾸며져 있고 관련 자료가 설명과 함께 전시되어 있다. 3.1운동에서 독립을 선포한 우리 민족이 독립을 위해 수립하고자 한 정부지만 일제의 삼엄한 감시 때문에 단일정부를 수립하지 못하고 여러 지역에서 별개의 임시정부를 수립해야만 했던 상황이었다. 이에 1919년 국내에서는 한성정부가 수립되었으며, 상하이에서는 민주공화제의 임시정부가 수립된 것이다.

대한민국 임시정부는 각지의 임시정부를 통합한 후, 민주주의에 입각한 근대적 헌법을 갖추고 이승만을 대통령으로 추대하여 우리나라 최초의 3권분립에 입각한 민주공화제 정부로 출범하였다. 그 후 김구 등의 노력으로 조직을 정비, 조국의 광복을 위해 노력하였다.

상하이에 육군무관학교를 설립하여 독립전쟁을 준비하였으며, 파리 강화회의에 김규식을 파견하여 우리 민족의 독립을 주장하였고, 이승만을 중심으로 외교활동을 전개하여 한국 독립 문제를 국제 여론화하였다. 또 독립신문을 간행하고 한일 관계 사료집을 간행하여 안으로는 민족의식을 고취하고 밖으로는 한국의 자주성을 알려 나갔다.

임시정부는 국내외에서 전개되고 있는 민족 독립운동을 보다 조직적이고 효과적으로 추진하는 중추 역할을 담당했을 뿐만 아니라 우리 민족에게 끊임없이 조국독립의 희망을 불어넣어 주었고 국가건설의 방향을 제시하였다. 독립운동의 산실인 이곳 정부청사는 이후 1937년 중일전쟁 당시 일본 군국주의자의 침략을 피해 서쪽 멀리 충칭으로 이전하여 충칭 임시정부를 꾸리게 된다.

• 난징과 광군제(光棍節, Single Day)와 쇼핑의 날(購物節)

중국에서는 11월 11일을 광군제라고 부른다. 11월 11일은 네 개의 고독한 방망이 모양의 1자가 마치 싱글족을 형상화한 모습과 흡사하기 때문에 이날을 지정하여 광군제로 명명하였다.

그런데 광군제는 처음에 어떻게 출현한 것일까? 여러 설이 있지만 광범위하게 인정되는 설은 난징대학 기숙사문화에서 나왔다는 것이다. 1993년 난징대학 기숙사의 4명의 4학년 학생들이 매일 저녁 누워서 담소 나누기 프로그램을 진행했는데, 한때 토론의 주제가 어떻게 하면 싱글족 생활에서 벗어날 수 있을까에 대해서였다. 그리고 11월 11일이 돌아오자, 이날을 광군제 즉 솔로의 날로 정하고 조직적인 활동을 하자고 의견을 내면서부터 시작되었다. 난징대학에서 시작한 광군제는 점차 전국의 대학캠퍼스 취미문화 활동으로 발전하였다.

이 학생들이 졸업하고 사회에 진출하면서 성년 싱글 남녀들이 늘어나고 집단적인 활동과 인터넷 커뮤니티와 SNS를 통해 광군제는 일반사회 속에도 퍼져나갔다. 급기야 광군제는 퉈광제(脱光節) 즉 솔로 탈출의 날로 발전하게 된다.

(그림 7-43) 마윈

이러한 문화제는 마케팅과 결합하면서 거우우제(購物節) 즉 쇼핑의 날로 변모하였는데, 그 중심에는 바로 국민 아빠 마윈이 있었다. 이날에 솔로들이 필요한 물건들, 솔로들의 행사 관련 물건이 전국적으로 인터넷과 모바일을 통해 판매되면서 전국적인 쇼핑의 날이 된 것이다. 중국어판 광군제 유래를 소개하면 다음과 같다.

光棍节是怎么来的？

11月11日，被形象地称为光棍节，“11月11日”因有四个孤单的“1”字，和光棍们形单影只的形象很贴切，因而被富于创意地称为“光棍节”。但是你知道光棍节光棍节是怎么来的？光棍节的由来是怎么的吗？

11月11日快来了，曾经的光棍节，现在的购物节。现在大部分人都应该知道，双十一购物节是怎么来的吧！对就是“国民爸爸”马云创办的。但是，你知道光棍节是怎么来的吗？其实关于光棍节的由来是有N个版本的。

被人广为接受的说法：光棍节的来历有多种说法，被人广为接受的是，它起源于南京大学宿舍文化。1993年，南京大学“名草无主”寝室四个大四学生每晚举行“卧谈”，一段时间卧谈的主题都是讨论如何摆脱光棍状态，卧谈中创想出了以即将到来的11月11日作为“光棍节”来组织活动，从此，光棍节逐渐发展成为南京高校以至各地大学里的一种校园趣味文化。随着一批批学子告别校园，这个节日被渐渐带入社会，并随着成年单身男女群体的庞大，以及群体活动和网络媒体的传播，光棍节在社会流行开来，并由光棍节发展出了“脱光节”。

• 인샹(印象) 시리즈

광시좡족자치구 구이린에서의 공연인 「인샹 · 류싼제(印象劉三姐」 시작으로 여러 편의 인샹(印象) 시리즈 공연이 만들어졌다. 이제 이러한 삶의 현장이자 경관이 아름다운 곳에서의 공연예술문화는 하나의 트랜드화 되어가고 있다.

① 윈난(雲南) 리장(麗江)과 옥룡설산을 배경으로 한 「인샹 · 리장(印象 · 麗江)」

② 항저우(杭州) 서호(西湖)를 배경으로 한 「인샹 · 시후(印象 · 西湖)」

③ 하이난(海南)을 배경으로 한 「인샹 · 하이난다오(印象 · 海南島)」

④ 푸젠(福建) 무이산(武夷山)을 배경으로 우룽차의 한 종류인 ‘다홍파오’를 주제로 한 「인샹 · 다홍파오(印象 · 大紅袍)」

⑤ 저장(浙江)의 불교성지 보타산(普陀山)을 배경으로 한 「인샹 · 푸퉈(印象 · 普陀)」

⑥ 충칭(重慶) 우룽(武隆)현의 협곡을 배경으로 쓰촨(四川) 파촉문화의

역사와 다양한 문화를 보여주는 「인샹 · 우룽(印象 · 武隆)」

장이머우 감독이 연출한 인상 시리즈 공연은 성공적인 작품으로 평가받는다. 공연 수익도 매년 늘어나 중국 문화산업의 눈길을 끄는 성공적인 상업 모델이라며 대대적인 홍보도 계속하고 있다.

• 장시성 주장(九江) 루산(廬山) 여행

(그림 7-44) 루산 백거이상

난창에서 주장을 거쳐 해발 1,056m의 고령진(牯嶺鎮)에 도달한 후 도보로 이동하면서 폭포와 절경, 그리고 각종 유적지를 돌아볼 수 있다. 고령진은 외국인 선교사에 의해 피서지로 개발되어 별장들이 즐비하다. 『대지(The Good Earth)』를 쓴 작가 펄벅 여사의 별장도 이곳에 있다.

중국의 3대 피서 성지로 꼽히면서, 7-8월에는 피서객으로 발 디딜 틈이 없을 정도로 붐빈다. 신중국 이후 중공 중앙회의가 세 차례 열릴 정도로 이곳은 경치와 기후가 훌륭하다고 평가받고 있다.

루산의 루(廬, 여)는 집을 의미하며, 중국 10대 명산에 속한다. 예로부터 시인들이 루산을 노래했는데, 도연명의 시에 나오는 남산도 루산이라는 견해가 있고, 이백, 백거이, 소동파도 루산을 노래했다. 그중 이백의 「망루산폭포」를 소개하면 다음과 같다.

향로봉에 햇빛 비쳐 자색 안개구름 일어나고,	日照香爐生紫煙,
멀리서 바라보는 폭포수는 앞 냇가에 걸렸구나.	遙看瀑布掛前川.
곧추 날아 내리는 폭포는 삼천 척이나 되려니,	飛流直下三千尺,
마치 은하수가 구천에서 떨어지는 듯하네.	疑是銀河落九天.

루산은 운무차(雲霧茶)가 유명하다. 여금호(如琴湖)라는 비파 모양의 호수도 아름다운데, 이 호수가 화경(花徑) 옆에 있다고 하여 화경호라고도 불린다. 호수 가운데의 작은 호심도(湖心島)는 안개에 싸여 신비로움을 자아낸다.

화경은 복숭아나무가 가득한 곳으로 당 왕조 시절 백거이가 귀양을 와서 이곳에 초당을 짓고 화경이라는 글자도 남긴 곳이다. 이곳에 있는 동안 그는 다음과 같은 「대림사도화(大林寺桃花)」 시를 남겼다.

인간세상 4월은 아름다운 꽃들이 지는데,	人間四月芳菲盡,
산사의 복숭아꽃은 이제야 활짝 피네.	山寺桃花始盛開.
가버린 봄 찾을 곳 없어 길게 탄식했는데,	長恨春歸無覓處,
이곳에 들어와 있었던 것을 몰랐네!	不知轉入此中來!

늦봄 이곳에 와서 유람하면서 복숭아꽃이 만개한 것을 보고 감상에 젖어 쓴 시다.

(그림 7-45) 백거이 시「대림사도화」

금수곡(錦繡谷)은 루산에서 가장 아름다운 협곡으로 사계절 모두 비단처럼 꽃이 피기 때문에 붙여진 이름이다. 여기에는 신룡이 기교를 부려

주원장을 구했다는 전설이 서린 천교, 풍광이 멋진 험봉, 자연 동굴이자 8대 신선 중 하나인 여동빈이 여기에서 수련한 후 승천했다는 선인동이 있다. 이밖에도 삼보수, 황룡담, 서유기 수렴동의 활영지 오룡담, 황룡사 등도 볼만하다.

현대사에 기록될 루산회의 유적지(廬山會議遺址)와 장제스가 미국의 마셜과 중국의 분할 문제를 놓고 담판한 곳인 담판대옛터(談判臺舊址)가 남아있다. 여기서 장제스가 중국을 공산당과 국민당의 두 구역으로 나누지 않기로 결단 내림으로써, 현재의 통일된 중국이 될 수 있도록 하게 했던 역사적 장소이다.

루산 제이경은 석문간경구다. 케이블카를 타고 중간까지 내려온 후 도보로 2,000여 개의 계단을 내려오면서 "이 폭포에 이르지 않으면 루산의 객이라 할 수 없다(不到三叠泉, 不算廬山客)"라는 말이 전해질 정도로 빼어난 비경을 자랑하는 삼첩천폭포(三叠泉瀑布)는 절경 중의 절경이다.

그리고 철색교(鐵索橋), 삼희원(三希苑)과 수성봉(壽星峰), 청룡담(青龍潭), 용호정천연벽화(龍虎情天然壁畫) 등은 소동파가 「루산진면목」 시에서 표현한 "横看成岺側成峰, 遠近高低各不同"처럼 자연 그대로의 아름다움을 간직하고 있다.

• 후난성 출신 마오쩌둥

마오쩌둥은 후난성 사오산(韶山) 출신이다. 농민의 아들로 태어난 그는 베이징대도서관 사서로 있을 때 중국 마르크스주의자인 리다자오 교수의 영향을 받아 공산당원이 되었고, 타임지가 선정한 세계 10대 중국 관련 서적인 『모순론』과 『마오쩌둥선집』 등을 출간하기도 하였다.

그의 핵심 사상은 신민주주의론으로서 마르크스 이론을 한 단계 향상하여 중국 실정에 맞게 노동자 외에 농민, 도시 소자산계급 민족 자산계급으로 구분하면서 프롤레타리아 혁명주도계급을 확대한 것이다.

그는 중국 사회주의 건설에 큰 역할을 하였지만, 1958년의 대약진운동과 농촌인민공사화운동은 평균주의 속 박탈감에 의한 파괴행위라는 평을 받았다. 같은 해 발동한 반우파투쟁은 그를 비판한 펑더화이에 대한 역비판을 하면서 전국적인 반우파운동을 전개함으로써 많은 애국지사 등 무고한 사람들의 희생을 불렀던 것으로 평가되고 있다.

1966년부터 일어난 문화대혁명은 자본주의 복귀반대, 공산당 순결성 확보, 사회주의의 길 탐색 등을 위한 것이었지만 계급투쟁을 강조하면서 권력유지를 위해 수많은 정적을 제거하고, 사회질서와 경제손실을 불러일으켰다는 점에서 이 혁명이 그의 3대 잘못 중 하나가 되었다.

다만 그에 대해서는 공과 과가 공존하기 때문에, 현재도 톈안먼(天安門)광장 앞에는 그의 큰 초상화가 걸려있고, 헌법에도 마오쩌둥 사상이 그대로 존속하고 있다. 많은 중국인은 혁명 시대에 중국식 사회주의 건설에 성과를 낸 그에 대한 존경심을 여전히 가지고 있다. 톈안먼 광장의 마오주석기념당에는 매일 그에게 헌화하러 몰려드는 방문객으로 북적거린다.

(그림 7-46) 마오주석기념당

질의응답

① 중국의 베네치아로 불리우는 쑤저우와 항저우는 강남문화의 대표 도시인데요. 강북문화로 불리는 지역이 따로 있나요?

중국의 강북문화라는 호칭은 따로 없고요. 양자강 이북 지역의 문화를 통칭하여 북방문화라고 부릅니다. 북방문화는 다양하여 그

대표적인 지역을 동북, 화북, 서북, 화중 지역으로 나누기도 하죠. 대표적인 지역이나 도시로는 과거부터 정치문화의 중심지인 베이징과 시안, 화북지역 중 유가문화의 본고장이자 제로문화의 중심지인 산둥성 지난과 취푸, 중원문화의 중심지인 허난성 뤄양과 카이펑 등을 거론할 수 있습니다.

② 상하이 스쿠먼(石庫門)은 개방적인 건축형식을 가지고 있고 베이징 사합원(四合院)은 폐쇄적인 형태를 지니고 있다고 하는데, 이러한 건축양식의 차이는 지역주민의 성향 차이와 관련이 있나요?

일반적으로 중국은 남방지역과 북방지역 간에는 기질이나 문화적 차이가 있는데, 이 점이 건축양식에도 일부 반영된다고 할 수 있죠. 남방은 이재(重利)에 밝고 명석한 편이라 CEO나 과학자가 많이 배출되고, 북방은 충직하고 의리를 따져(重義) 정치가와 왕, 그리고 충신과 군인들이 많이 배출되었죠. 남방은 아기자기하면서 개방적이고 북방은 중후하면서 보수적인 편이고요. 이러한 점이 건축에도 반영이 되어있죠.

또 하나는 기후나 지역 조건에 따라 건축양식이 달라지기도 합니다. 남쪽 푸젠성이나 광둥성 지역은 예로부터 항구를 개방하고 외래문물을 받아들이면서 자연스럽게 서구의 건축양식이 들어오게 되죠.

(그림 7-47) 상하이 스쿠먼 양식

남방지역은 날씨가 따뜻하고 강과 하천 그리고 운하가 많아 바람이 잘 통하도록 주거형태를 갖추었고, 다소 개방적이고 진취적인 성향이 강해서 웅장하고 거대한 형태의 북방 건축양식과는 달리 지붕 모양이 하늘로 치솟고 아기자기한 형태의 전통 주거 양식을 보여줍니다.

지형적으로도 사계절 식물이 잘 자라서 정원이 딸린 주거형태가 많죠. 그래서 상하이와 주변 장쑤성 쑤저우와 양저우, 저장성 항저우, 우전, 사오싱 등에는 운하와 정원이 함께 하는 강남 마을이 형성되어 있죠.

반면 베이징이나 허베이성 지역은 전통민가 양식인 사합원 구조의 가옥이 많이 남아있는데요. 북방은 날씨가 차갑고 바람이 많이 불어서 원, 명, 청 시기에 사방을 방이나 벽으로 둘러치고 안쪽에 정원이 있는 口자 모양의 사합원을 많이 짓게 되었죠.

1949년 신중국 건립 전후로는 한 세대가 아닌 다세대가 함께 거주하며 자신들끼리 유대감을 가지면서 외부와는 조금 벽을 두는 형태의 사합원이 많이 생겨났고요.

북방지역은 보수적인 측면이 있어서 폐쇄적인 가옥을 선호했지만, 예전부터 북방의 흉노, 동호, 선비, 오환, 거란, 달단, 몽골, 말갈, 여진, 만주 등 이민족 침입에 대비하려는 방어 심리도 작용하였다고 봅니다.

남북의 차이뿐만 아니라 지역마다 다양한 건축양식이 존재한다고 이해하면 될 것 같네요. 예를 들면, 서부 티베트는 사원형식의 가옥이 특징적이고, 서남부 윈난성과 구이저우성의 소수민족 거주 지역은 그들 민족의 독특한 문양이 표현된 가옥형태가 특징적이죠. 북부 네이멍구는 천막 형태의 게르, 중부 내륙 산시성은 흙집과 동굴집, 동남부 지역은 귀국 화교들이 유럽풍 건축양식을 결합한 가옥, 남부 푸젠성은 객가인이 이주해 와서 만든 둥근 또는 사각 형태의 토루가 특징적이죠.

③ 현재도 토루(土樓)에 사람이 거주하나요? 보통 사각형으로 집을 만드는데, 둥근 모양으로 만든 이유가 있나요?

중국 객가인(Hakka)은 전쟁을 피해 남쪽으로 내려와 푸젠성, 장시성, 광둥성을 중심으로 거주하고 있는데요. 그들의 독특한 건축 양식인 토루는 외적의 침입을 막기 위해 흙으로 단단하게 쌓아 올리고 아래쪽은 창문이 없고 위쪽에 창문이 있지만 작게 만들어 놓았죠. 외부에서 침입하기 힘들게 만든 구조인데요. 안쪽에서 보면 여러 층으로 이루어져 있고, 1층은 마당과 주방들이 있고, 2층부터는 수십 세대가 거주하는 거주공간으로 구성되어 있죠.

그 안에서는 사람들이 공동생활을 하는데요. 현재 토루들이 유네스코 세계문화유산에 가입되어 있어서 많은 관광객이 드나들고 있지만, 객가인 원주민은 아직도 이곳에 거주하며 농업과 관광수입 등으로 생활을 하고 있죠.

토루는 둥근 형태의 원형과 사각 정방형의 구조 모두 있습니다. 여기서 둥근 형태의 원형 토루는 전통적인 음양오행설에 기초한 둥그스름한 형태의 팔괘를 본떠 만들었다고 하는데요. 진흙과 찹쌀 및 사탕수수 등을 재료로 만든 이러한 둥근 형태의 두꺼운 흙벽 건축물은 지진에도 버틸 정도니까 매우 단단하여 외적의 침입이 쉽지 않았을 것입니다.

④ 상하이 와이탄의 '중국은행' 건물은 어떤 특징이 있나요? 상하이 신천지(新天地) 지역은 남쪽과 북쪽 지역의 건축양식이 다른데, 그 이유가 궁금합니다.

네. 19세기 말, 상하이 와이탄의 다른 건축물은 서양인에 의해 유럽풍의 건축양식으로 지어졌는데요. 중국은행이 들어선 건물은 중국인이 설계하였죠. 그래서 현대식 빌딩양식으로 건축하면서도 현관 쪽에는 중국의 전통가옥 앞에 세워져 있는 암수 한 쌍의 해태상이 놓여 있습니다. 또 건물 꼭대기 부분에는 중국 전통문양의 기와 형태로 장식하고 있고요. 건물 외벽도 중국식 도안으로 꾸며져서 서양식 건물이면서도 중국 전통적인 건축양식의 특징도 물씬 풍기는 독특한 건물이라고 할 수 있죠.

신천지는 상하이 중심도로인 화이허중로(淮河中路)에 위치한 지역인데요. 이곳은 100여 년 전 프랑스의 조계지여서, 당시 돈을 벌기 위해 이곳으로 이주해 온 외국인들이 집을 지으면서 마을이 형성되었죠.

(그림 7-48) 신천지 내 건물

중국식으로 나무 골격을 만들고 벽돌이나 돌로 벽을 쌓는 유럽건축 방식을 결합하여 스쿠먼(石庫門)이라는 방식의 건축물로 지었던 것이죠. 그러다가 20여 년 전쯤 싱예로(興業路) 도로를 중심으로 남과 북으로 구역을 나누고 낡은 집을 개조하면서 새로운 지역으로 탈바꿈하는데요.

북쪽은 스쿠먼 방식의 건축물을 활용하여 레스토랑과 카페로 만들면서 옛 풍취는 그대로 남게 되었죠. 반면 남쪽은 쇼핑몰, 영화관, 패션과 액세서리 상점, 중식당이 들어서면서 현대식 상가의 모습이 된 것이죠. 남과 북의 건축 스타일이 다른 것은 이 지역의 재건축 때문이라고 해야겠죠.

⑤ 유럽식 건축양식이 어떻게 중국의 건축양식에 들어와 공존의 건축 문화를 형성하게 되었나요?

유럽의 건축양식과 건축문화는 근대화 이후 중국에 영향을 많이 미쳤는데요. 중국 등 동양과의 무역교류 및 세력 확대를 꾀했던 영국 등 서구에서는 1840년 아편전쟁 후 중국으로의 진출에 적극적이었고, 진출 후 기간도 길어지면서 건축양식이 자연스레 들어오게 되었죠.

아편전쟁 후 난징조약(1842)과 2차 중영전쟁 후 베이징조약(1860)으로 홍콩과 마카오가 영국에 할양되면서 이 지역에 특히 영국식 건물양식이 많이 들어왔죠. 1911년 신해혁명과 중화민국 건립(1912) 이후부터 1945년 태평양전쟁 종식 때까지는 서구열강의 침입이 이어지고 상하이 지역이 유럽의 조차지가 되면서 특히 와이탄 등 지역에는 유럽의 금융무역회사 건물이 많이 지어지게 됩니다.

아울러 산둥성 칭다오 지역은 독일이 진출하면서 잔교와 공공건물 등 독일식 건축물이 많이 지어졌고 지금도 많이 남아있죠. 동북 헤이룽장성 하얼빈 지역은 러시아와 인접하여 그 영향을 받게 되었는데요. 하얼빈 중앙다제(中央大街) 주변으로 성당, 은행 등 러시아식 건물과 유대인이 지은 건물들이 남아있습니다.

(그림 7-49) 하얼빈 중양다제 모습

한편 남부 푸젠성 샤먼 등지는 예전에 미주 지역으로 이주했던 화교들이 다시 고향으로 돌아오면서 서구식 건축물을 지어 지금도 이국적인 모습을 보여주고 있고요. 타이완은 17, 18, 19세기에 영국, 네덜란드, 포르투갈 등 서양 국가들의 진출로 다양한 유럽식 건축양식이 남아있죠. 타이베이 근교 단수이 지역의 홍마오청은 영국 빅토리아여왕 시기에 타이완에 진출하여 지은 영국식 건축양식이죠.

중국은 고래로부터 대동(大同)사상 즉 자신들이 중심이 되어 외래의 것을 수용하고 포용하는 전통을 이어왔죠. 건축양식도 서구의 양식을 적극적으로 수용하고 흡수하는 동시에 중국화 함으로써 새로운 건축문화를 정착시켜갔죠.

그들의 전통적 사고방식과 적극적인 수용과 융합의 힘이 건축에도 공존과 융합의 형태로 나타납니다. 서북부 간쑤성의 청진사와 같은 이슬람 사원 양식을 보면 이슬람문화가 담긴 건물에 중국식 기와 천장으로 외관을 장식하고 있는데요. 이는 외래 건축의 수용과 중국화로의 융합을 보여주는 대표적인 예입니다.

3. 또 하나의 중국, 타이완의 복합문화

여기서는 또 하나의 중국 타이완의 복합문화에 대해 이야기하고자 한다.

1) 다양한 민족의 이질 문화 간 복합

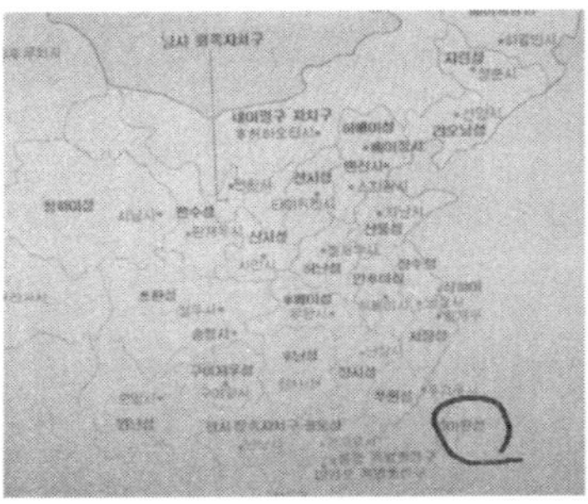

타이완은 현재 전체적으로는 중국대륙의 문화를 이어받으면서도 타이완 특유의 복합문화도 존재한다. 역사적으로는 수천 년 전 타이완 본섬의 최초 원주민인 고산족의 문화가 처음 자리하였고, 이후 명나라 말 대륙 남쪽 푸젠성 민난(閩南) 지방에서 이주한 민난인의 남방문화가 결합한다.

이후 청일전쟁 후 맺은 시모노세키조약에 따라 1895년부터 51년간 일본이 식민통치하면서 자연스레 일본문화가 대량 유입된다. 그리고 마지막으로 1949년 공산당의 마오쩌둥에게 패한 국민당의 장제스와 그를 따라온 약 200만 명의 군인과 민간인들이 이주해오면서 중국의 대륙문화가 들어온다. 이처럼 타이완은 오랜 기간에 걸쳐 이질 문화가 복합적으로 결합하면서 독특한 타이완문화를 형성하였다.

타이완 인구는 현재 약 2,300만 명이고, 인종은 원래 이곳에서 터전을 잡았던 원주민인 고산족(高山族)과 한족(漢族)으로 구성되어 있다. 원주민은 피부가 검은 편에 체구가 단단하고 눈이 크며 눈동자가 까맣다. 하와이, 사모아, 미크로네시아 등 태평양 폴리네시아 군도의 원주민 및 필리핀이나 말레이· 인도네시아 원주민의 외모와 흡사하다.

(그림 7-50) 타이완 원주민 아메이족

(그림 7-51) 타이완 원주민 싸이샤족과 함께

타이완 원주민은 타이완 인구 중 약 2% 정도인 50만 명이며, 산악지대를 중심으로 살고 있다. 타이완 원주민은 핏줄이나 언어, 거주지역의 문화 차이에 따라 14개로 종족이 나뉘며, 각각의 종족 이름을 가지고 있다. 이들은 5천 년 이상 타이완에 거주하면서 다양한 언어문화와 풍속 및 관습을 형성해왔는데, 특히 그들의 신화고사는 내용이 풍부하고 아름답다는 평가를 받고 있다.

2) 민난인과 남방색채 문화

17세기 무렵, 중국 대륙 남쪽 해안지대인 푸젠성의 취안저우(泉州)와 장저우(漳州), 광둥성의 메이셴(梅縣)과 차오저우(潮州) 등지의 주민들이 타이완섬으로 이주해온다. 특히 청 왕조에 대항하던 명 왕조 부흥운동의 최대세력인 정성공(鄭成功) 그룹이 1661년 40여 년간 타이완을 통치한 네덜란드 군대를 물리치고 들어오면서,

(그림 7-53) 타이베이 행천궁

타이완은 남방 한족에 의해 중국화 되기 시작한다.

이때 내려온 사람들은 푸젠성 남쪽 지역, 즉 민난 지역에서 왔다고 하여 스스로를 민난인, 또는 타이완인(臺灣人)이라고 불렀다. 대륙 남쪽의 바다신 마조(媽祖)를 숭앙하는 신앙도 함께 들어와 번성하게 된다. 타이완에는 현재 남방 특유의 사원인 마조묘와 행천궁이 곳곳에 있는 등 남방의 민간신앙은 일반 대중들에게 깊이 스며들어있다.

(그림 7-52) 타이베이 지난궁

이 무렵 중국의 유대인이라고 하는 객가인(客家人, Hakka) 중 상당수도 이주해 왔다. 자연스레 민난어나 객가어가 사용되었고, 현재 타이완 지하철 내에서는 표준어(그들은 '타이완국어'라고 부름)와 함께 민난어와 객가어 안내방송이 함께 나온다.

타이완 수도 타이베이에는 가장 오래된 사원인 용산사(龍山寺)가 있다. 이곳에는 불상이 모셔져 있지만, 옥황상제를 모시는 도교적 색채와 관운장을 모시는 민간신앙도 함께 볼 수 있다. 공양물을 놓고 소원을 빈 후 바나나 모양의 막대를 던져서 자신의 운을 점치는 척교와 여러 미신을 믿는 모습도 종종 볼 수 있다. 그래서 타이완 정부는 불교, 도교, 조상신 숭배, 음양오행, 점 등이 혼합된 타이완 특유의 종교를 공식적으로 민간신앙으로 부르고 있다. 지남궁(指南宮)이라고 하는 도교 사원 역시 민간신앙의 장소에 속한다.

길을 걷다 보면 사원이 아닌 집이나 상점 앞에서도 조상신을 위해 종이돈과 향을 태우고 간단히 차려놓은 제단에서 바이바이(拜拜), 즉 제를 지내는 사람들의 모습을 종종 볼 수 있다. 이처럼 타이완인은 중국 남방인의 특성과 똑같이 종교지향적인 모습을 보인다.

3) 일본문화와 대륙문화의 유입

1894년 청일전쟁에서 패전 후, 시모노세키조약(馬關條約)을 맺으면서 타이완과 그 부속도서가 일본으로 넘어가게 된다. 이후 타이완은 1945년까지 51년간 지배당하는 동안 일본문화의 영향을 받게 된다. 지금도 청와대 격인 총통부는 일본 식민지 시절에 사용된 일본식 총독부 건물을 그대로 사용하고 있다.

(그림 7-54) 타이완총통부

도심 곳곳에도 일본식 가옥들이 많이 남아있다. 목조건물 내부의 방은 다다미로 꾸며졌으며, 현관 쪽 공간이 협소하고 집 뒤편에 조그마한 정원이 있는 일본 전통가옥 구조 그대로다. 특히 타이완대학 부근에는 과거 일본 관리들이 많이 살았던 일본식 가옥 밀집 지역 '궁관(公館)'이 있다. 궁관은 일본 관리들이 살았던 관저 이름을 따서 만든 마을 명칭이다. 타이완대학 역시 과거 제국 시절 건축물이 여전히 사용되고 있다. 타이완에는 이처럼 당시의 일본식 건축양식이 많이 남아있다.

타이베이 북쪽 베이터우(北投)는 일본에 온 듯한 착각이 들 정도

(그림 7-55) 국립타이완대학 정문

로 일본식 가옥이 많다. 식민지 시절, 일본인이 이곳을 온천마을로 개발하였기 때문이다. 지금도 관광명소로서 일본문화의 흔적이 강하게 배어있는 곳이다. 와사비, 비르, 다꾸앙, 사시미, 자부동, 와리바시 등 일본어가 타이완에서 자연스럽게 통용되고 있다.

우리나라 명동에 해당하는 타이베이 중심지 시먼딩(西門町)에는 일본식 문신을 하는 상점과 일본자동차 영업점, 일제 오토바이를 파는 상점이 즐비하고, 거리에는 일본식 화장을 한 여성들이 자주 눈에 띈다. 현재도 일본문화는 타이완에서 거리감 없이 자연스럽게 받아들여지는 상황이다.

한편, 1949년 공산당에 패한 장제스가 타이완으로 피난 오면서 수많은 대륙 각지의 군인과 민간인도 함께 이곳으로 왔다. 일종의 2차 한족 이주라고 볼 수 있다. 당시 타이완인은 400만 명 정도였는데, 쓰촨성 청두에서 국민당을 따라 내려온 대륙인이 약 200만 명이었다고 한다.

대륙인이 대륙문화를 가져와 남방 색채 가득한 타이완의 고유문화에 색을 입힘으로써 정통 대륙문화와 함께 민난문화와 원주민문화가 공존하는 양상을 띠게 된다.

4) 타이완 음식문화와 야시장문화

'우리나라를 대표하는 음식' 하면 무엇이 떠오를까? 김치, 불고기, 비빔밥, 냉면 등일 것이다. 그럼 타이완을 대표하는 음식에는 무엇이 있을까?

우선 타이완 음식은 쓰촨요리, 광둥요리, 후난요리 등 중국의 대표적인 정통요리와 타이완 및 원주민의 특산요리가 합쳐지면서 다양한 특징을 보여준다. 타이완 음식 상당 부분은 타이완식 민난요리라서 대륙에서도 맛보기 힘든 음식들이 많다.

(그림 7-56) 타이완 음식 아게이

예를 들면 어묵 일종인 궁완(貢丸), 단자이멘(担仔麵), 타이완어로 '토싸(土虱)'라고 불리는 메기탕, 돼지갈비가 들어간 면인 파이구멘(排骨麵), 닭다리를 얹은 밥인 지투이판(鷄腿飯), 맑은 국물에 채소를 얹은 면인 양춘멘(陽春面), 닭 내장으로 만든 훙창(紅腸), 돼지귀 요리인 주얼둬(猪耳朵), 오리발, 쌀국수 볶음면인 미펀(米粉), 잡채가 들어간 유부두부 아게이(阿給), 굴전인 커자이젠(蚵仔煎 Taiwanese oyster omlet, 오아젠), 타이완식 소시지인 타이완샹창(臺湾香腸) 등이 있다.

대륙 음식과 타이완 토속음식이 함께 섞여 있고 과일로 만든 음식도 적지 않아, 타이완의 음식 종류는 상당히 풍부하다고 할 수 있다. 다만, 아열대 지방이라 향신료가 조금 강한 것이 특징이다.

아열대 기후의 특성상 타이완의 여름은 낮에는 덥고, 밤에는 열대야가 자주 발생하여 자연스럽게 사시사철 야시장문화가 발달하였다. 밤이 되면 더위를 피해 밖으로 나온 많은 사람이 야시장에서 야참과 함께 술 한 잔 곁들이면서 더위를 식힌다. 더위를 피하려는 사람들로 야시장은 새벽까지 북적거린다.

(그림 7-57) 스린야시장의 커자이젠(오아젠)

스린(士林)야시장, 징메이(景美)야시장, 회시제(華西街)야시장, 닝샤(寧夏)야시장, 라오허제(饒河街)야시장 등 대표적인 야시장에는 없는 음식이 없다. 타이완문화는 야시장문화라고 해도 과언이 아닐 정도로 야시장이 활성화되어 있다. 타이완의 야시장은 밤늦게까지 불이 꺼지지 않는다는 점에서 대륙의 야시장문화와는 차이가 있다.

5) 타이완의 대중문화 - 가요

(그림 7-58) 가수 덩리쥔

타이완의 민속음악은 민족음악이라고 부른다. 민속악기로는 두 개의 줄을 켜는 이호(二胡, 얼후), 비파, 양금, 생황, 고쟁 등이 있다. 우리의 민속악기와 유사하면서도 독특한 소리가 나는데, 대부분 서역에서 전래한 악기들이다.

한편 대중가요도 타이완인의 사랑을 받고 있는데, 그중에서도 영화와 연속극의 주제곡으로 우리에게 익히 알려진 「첨밀밀(甜密密)」과 「월량대표아적심(月亮代表我的心)」 등이 특히 애창되고 있다. 「첨밀밀」은 인도네시아 민요에 가사를 붙여 만든 곡으로서 타이완 출신의 가요 여왕으로 80년대에 인기를 한 몸에 모았던 덩리쥔(鄧麗

君)이 불러 히트한 곡이다. 가사를 소개하면 다음과 같다.

甜密密 你笑得甜密密 달콤하게, 당신은 달콤하게 웃는군요.
(톈미미 니샤오더 톈미미)
好像花兒開在春風裏开開在春風裏 봄바람에 꽃 피듯.
(하오샹 화얼 카이짜이 춘펑리 카이짜이 춘펑리)
在哪里 在哪里見過你 어디선가, 어디선가 당신을 본 적 있어요.
(짜이나리 짜이나리 젠궈 니)
你的笑容這樣熟悉 당신의 웃는 모습 이다지도 낯익은가요.
(니더샤오룽 저양 서우시)
我一時想不起 잠시 생각이 나지 않네요.
(워 이스 샹부치)
啊 在夢裏 아! 꿈에서
(아 짜이멍리)
夢裏夢裏見過你 꿈에서 당신을 본 적 있어요.
(멍리 멍리 젠궈 니)
甜蜜笑得多甜蜜 달콤하게, 얼마나 달콤하게 웃는지.
(톈미 샤오더 둬톈미)
是你是你夢見的就是你 당신, 꿈에 본 사람이 바로 당신이군요.
(스니 스니 멍젠더 주스 니)
在哪里 在哪里見過你 어디선가, 어디선가 당신을 본 적 있어요.
(짜이나리 짜이나리 젠궈 니)
你的笑容這樣熟悉 당신의 웃는 모습 이다지도 낯익은가요.
(니더 샤오룽 저양 서우시)
我一時想不起 잠시 생각이 나지 않네요.

(워 이스 샹부치)

啊 在夢裏 아! 꿈에서

(아 짜이멍리)

6) 타이완 원주민

(그림 7-59) 타이야족

현재 타이완 인구 중 약 2%에 해당하는 50만 명의 원주민[14]이 산악지대를 주 터전으로 하여 거주하고 있다. 타이완 원주민들은 핏줄이나 언어, 거주 지역의 문화 차이에 따라 종족이 나뉘며 명칭도 달리 칭한다.

1954년 3월 타이완 국민당 정부는 정식으로 이들 원주민을 아메이족(阿美族, Ami 혹은 Amis),[15] 타이야족(泰雅族, Ataya),[16] 부눙족(布農族, Bunun),[17]

14) '원주민'은 주로 고산에 거주하는 소수민족을 총칭하는 말이다. 한대 문헌에 타이완과 福建省 산지족을 '山夷'로 기술한 바 있고, 일본이 청일전쟁 후 타이완을 통치할 때 이곳이 일본 다키아코(高砂)지역과 흡사하다 하여 고산족을 '고사족(高砂族)'으로 부르기도 했다. 이후 중국이 1945년 타이완을 수복하면서 이들을 고산족으로 부르기 시작하였다. 1997년부터는 원주민으로 부르기 시작하였고, 2001년에는 원주민신분법이 제정되었다. 원주민 언어는 남도어계 인도네시아어족 언어이며 10여 종의 방언이 있다. 성조가 없고 다음절의 교착어이며 문자는 따로 없다. 정령숭배와 자연숭배를 하며, 조상제, 곡신제, 산신제, 사냥신제, 결혼제 등의 제사가 있다. 그리고 모든 종족에게 수확제(收穫祭)가 있는 것이 공통점이다.

15) '아메이(阿美)'는 '북방'이라는 뜻이다. 아미족 거주지는 타이완 동부 계곡과 해안선 일대에 위치한 화롄(花蓮), 타이둥(臺東)이며 인구는 130,000명이다. 신화유형으로 볼 때 아메이족은 대륙 동남지역, 알타이산, 헤이룽장 일대 민족과 공통의 문화를 가지고 있다고도 한다.

16) '타이야(泰雅 tayan)'는 사람을 의미한다. 현재 약 85,000명이 120여 개의 마을을 이루며 거주하고 있다. 원래 타이완 서부 평원에 살았으나 환경이 어려워짐에 따라 산지로 이동하였다. 주요 분포지역은 북부 타이베이센(臺北縣), 타오위안센

쩌우족(鄒族, Tsou),[18] 루카이족(魯凱族, Rukai), 파이완족(排灣族, Paiwan), 베이난족(卑南族, Puyuma), 야메이족(雅美族, Yami) 또는 다우족(達悟族, Tao), 싸이샤족(賽夏族, Saisiat) 등 9개 종족으로 분류하였다.

이후 사오족(邵族, Tsao), 타이루거족(泰魯閣族, Truku), 거마란족(噶瑪蘭族, Kavalan)을 추가하여 12개 종족으로 분류하였고, 2007년도 이후에는 원주민으로 인정받은 싸치라이야족(撒奇萊雅族)을 포함하여 총 13개 종족으로 분류하였다.[19] 그리고 태아족으로부터 분리되어 2008년 4월 타이완 정부로부터 제14의 원주민으로 분류된 싸이더커족(賽德克族)이 있다.

이들은 5,000년 이상 타이완에 거주하면서 다양한 언어문화와 풍속 및 관습을 형성해왔는데, 특히 그들의 신화고사는 내용이 풍부하고 아름답다. 주제별로는 창세와 인류기원, 홍수, 남매혼, 석두(石

(桃原縣), 신주셴(新竹縣), 타이중셴(臺中縣), 화롄셴(花蓮縣), 등이다. 타이야(泰雅)와 싸이더커(賽德克) 두 언어를 가지고 있다.

17) '부눙(布農)'은 사람을 뜻한다. 약 40,000명이 60여개 마을에 거주하는데, 원 거주지는 옥산의 북쪽이다.

18) 쩌우족(鄒族)은 과거에 차오족(曹族)으로 불렸는데, 1998년 이후 명칭이 쩌우족으로 바뀌었다. 陳文新(2010), 『高山族』, 新疆美術撮影出版社, p.5 참조.

19) 林道生 편저(2004), 『高山族原住民神話故事全集5』, 漢藝色研, p.3. 참조. 13개 종족 외에 난터우셴(南投縣) 일월담(日月潭) 일대에 살며, 쩌우족(鄒族), 부눙족(布農族), 혹은 핑푸족(平埔族)으로 여겨지는 사오족(邵族 Thao)은 언어, 풍속 등이 독특하여 독립 족속으로 분류하기도 한다. 또한 고산이 아닌 평원에 거주하며 한족과 융화된 핑푸족(平埔族 Pinpu 또는 Pepe)이 시라야족(西拉雅族 Saisyat), 홍안야족(洪安雅族 Hoanya), 바부싸족(巴布薩族 Bobuza), 바쩌하이족(巴則海族 Pazehe), 파이푸라족(拍瀑拉族 Papora), 다오카쓰족(道卡斯族 Taokas), 카이다거란족(凱達格蘭族 Ketagalan), 거마란족(噶瑪蘭族 Kavalan), 레이랑(雷朗 Luilang) 등 9개 종족으로 나뉘어있는데, 2010년 초 타이완성박물관에서 핑푸족 문화 특별전시회를 개최할 정도로 독립 종족으로 인정받고 있다. 아메이족, 타이야족, 부눙족, 파이완족 이외의 종족은 인구가 만 명 이하이고 사치라이야족(撒奇萊雅族)은 300명에 불과하다.

頭), 변형, 교혼(交婚), 영웅사일(英雄射日), 선악, 머리 베기, 재생, 무속, 창조, 난생, 감응(感應), 금기, 왜소인(矮小人) 모티프 등 다양한 유형으로 존재한다.

현재 타이완 총통인 민진당의 차이잉원(蔡英文)은 부친이 객가인이고 할머니는 타이완 원주민인 파이완족이다.

이상으로 중국 남방문화 중 강남지역 장쑤성, 저장성, 장시성, 푸젠성, 하이난성, 후난성의 문화 특색에 대해 살펴보았고, 또 하나의 중국 타이완의 복합문화에 대해서도 살펴보았다. 타이완은 고유의 문화를 가지고 있으면서 중국대륙의 문화와 일본문화도 섞여 있다는 특징을 확인할 수 있다.

보충설명

• 타이완 이모저모

또 하나의 중국 타이완은 타이완해협을 끼고 푸젠성(福健省)과 마주하고 있는 타이완섬과 펑후(澎湖)열도 등으로 이루어져 있다. 국토면적은 36,000㎢로 우리나라 경상남북도 면적 크기에 해당한다. 면적은 작지만 단단한 체형의 소유자처럼 다부져서 타이완인은 타이완섬을 보도(寶島)라고 부른다.

사면이 바다로 둘러싸인 작은 섬이지만, 우리의 백두산보다 높은 4,000m 높이의 옥산(玉山)과 합환산(合歡山)과 같은 고산이 많고, 일월담과 같은 아름다운 호수와 강, 그리고 풍부한 자원이 산재하여 중국대륙과는 다른 독특한 분위기를 연출한다.

타이완에서 사용되는 문자는 대륙과는 달리, 아직도 번체자 즉 정자를 그대로 사용한다. 길거리 간판들도 모두 정자를 사용하기 때문에, 한자를 배운 세대가 타이완을 방문하면 편한 느낌을 받지만, 한자를 학습하지 못한 채 중국어를 배운 학생들이 타이완에 가면 무언가 불편하다는 느낌을 받는다. 간체자를 사용하는 중국인 경우에도 타이완을 방문해서는 문자 해독에 어려움을 겪는다.

한편 타이완의 교통문화의 특징 중 하나로 오토바이문화를 빼놓을 수 없다. 출퇴근 시간에 도로는 온통 굉음의 오토바이 물결로 점령을 당하는데, 도로가 막히면 거대한 오토바이 부대가 인도까지 점령할 정도로 타이완은 오토바이 천국이다.

한편 타이완의 공연문화 중 하나로 우리의 창극에 해당하는 '거자이시(歌仔戲)'를 들 수 있다. 경극(京劇)은 베이징에서 발달하여 지금까지 중국인의 사랑을 받고 있는데, 이 경극이라는 창을 통해 우리는 대륙의 중국문화를 접할 수 있다. 이에 반해 거자이시는 타이완을 중심으로 하는 중남부 창극이고 악기와 곡조 등에서 독특한 중국의 중남부문화를 느낄 수 있는 공연이다.

TV에서도 가자희 공연을 종종 방영하고 있고, 동네 어귀에서 한 번씩 야외공연을 하는데, 민난어로 노래와 대화를 하니까 어감이 색다름을 느낄 수 있다.

• 타이완 국립고궁박물원

타이완 국립고궁박물원은 중국문화유산의 전모를 살펴볼 수 있는 유일무이한 박물관이다. 1949년 당시 장제스가 타이완으로 내려오면서 중국 전역에 산재한 각종 보물과 유물을 가져와 이곳 타이베이시 북쪽 양명산 자락에 보관하다가, 박물관을 세워 시민들에게 공개하게 된

(그림 7-60) 타이완 고궁박물원

것이다.

그래서 중국문화의 참모습을 보기 위해서는 이곳을 참관해야만 하다. 중국대륙은 외관상으로는 수많은 유적지를 보유하고 있지만, 내부에 있었던 귀중한 유물 중 상당 부분은 타이완으로 옮겨졌기 때문이다. 은대(殷代) 갑골문을 비롯한 온갖 보물과 역사유물이 전시되어 있는데, 그 유물의 수량이 많아서 그 큰 박물관이라도 한 번에 다 전시하지 못하고 주기적으로 유물을 교체해가면서 전시를 하고 있다.

그중에서도 국보급 문화재인 그림 '청명상하도'와 배추 모양의 옥으로 된 조각품, 청자 등 도자기와 각종 공예품, 귀중한 고서적과 미술품은 귀중한 자료로 평가받는다.

• 각성제 빈랑(檳榔)과 열대과일

미크로네시아에서는 비틀 넛(betel nut)으로 불리는 빈랑(檳榔)은 천상의 열매라고 평가받는다. 아열대 기후인 타이완에서도 대량 생산되고 있으며 대중들이 즐겨 씹는 열매다.

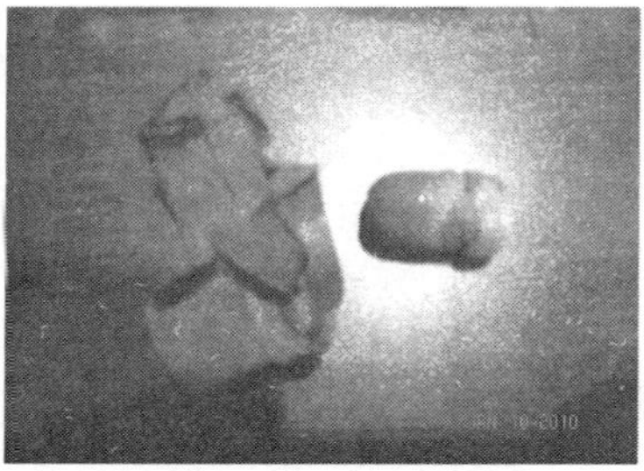

(그림 7-61) 빈랑

타이완에서 생산되는 빈랑나무 열매는 푸르스름한 색을 띠고 도토리만 한 크기부터 대추만 한 크기까지 다양하다. 열매 자체의 맛은 떨떠름한데, 칼로 가운데에 흠을 내고 그 사이로 겨자 색깔의 버터같이 진득한 석회가 섞인 젤 형태의 내용물을 넣어 팔거나, 혹은 열매 겉에 잎을 싸서 팔기도 한다.

상점에서 담배를 팔듯이 길가 조그마한 노점에 '빈랑'이라는 작은 간판을 세워놓고 빈랑 몇 개씩 봉투에 담아서 판다. 현재는 중국 간쑤성 란저우, 상하이, 후난성 등에서도 타이완에서 수입한 빈랑을 팔 정도로 타이완

빈랑은 유명하다.

빈랑을 씹게 되면 혈압이 약간 오르는 듯하고 각성작용이 일어나 마치 달리기를 한 후 독주 한 잔을 마신 듯한 느낌이다. 그래서인지 피로를 쫓으려는 택시기사들이 주로 많이 씹는다. 최근에는 원주민이 많이 거주하는 시골 농촌에서 특히 많이 소비되고 있다.

한편 타이완은 과일 왕국이라고 할 만큼 과일이 풍부하고 그 종류도 많다. 특히 시장에 가면 과일의 왕인 망궈(芒果), 양귀비가 좋아하여 당 현종이 부하를 시켜 며칠을 달려 산지로 가서 구해왔다고 하는 리즈(荔枝), 별 모양에 물맛이 상큼한 양타오(杨桃, star fruit), 석가모니 부처의 머리를 닮았다고 하여 지어진 스자(释迦), 용의 눈을 닮은 룽옌(龍眼), 무등산 수박을 닮은 시과(西瓜), 멜론인 하미과, 새콤달콤하며 향기로운 바이샹궈(白香果), 더위를 식혀 주는 담백한 맛의 둥과(冬瓜), 봉황 모양을 닮았다고 해서 지어진 파인애플 펑리(鳳梨) 또는 보뤄(菠蘿), 담백하고 사각사각한 느낌을 주는 바러(巴樂, Guava), 아삭하면서 담백한 맛의 겉은 빨갛고 속은 하얀 가볍고 부드러운 롄우, 사탕수수인 간저(甘蔗), 파파야인 무과(木瓜, Papaya), 레몬과 귤 등 사시사철 아열대 기후에서 자란 과일들로 항상 가득하다.

그래서 이러한 열대 생과일을 갈아서 우유와 섞은 후 얼음을 넣어 시원하게 만든 과일주스와 과일로 만든 아이스크림, 과일로 만든 과자나 과일 말린 간식이 매우 발달하였다.

(그림 7-62) 바러, 롄우 등 타이완 과일

중국이나 타이완에서는 우리처럼 과일을 낱개로 가격을 매겨 팔지 않고 근 단위로 계산해서 판다. 실용적으로 과일을 한 조각씩 썰어서 봉지에 담아 팔기도 한다. 겨울에는 대나무처럼 긴 사탕수수를 마디마다 토막을 내고 껍질을 깎은 후 열을 가해 구우면서 압축기로 따끈하게 즙을 내어 판매하는 사탕수수 주스 상점도 성행한다. 사탕수수 주스를 마시면 몸의 미생물들을 균형 있게 조절해 주기 때문에 감기 예방에도 좋다고 하여 타이완인들은 사시사철 즐겨 마신다.

• 타이완 원주민 신화

먼저 타이완 중부와 동북부 산지에 거주하는 타이야족(泰雅族) 사이에 전해져 내려오는 인류기원 신화를 소개하면 다음과 같다.

태고에는 한 여인만이 있었다. 어느 날 그녀가 큰 돌 위에 있었는데 바람이 한차례 다리 사이로 불어 들어오더니 임신을 하였고 얼마 안 있어 아들을 하나 낳았다.

太古之時, 最先只有一個女人. 有一次她站在大石上, 一陣風吹入股間因而懷孕, 不久生下一個兒子.

다음으로 야메이족(雅美族) 시조 신화 일부를 소개하면 다음과 같다.

옛날 란위의 바부터산에 있는 거석이 갈라지며 남자 신을 낳았는데…… 돌에서 태어난 남신이 무릎이 가려워 손으로 긁으니 오른쪽 무릎에서는 남자아이, 왼쪽 무릎에서는 여자아이가 나왔다.

太古時, 蘭嶼巴布特山巔一巨石進裂, 生男神…… 石生男神雙膝奇痒, 以手摩挲, 右膝生一男孩, 左膝生一女孩.

한편 '석생+죽생' 결합구조가 비남족(卑南族) 시조신화에 나타난다

Panapanayan 지역에 여신이 출현하였는데, 오른손에는 돌을 왼손에는 대나무를 들고 있었다. 여신이 돌을 던지니 돌이 두 갈래로 갈라지면서 그 가운데서 한 명의 신인(神人)이 출현했는데 이 신인이 후에 아미족(阿美族)의 선조가 된다. 여신은 다시 왼손에 들고 있던 대나무를 힘껏 땅에 꽂으니 대나무 위쪽 마디에서 Pakonseru라는 여신이 출현하고 아래쪽 마디에서는 Pakomarai라는 남신이 출현하였다. 이 두 신은 비남족(卑南族)의 조상이 된다. 그 둘의 후예는 Raolaoisu 남신과 Soragasu 여신이다. 이들은 또 Parogaos 남신, Pakasukasu 여신, Pakorashi 여신, Parai 남신을 낳았다. 그중 Pakorashi 여신과 Parai 남신의 혼인으로 낳은 아이는 점차 사람 형태를 보였다.

이 고사는 '여신 → 여신과 남신 → 부부가 됨 → 남신과 여신 출산 → 두 명의 여신과 두 명의 남신 출산 → 인화(人化)'라는 과정에서 신과 인간의 경계가 자연스럽게 허물어지면서 신계에서 인계로의 전환이 순조롭게 이어지고 있다. 여기서 창세 과정이 여신으로부터 시작된다는 것은 모계사회의 단면을 반영한다. 모계사회(只知其母, 不知其父) 풍속이 현재 베이난(卑南族)을 포함하여 파이완족(排灣族), 루카이(魯凱族), 아메이족(阿美族)에게 남아있다는 사실은 이들 종족 간 관계성이 밀접했음을 말해준다.

죽생인(竹生人) 유형 고사는 대나무 숭배 문화의 반영으로서, 말레이반도의 세망족(semang), 인도네시아 수마트라 토착민, 필리핀 민다나오 토착민, 미크로네시아 토착민들 사이에 널리 퍼져있다. 이를 통해 타이완 원주민 종족의 문화가 동남아 고문화의 특질을 지니고 있다는 사실도 확인할 수 있다.

타이완 원주민 신화 중에는 태양과 관련 있는 난생(卵生) 유형이 적지 않다. 파이완족 고사에서는 천강란형 유형이 전해진다.

태양이 붉은색과 흰색의 알 두 개를 낳고 백보사(百步蛇)에게 이 두 알을 보호하라고 명한다. 이 두 알은 후에 부화하여 남녀 두 신으로 되었고, 이들의 후예가 파이완족 귀족의 선조가 되었다. 이와 별도로 평민의 선조는 푸른 뱀이 부화하여 나왔다.

태양의 난생에 뱀이 추가로 등장한다. 뱀은 여기서 태양이 낳은 알을 보호하고 부화하는 조력자 역할을 한다. 원주민들은 알을 낳는 뱀의 생태를 자신들의 시조 탄생에 자연스럽게 적용하고 있다. 태양이 낳은 알이 인간으로 화한다는 일반적인 태양 난생 구조와는 달리 태양과 알에 뱀이 결합하면서 생동적이고도 독특한 느낌을 구현하고 있다.

파이완족과 루카이족의 태양과 난생 유형에는 태양새(sun bird)가 등장하지 않고 태양 또는 태양신이 직접 알을 낳았다고 표현되어 있다. 태양이 직접 알을 낳는 구조는 『시경』 속 태양새인 현조가 알을 낳는다는 구조와는 다소 차이가 있다.

파이완족 신화에는 뱀의 난생 유형 고사도 있다.

태고시대에 한 차례 홍수가 범람한 후 대지 위에는 살아있는 생명체를 볼 수 없었다. 어느 날 신령이 산에서 사란(蛇卵)을 보고 이상히 여겨 가까이 다가가, 눈에서 신령스러운 빛을 방출하여 뱀 알의 내부를 투시하여 자세히 보니 사람 형태가 보였다. 얼마 지나지 않아 뱀 알은 양광을 받아 파열되었는데 안에서 한 사람이 나왔다. 그가 파이완 귀족의 조상이다.

파이완족 조상이 사란(蛇卵)의 부화로 출생했다는 기술이다. 뱀과의 교혼(交婚)에 의한 인류탄생이라는 사생(蛇生) 유형과는 다른 형태다. 뱀에 의한 난생 모티프를 기본구조로 하면서도 태양이라는 요소를 배제하지 않고, 홍수라는 요소도 가미하고 있습니다. 따라서 태양에 의한 난생 유형과 홍수와 인류 재생 모티프가 부분적으로 스며든 형태의 고사라고 볼 수 있다.

마지막으로 루카이족 신화 중 뱀의 난생 유형 고사는 다음과 같다.

예전 어느 날에 두 마리의 신령스러운 뱀이 많은 알을 낳았는데, 이 알들이 부화하여 많은 사람이 나왔다. 이 부족의 선조들이다. 그래서 이 부족은 뱀 종류를 살상하지 않는다.

옛날, 바다에 하나의 병이 표류했는데 그 안에 알 두 개가 있었다. 이 두 알은 후에 부화하여 두 마리의 백보사가 되었는데 이들이 바로 루카이족의 선조이다.

인간의 시조로서의 뱀을 묘사하고 있다. 이러한 유형은 뱀 토템숭배에 근거한 상당히 오래된 원시 신화 범주에 속한다고 할 수 있다.

질의응답

① 타이완은 일본문화를 받아들이는 과정에서 저항은 없었나요? 현재 일본문화의 잔재를 없애기 위한 노력은 없나요?

중국대륙에서는 반일감정이 큰 편이지만, 타이완에서는 그다지 크지 않은데요. 타이완은 시모노세키조약(1895년) 체결 이후 51년간 일본의 식민지였는데도요. 국립타이완대학의 정문이나 우리의 청와대 격인 총통부 건물 등은 일본 식민지 시대 당시 만들어진 일식 건축양식인데, 그대로 사용하고 있죠. 타이베이 시내 공관이라는 지역은 일본식 가옥이 당시 그대로 옹기종기 모여있고요. 베이터우 지역에는 일본식으로 개발된 온천이 그대로 남아있죠.

생활 속에서 사시미, 와사비, 다꾸앙, 삐루 등 일본어 어휘들이 빈번하게 사용되고, 도시 여성들의 일본식 화장과 일본식 복장이 지속적으로 유행하는 것을 보아도 일본문화에 대한 선호가 여전히 있다고 말할 수 있죠.

타이완은 50여 년간의 일본 통치 이전에도 네덜란드, 영국, 포르투갈 등 서구국가의 침략 통치를 받았었고, 일본의 패망 후에는 중국대륙에서 건너온 국민당의 장제스 그룹의 통치를 받았지요.

그래서 타이완에서는 과거에 일본이 타이완을 지배하나 중국대륙이 타이완을 지배하나 외부에서 들어온 것으로 보기 때문에 마찬가지라는 생각을 하는 것 같습니다. 특히 창나라로부터 타이완이 버림을 받았다고 하는 고아의식이 있었고 여기에 더해 대륙인이 타이완인을 미개한 토인 또는 일제에 협력한 조력자로 취급했기에, 타이완인은 중국에 적대적인 의식을 가지기도 하였죠.

타이완에는 중국과의 통일을 원하는 사람도 많지만, 이처럼 중국대륙을 하나의 외부로 보는 시각이 존재하기 때문에 타이완이 진정으로 독립된 국가로서 남기를 원하는 사람도 그만큼 많은 것이 현실이죠.

타이완인 대다수는 일본이라는 특정 국가에 대한 반감이 대륙만큼 크지 않고, 장단점을 있는 그대로 받아들이는 것으로 이해하면 될 것입니다. 1972년 일본이 중국과 수교하면서 타이완과는 단교했지만, 타이완은 일본과의 관계에 있어서 민간 차원에서의 외교를 지속하는 등 협력 태도를 유지해오고 있죠.

② 간체자를 사용하는 중국대륙과는 달리 타이완에서는 아직 번체자를 사용하는 이유는 무엇인가요?

현재 타이완 외에도 홍콩, 마카오, 동남아 화교사회 그리고 우리나라에서는 하자의 표기에 있어서 번체자를 사용하고 있는데요. 1949년 중화민국 정부를 이끌고 타이완으로 넘어온 장제스는 중국 전통문화의 파손을 막고 그 보존에 힘을 쓰는 정책을 펼쳤기 때문에 번체자를 유지해왔고 지금도 번체자를 사용 중이죠.

반면 중국대륙에서는 신중국 건립 당시 수억 명의 중국인 중 문맹률이 50%가 넘었죠. 이를 고심하던 마오쩌둥의 공산당 정부는 1964년 <한자간화방안(漢字簡化方案)>을 발표하고 간체자를 만들고 계속 보완해가며 보급해왔고요. 그 결과 문맹률이 낮아지게 되었죠.

이러한 배경 속에서 양 지역은 서로 다른 한자 형태를 가지게 됩니다. 한자의 표기 방식이 다르고, 어휘는 대부분 같지만, 생활환경이나 조건이 다른 관계로 인해 양 지역에서 사용하는 단어가 서로 다른 경우도 적지 않습니다. 예를 들면 도시락, 대학원, 유치원, 어묵 등을 표현하는 단어가 서로 다르죠. 택시, 벤츠, 사우디아라비아, 에이즈 등과 같은 외래어를 음역하는 데 있어서 방식이 달라 어휘가 같지 않은 경우가 있고요.

이밖에 중국어 각 글자의 음을 표기하는 발음표기방식도 다른데요. 중국은 '한어병음'이라고 해서 알파벳 문자를 사용하여 자신들이 정한 규칙대로 표기하는데요. 타이완에서는 '주음부호'라고 해서 한자의 획에서 따온 부호를 사용하여 글자의 음가를 표기하는 방식을 책하고 있죠.

③ 타이완은 다양한 민족과 문화가 복합한 문화라고 하는데요. 원주민에 이어 민난인, 객가인, 대륙인이 이주해오는 과정에서 서로 다른 문화끼리 별다른 잡음 없이 잘 융합하였는지요?

최초의 원주민인 일명 고산족은 폴리네시안 문화권의 인도말레이 민족 계열이고요. 타이완에 정착한 지 수천 년이 되었죠. 그리고 400년 전쯤인 명나라 말에 반청(反淸) 그룹인 정성공 그룹이 타이완으로 내려오면서, 대륙인이 처음 타이완으로 이주하게 되는데요. 이들은 주로 중국 남방 푸젠성의 민난인 또는 객가인이었죠. 이들은 타이완에 수백 년간 거주하면서 자신들을 타이완인 또는 본성인(本省人) 또는 본지인(本地人)이라고 불렀죠.

이후 1949년 대륙에서 장제스의 정부와 군대 및 추종세력이 공산당에 패하면서 타이완으로 피신해옵니다. 타이완에 오랫동안 거주했던 타이완인은 이들 그룹을 외성인(外省人) 또는 대륙인(大陸人)이라고 불렀죠.

이들 민족 또는 그룹 간 융합에 있어서 전쟁과 같은 큰 충돌은 없었지만요. 민족 간 감정의 골이 깊어지고 갈등이 표면화된 적은 있었죠. 타이완인 즉 민난인이 정착하는 과정에서 원주민에 대한 차별과 탄압이 있었고요. 이후에는 외성인 즉 대륙인이 타이완 정착과정에서 타이완인을 억압하는 사건들이 발생하곤 했습니다.

1947년 국민당 폭정에 항거한 타이완인 수만 명인이 무참히 살해되는 2.28사건이 발생하는데요. 항의하는 담배상을 때리고 이를 저지하기는 군중을 향해 발포하며 사상자가 발생하였죠. 분노한 시민들이 타이완인의 자치권 요구 시위를 벌였고, 국민당은 계엄 선포와 무차별 진압으로 시민들을 학살하였죠.

타이베이 시내에는 타이베이신공원(臺北新公園)이 있었는데요. 후에 이를 2.28 평화기념공원으로 명칭을 바꾸었고, 이곳에 당시 희생된 약 28,000명의 타이완인을 기리는 작은 박물관을 세웠죠. 1989년 허샤오센 감독의 「비정성시(悲情城市)」는 당시 사건을 다룬 영화이기도 하고요.

제8장 한국 속 중국문화, 세계 속 중국문화

1. 한국 속 중국문화

(그림 8-1) 인천 차이나타운

한국 속에 중국문화가 집중적으로 자리하고 있는 곳은 바로 중화가(中華街) 즉 차이나타운이다. 현재 우리나라에서 형성된 차이나타운은 몇 가지 형태로 존재한다.

먼저 1882년 임오군란 당시 명성황후의 요청으로 조선에 파견 온 청의 우창칭 군대를 따라 상인들이 입국하였다. 이들이 우리나라에 정착한 최초의 화교라고 볼 수 있으니, 그 역사는 130년이 넘는다. 아울러 19세기 말 강화도조약을 시작으로 인천과 부산의 청나라 조계지에 노동자들이 대거

(그림 8-2) 공화춘

(그림 8-3) 공자상

(그림 8-4) 왕희지

유입되었다.

이들은 주로 산동 교동 지역 사람들로서 인천 중구의 항구 마을인 북성동 조계지에 인천 차이나타운을 형성하면서 자연스레 그들이 지니고 온 당시의 산둥지역 문화가 정착된다. 청나라의 전통문화가 들어온 셈인데, 그중에서도 자장면이라는 산둥의 면 요리가 항구 노동자에게 팔렸고, 1930년대에 공화춘(共和春)이라는 식당을 중심으로 판매되면서 이름이 알려지기 시작하였다.

자장면과 함께 공갈빵도 차이나타운의 대표 간식거리로 자리를 잡았다. 이처럼 인천 차이나타운은 과거의 산둥의 지방문화가 남아있는데, 이러한 연유로 중국 산둥성 정부와 린이시 정부는 산둥 출신의 공자와 산둥 린이시 출신의 왕희지의 동상을 인천시 차이나타운에 기증하여 건립하는 등 적극적으로 교류 증진에 힘쓰고 있다.

한편 우리나라 화교들은 거의 모두 산둥을 위시한 대륙 출신이지만 국적은 중화민국 즉 타이완이다. 화교학교 역시 타이완에서 파견된 교사들이 운영하며 이들은 타이완문화를 전파하는 데 힘을 기울이고 있다. 차이나타운을 가보면, 타이완 특산인 사탕수수 주스를 팔고 간체자가 아닌 번체자를 사용하는 등 타이완의 생활문화 요소가 여전히 남아있다.

따라서 인천 차이나타운의 특징은 과거 청나라의 정통 중국문화와 산둥의 지역문화, 그리고 타이완의 생활문화가 섞여 있다는 점이다. 이러한 유형의 차이나타운은 그 규모는 작지만 대구나 부산 초량동에 형성되어 있으며, 주로 중식당과 화교학교를 주축으로 하고 있다. 이 지역 키워드라고 하면 산둥, 화교, 100년, 산둥성+타이완, 자장면, 공갈빵, 번체자, 사탕수수가 아닐까 한다.

안타까운 화교 역사도 있다. 만주에서 중국 당국의 조선인에 대한 탄압과 일제의 이간책으로 발생한 만보사건은 우리나라에서 화교에 대한 반감을 증폭시켜 200여 명이 살해되고 화교 경제가 초토화되는 화교 배척사건이 일어난 것이다.

이후 박정희 정부 이후 화교의 재산권 및 사업이 법적으로 제한을 받으면서, 화교의 경제생활은 개선하기 힘든 상황을 맞는다. 그래서 하는 수 없이 타이완, 중국, 미국, 남미 등 타국으로 이주하는 화교들이 늘면서 현재 우리나라에 거주하는 화교 수는 많이 줄어들었다.

(그림 8-5) 대림동 조선족타운 중앙시장

한편 1992년 한중 수교 후인 90년대 이후 친자방문이나 직장을 구하기 위해 방한하기 시작한 중국 국적의 조선족 동포와 한족은 현재 100만 명을 넘어섰다. 이들 중 일부는 방값이 저렴한 구로구 가리봉동이나 영등포구 대림동

중앙시장(대림역 12번 출구 쪽)에 또 하나의 차이나타운을 형성한다. 원조 조선족 동포 차이나타운은 가리봉동이었는데, 2000년대 들어 재개발계획이 발표되면서 사람들이 대림동으로 옮겨온 것이다. 시간이 지나면서 조선족 동포를 포함한 중국인 인구가 100만 명을 넘어서며 이들이 집중적으로 거주하는 지역을 형성한 것이다.

2000년대 이후에는 중국의 '나가자(走出去)' 전략에 따라 중국유학생 숫자도 계속 증가하였다. 이들 학생은 주로 대학 기숙사 또는 대학 주변에서 자취하면서 우리의 생활문화권으로 훌쩍 들어오게 된다. 학교 주변 상점에는 중국인 유학생이 아르바이트하는 모습을 쉽게 볼 수 있을 정도다. 대학가 주변에 중국식 식당들과 식품점이 늘어나는 계기도 만들었다.

현재 대림동 차이나타운은 6만여 명의 조선족 동포와 한족이 거주하는데, 주로 동북지역 출신이 많으며 인천 차이나타운과 달리 중국식 양꼬치, 배이징 오리구이, 쓰촨 마라탕, 전병, 마라샹궈, 바오쯔, 옌볜 피순대 등 현재 중국인들이 선호하는 향이 진한 음식들과 동북 조선족이 애용하는 음식을 판매한다. 매년 대림동한중문화축제주간이 열릴 정도로 이들 차이나타운의 규모가 확장되고 있다.

이러한 유형의 차이나타운은 경기도 안산과 성남 태평로의 중앙시장, 울산의 온산공단 식당가 등에서도 볼 수 있는데, 여기서는 현지 중국인이 즐기는 중국 음식과 함께 조선족 동포가 선호하는 동북지역 음식을 맛볼 수 있다. 이 지역의 키워드라고 하면 조선족 동포, 30년, 동북 음식+조선족 음식, 간체자, 현재의 중국, 동북지역 모습이 아닐까 한다.

또 하나의 유형은 중국 관광객을 위해 조성된 차이나타운이 있다. 대표적인 예로 제주 바오젠 거리나 인천 영종도의 중국 식당가 등을 들 수 있다. 여기에는 중국인을 위한 중국음식과 함께 K-뷰티와 의류 및 생활용품이 판매되고 있다. 2017년 사드갈등과 2020년 코로나-19로 인한 양국 간 인적 교류가 줄어들면서 현재는 다소 소강상태로 접어들고 있다.

이처럼 우리나라에는 차이나타운이 세월의 흐름과 함께 각각 특성 있는 형태로 일상생활 속에서 공존하고 있다. 울산대학교 근처 상가에도 최근 몇 년간 중국식당이 눈에 띄게 늘어나는 추세였다. 연길 양꼬치, 불꽃 훠궈, 길림 양꼬치, 하오츠마라탕, 마라탕훠궁푸, 삼천리양꼬치 등 다양한 중국식당이 꾸준히 생겨나고 있고, 동네 게시판에는 중국어로 된 구인광고가 종종 눈에 띈다. 학교 근처 편의점에는 즈푸바오(支付寶) 웨이신즈푸(微信支付) 유니온페이 사용이 가능하다.

(그림 8-6) 울산 양꼬치 식당

(그림 8-7) 울산 훠궈식당

서울의 강남에는 중국인을 위한 성형외과인 정형외과(整形外科) 간판이 즐비하고, 종로 길가에는 중국의 모텔이나 호텔에 해당하는 빈관(賓館)이라는 간판이 보인다. TV에는 중국드라마도 활발하게 방영하고 있다.

한편 서울 한복판에서 과거의 중국문화 흔적을 찾는 것은 쉬운 일이다. 서울 창경궁 경내에는 팔각칠층석탑(Octagonal Seven-story

Stone Pagoda, 1470)이 세워져 있는데, 이는 명나라 때 만들어져 우리나라에 들어온 것이다. 덕수궁 지역에는 고종 황제가 1897년 하늘에 제사를 지내던 환구단이 있는데, 이는 베이징의 천단과 흡사하다. 서울 중심 종로 끝자락에는 동묘(東廟)가 있다. 이는 동관왕묘(東關王廟)의 줄임말로서 임진왜란 시기에 나라를 구하기 위해 모신 전쟁신 관우를 위한 사당이다. 서울 용산구에 위치한 중앙박물관에는 투루판의 천불동 벽화와 둔황의 벽화 및 아스타나고분의 여와복희도가 보관되어 있고, 당 왕조의 당삼채도 전시되어 있다. 이처럼 우리나라에는 현재의 중국문화와 과거의 중국문화가 공존하며 함께 호흡하고 있다.

(그림 8-9) 창경궁 석탑

(그림 8-8) 동묘

2. 세계 속 중국문화

중국이 대국화, 강국화 하면서 해외에 투자를 늘리고 있다. 일대일로 전략을 통해 해외 시설투자와 영향력 확대가 그 대표적인 예다. 아울러 중국 관광객의 해외여행과 중국 유학생의 증가로 인해 세계 여러 나라에는 중국문화가 서서히 정착하면서 차이나타운이 형성되는 계기가 만들어지고 있다. 몇 가지 예를 들면 다음과 같다.

러시아 상트페테르부르크 공항에 도착해서 들어가면 클레임 지역에 영어, 러시아어와 함께 중국어 안내 문구가 함께 보인다. 그리고 중국 신용카드인 유니온 페이(Union Pay) 홍보 전광판이 눈에 들어온다. 이어서 스타벅스가 중국어로 환영(歡迎)이라는 문구가 들어간 패널을 문 앞에 설치하고 관광객을 맞이한다. 시내 버스 외관에는 중국어로 중국인 관광객에게 할인행사를 한다는 문구가 쓰여있다.

(그림 8-10) 상트페테르부르크 스타벅스

동북 유럽인 발트삼국 중 하나인 에스토니아의 수도 탈린 중심에는 베이징반점(北京飯店)이 성업 중이다. 메뉴는 중국 정통요리로 채워져 있다. 리투아니아 수도 리가 시내에도 상점 여러 곳에 중국어로 환영의 문구를 걸어놓고 있다. 9Dragonai이라는 중국음식점에는 다양한 중국 정통요리를 준비하여 손님을 맞이하고 있다.

(그림 8-11) 에스토니아 베이징반점

중앙아시아 우즈베키스탄의 수도 타슈켄트의 박물관에는 실크로드 교류 과정에서 오고 갔던 물건 중에 중국 진시황 병마용 몇 점, 한 왕조 시기의 동경(銅鏡)과 중국 실크가 전시되어 있다. 시내에는 차이나타운까지는 아니지만 조금씩 '장쥔(將軍)' 레스토랑 등 중국식당과 발마사지업소, 그리고 중국 식품 상점이 눈에 띈다.

(그림 8-12) 요코하마 차이나타운

가까운 일본에는 효고현 고베에 차이나타운 난킨마치(南京町)가 있다. 미나모토마치역에서 내려 걸어가다 보면 차이나타운 입구인 장안문이 나온다. 안으로 들어서면 상점들과 만두와 딤섬 등을 파는 식당들이 즐비하다. 그 중간에 난킹마치라는 정자가 만들어져 있다.

또한 도쿄에서 가까운 거리에 있는 가나가와현 항구도시 요코하마(横浜)에는 주가카이(中華街) 즉 차이나타운이 나온다. 비교적 큰 규모의 타운으로서, 안에는 중국 베이징의 중심 상가이자 먹거리 골목이 왕푸징(王府井) 거리가 등장하는데, 마치 현재의 중국 상가를 그대로 옮겨놓은 듯한 모습이다. 다롄 훠궈(火鍋), 베이징 오리구이(北京烤鴨), 양저우 볶음밥(揚州炒飯) 등 현재 중국에서 유행하는 음식을 판매하고 있고, 보이차 등 대표적인 중국 차도 판매 중이다. 다만 음식 맛은 일본식으로 변화하여 담백하면서 달짝지근한 편이고, 매운 소스 맛이나 짙은 향신료 풍미는 덜한 편이다.

유럽이나 미국에도 오래전부터 차이나타운이 형성되어 있다. 그 중 미국 하와이 오아후섬 호놀룰루시에는 예전부터 중국, 일본, 한국에서 이주해온 이주자들이 정착하면서 자신들의 타운을 형성하였다. 차이나타운은 시 중심지에 형성되었으며 주로 식당들이 들어와 영업 중이다. 이 외에도 동남아 태국이나 베트남에도 차이나타운이 형성되어 있다.

이상으로 실크로드 문화를 시작으로 티베트와 네이멍구의 이모저모에 대해서 살펴보았고, 윈난성 이족, 바이족, 나시족, 구이저우성 먀오족, 광시좡족자치구 좡족의 소수민족문화와 쓰촨성 파촉문화도 살펴보았다. 이어서 북방 허난성, 허베이성 등 중국의 중원문화와 신화고사를 살펴보면서 중원역사의 발자취도 알아보았고, 북방 하면 생각나는 공자와 산둥의 제로문화도 살펴보았다. 베이징과 동북 3성의 역사문화를 살펴보았고, 산시성, 안후이성, 후베이성의 지리와 사람들의 성향과 문화도 알아보았다. 칭하이고원과 동티베트의 문화, 닝샤후이족문화도 소개하였다. 이어서 남방 광둥성과 홍콩의 요리와 광둥어를 살펴보았고, 장쑤성과 저장성, 장시성, 푸젠성, 후난성의 문화와 함께 또 하나의 중국인 타이완의 문화도 살펴보았다. 마지막으로는 한국과 세계 속의 중국문화 현황에 대해 알아보았다.

이상으로 중국은 다양한 민족, 오랜 역사, 지역적 특질 등에 따라 여러 형태의 지역문화를 형성되고 보존하고 있음을 파악하였다. 중국을 알고, 중국인을 이해하고, 중국문화를 해석하는 데 있어서 가장 기본이 되는 핵심은 다민족의 다원적 지역문화가 존재하고 현재도 살아 움직이고 있다는 사실이다.

보충설명

• 중국 술과 음주문화

중국은 지역마다 특산 토속주가 생산되기 때문에 그 종류가 다양하다. 베이징의 홍성이과두주(紅星二鍋斗酒, 훙싱얼궈터우주), 산둥성 취푸의 공부가주(孔府家酒, 쿵푸자주)와 공부연주(孔府宴酒, 쿵푸옌주), 산둥성 지

(그림 8-13) 마오타이주

난의 박돌천주(趵突泉酒, 바오투촨), 장쑤성의 양하대국(洋河大麯, 양허다취), 구이저우성 마오타이전의 모태주(茅台酒, 마오타이주), 산시성과 타이완의 죽엽청주(竹葉淸酒, 주예칭주), 산시성 펀양현 상화춘의 분주(汾酒, 펀주), 저장성 사오싱의 황주인 소흥주(紹興酒, 사오싱주)와 여아홍(女兒紅, 뉘얼훙), 쓰촨성의 오량액(五糧液,우량예)와 랑주(郎酒, 랑주), 쓰촨성 청두의 전흥대국(全興大麯, 촨싱다취), 타이완 금문도의 금문대국(金門大麯, 진먼다취), 광둥성 광저우의 오가피주(五加皮酒, 우자피주) 등 그 수는 헤아릴 수 없을 정도로 많다.

(그림 8-14) 우량예

중국 술은 크게 백주(白酒), 황주(黃酒), 노주(露酒)로 나뉜다. 백색 투명한 색깔의 백주는 수수, 옥수수, 밀, 쌀, 찹쌀 등 곡물을 발효시켜 다시 증류한 술로서 도수가 상당히 높은 편이다. 우리가 '빼갈(白乾兒)'이라고 부르는 고량주는 색이 희다고 하여 백주(白酒)로 통칭한다. 이과두주, 공부가주, 양하대국, 분주, 모태주 등이 이에 속한다.

고량주(高粱酒)는 중국의 대표적이면서 대중적인 400년 역사를 지닌 전통술이다. 지하에서 추출한 맑은 약수와 양질의 고량(高粱) 즉 수수를 주원료로 빚어 만드는데 술의 당도, 순도, 개운함, 향기에 있어서 독특한 맛을 추구한다. 고량주는 같은 제품이라도 개개인의 주량과 취향에 맞춰 일반적으로 40도짜리가 주로 생산되고 있다. 이 밖에도 낮은 도수로는 28도, 좀 높은 도수로는 56도와 62도짜리도 있다. 독한 만큼 순도도 높기에 취기가 금방 가시는 개운함도 갖고 있다.

그중 모태주 즉 마오타이주는 1970년대 미·중 간 핑퐁외교로 화해

무드를 조성할 무렵에 닉슨 미국 대통령이 방중하면서 중국 지도자와 함께 마신 술로 유명하다. 현재 오량액, 수정방(水晶坊), 주귀(酒鬼)와 함께 중국 최고의 술로 인기가 높다.

황주는 우리의 막걸리처럼 찹쌀에 보리 누룩을 넣어 발효시킨 저도주로서 그다지 독하지 않다. 사오싱의 소흥주가 대표적인 황주다. 적황색을 띠고 있으며 15도 정도로 우리의 청주와 비슷하며 세계 술 품평대회에서 상을 받기도 한 명주다. 대륙과 타이완 모두 이 소흥주를 선호하는 편이다. 다만 이 술을 처음 대하는 사람들은 간장 색깔에 한약이 섞인 듯한 독특한 냄새 때문에 쉽게 친해지기 어려운 술이기도 하다.

노주는 술에 약재를 넣어 함께 증류시켰기 때문에 향이 독특하다. 죽엽청주와 오가피주가 이에 속한다. 죽엽청주는 40도가량의 술로서 백주에 대나무 잎과 한약재를 넣고 빚은 술이라 색이 노랗고 독특한 향기가 은은하게 난다. 마신 후에는 입에 단맛이 한참 동안 돌며 가격도 적당하여 많은 이들이 즐겨 마신다.

이밖에 중국의 맥주 역시 지역별로 다양한 제 품이 출시되고 있다. 산둥성 칭다오의 칭다오맥주, 베이징의 옌징맥주, 헤이룽장성 하얼빈의 하얼빈맥주는 전국적인 술로 잘 알려져 있다.

하지만 지역 특산 맥주는 그 지역에 직접 가야만 맛볼 수 있다. 산둥성 웨이하이의 라오반(老板, Boss), 산둥성 지난의 중더(中德)와 크리처, 쓰촨성 청두의 진마이야(金麥芽), 간쑤성 란저우의 쉐화(雪花), 랴오닝성 다롄의 다롄간피(大連幹啤), 후베이성의 체로(Chero), 산시성 시안의 시베이랑(西北狼), 네이멍구의 싸이베이펑(塞北風)과 쉐루(雪鹿), 허난성 카이펑의 캉리(康力), 안후이성 황산의 윈하이(雲海), 구이저우성 마오타이진의 마오타이(茅台), 윈난성의 다리(Dali)와 펑화쉐웨(風花雪月) 등 다양한 맥주가 출시되어 있다.

중국 술자리에서는 주인이 손님에게 권주하는 것이 상례다. 북방사람이 남방사람보다 좀 더 적극적으로 술을 권하는 편이다. 중국 북방사람은 기질이 호방하여 술을 잘 마시는 사람을 선호하는 편이다.

중국의 음주문화는 식당에서 엿볼 수 있다. 식당 테이블 위에는 기본적으로 와인잔과 고량주 잔이 자리마다 놓인다. 요리가 나오기 시작하면 종업원들은 테이블을 돌며 큰 잔에는 맥주를 작은 잔에는 고량주를 따른다. 손님끼리 서로 술을 따라주기도 하지만, 형식을 갖춘 술자리에서는 종업원이 대기하고 있다가 잔 비우기 무섭게 잔을 채운다. 술 따르는 번거로움 없이 편안하게 음주할 수 있다는 편리함은 있다. 중국에서는 음식이 요리 식으로 나오기 때문에 식사와 음주를 동시에 하는 편이다.

초대한 사람은 식사 중간에 잔을 들어 환영사와 덕담을 하며 세 차례에 걸쳐 건배를 제의한다. 건배 제의는 초대자의 부인 또는 초대자의 지인이나 동료가 다시 삼배를 제의하면서 이어진다.

자기 술잔은 돌리지 않고 끝까지 사용하며, 술을 따를 때는 한 손으로 따르는 것이 일반적이다. 술이 잔에 남아있어도 계속 첨잔을 하는데, 이는 잔이 채워져 있어야 논에 물이 마르지 않는다는 생각에서다.

우리는 두 손으로 잔을 들어 술을 받고 잔이 차면 잔을 위로 약간 올리면서 됐음을 표시하는데, 중국에서는 잔을 테이블 위에 놓아둔 채로 상대방이 술을 따르는 것을 기다렸다가 잔이 차면 테이블을 손가락으로 몇 번 톡톡 두드림으로써 됐다는 의사표시와 함께 감사의 의사표시를 한다.

함께 건배하는 경우에는 잔을 서로 부딪치는데, 멀리 있는 경우에는 잔으로 테이블을 두 번 톡톡 치면서 팩스 보낸다는 의미의 "촨전(傳眞)"이라고 말한다. 산둥지방에서는 잔을 부딪칠 때 자신보다 연배인 상대의 잔보다 낮게 댐으로써 예를 표한다. 간혹 서로 예의를 갖춘다고 땅바닥까지 내려가 잔을 맞추는 일도 발생한다.

주당이나 술고래를 중국어로는 바다와 같은 양을 마신다고 하여 '하이량(海量)'이라는 하거나, 술 귀신이라는 의미의 '주구이(酒鬼)'라고 말한다. 주당들은 취하지 않으면 집에 돌아가지 않는다는 의미로 "부쭈이부구이(不醉不歸)"를 외치며 술을 마신다. 그들은 "어제 몇 병 마셨어?"라는 표현보다는 "어제 몇 냥(cc) 마셨어?"라는 표현을 주로 사용한다.

중국의 음주문화는 건전한 편이다. 처음 들어간 식당에서 요리를 먹으면서 반주로 술을 마시고, 식사를 마치면 음주도 마무리하는 편이다. 길거리에서 비틀거리며 지나가는 취객을 중국이나 타이완에서는 찾아보기 어렵다.

중국은 남방보다는 북방에서 술을 권하는 분위기가 강하다. 하지만 이는 사회생활을 하는 일반인이 그렇고, 대학생들은 음주를 별로 하지 않는다. 2차나 3차 가는 일도 거의 드물고 그러한 개념도 거의 없다. 여학생 경우에는 더욱 음주를 멀리한다.

저녁에 요리와 함께 반주로 술을 마시는 음주생활이 보편적이라 아침 해장문화를 찾아보기 힘들다. 중국의 아침거리는 무럭무럭 피어오르는 김 속에 만두나 국수, 콩국과 전, 그리고 도시락 등 음식을 파는 작은 가게들로 가득하다. 음주문화 때문에 해장국이나 해장음료 같은 아침 해장문화가 발달한 우리나라와는 대조적이다.

• 중국의 차와 차 문화

녹차를 마시면 정신이 맑아지고 면역력이 강화된다. 씁쓸한 맛 뒤에 찾아오는 달콤한 차 맛은 문자 그대로 고진감래(苦盡甘來)의 인생을 체감하게도 만든다. 중국에서 차는 이미 1,500년의 역사를 지니고 있다. 황하 물이 탁해서 생수로 마실 수 없어서 중국에서는 일찍부터 차가 발달했다는 이야기도 있다.

중국차는 수확하는 계절에 따라 춘차(春茶), 하차(夏茶), 추차(秋茶), 동차(冬茶)로 나뉜다. 그중 춘차와 동차의 질이 좋은 편이며, 춘차 중에서도 새순을 따서 만든 찻잎을 최고로 친다.

만드는 과정에 따라서는 청차(淸茶) 즉 미발효차, 반발효차, 그리고 숙차(熟茶) 즉 발효차로 나뉜다. 이밖에 꽃이나 꽃향기가 들어간 화차(花茶)와 단단한 덩어리로 뭉쳐놓은 긴압차(緊壓茶), 그리고 기능성 차를 따로 구분하기도 한다.

(그림 8-15) 항저우 용정차 밭

미발효차로는 저장성 항저우가 원산지이며 청명절 직전에 따낸 용정차(龍井茶), 장쑤성 쑤저우의 소라 모양의 벽라춘차(碧螺春茶), 산둥성 라오산의 녹차, 안후이성 황산의 모봉차(毛峯茶)가 있다.

반발효차로는 타이완의 오룡차(烏龍茶) 즉 우룽차, 장시성의 무이차(武夷茶), 철관음(鐵觀音)이 있다. 발효차로는 타이완 일월담의 홍차와 안후이성의 기문(祁門) 홍차가 유명하다.

화차로는 재스민향이 나는 말리화차(茉莉花茶), 눈에 좋다는 국화차(菊花茶)가 대표적이다. 긴압차는 찻잎을 찐 후 눌러서 벽돌처럼 단단한 상태로 만든 후 발효시키는 차로서 윈난성의 보이차(普洱茶)가 유명하다. 소화와 변비 해소 및 다이어트에 효용이 있다. 기능성차로는 잎이 하얀 백차

(白茶), 노인들의 폐를 보양한다는 자보차(滋補茶), 숙취에 효용이 있는 차, 살을 빼 주는 감비차(減肥茶), 궁중 차였던 팔보차(八寶茶), 혈압과 정력에 좋다는 하이난성의 고정차(苦丁茶) 즉 씀바귀의 긴 잎을 말아 건조한 일엽차 등 그 종류는 상당히 많다.

차는 중국인의 일상생활에서 필수품으로 자리 잡은 지 오래다. 마트나 백화점에서도 쉽게 구매할 수 있고, 동네 찻집에서도 찻잎을 살 수 있다. 찻잎은 선물용으로 포장하여 판매하기도 하고, 손님이 직접 향을 맡아보고 선택할 수 있도록 종류별로 소쿠리에 담아놓고 판매하기도 한다. 판매는 근당 계산하는데, 값이 싼 차부터 고가의 차까지 다양하다.

좋은 찻잎은 먼저 향을 맡아보고, 다음으로 입안에서 얼마나 향이 오래 머무는지, 몇 번 우려내어 먹을 수 있는지를 보고, 마지막으로 잎의 모양과 탄력성으로 구별한다.

중국 차는 종류별로 효용이나 기능이 다르지만, 일반적으로 정신을 맑게 하고, 기름진 음식의 소화를 돕고, 숙취를 해결하며, 피부 미용과 다이어트에도 좋다고 알려져 있다. 위장에는 자극을 줄 수 있으므로 빈속에 마시는 것은 지양하고 식어버린 차도 몸에 도움이 되지 않으므로 따라버리고 뜨거운 물로 다시 우려내어 마시는 것이 좋다.

차를 우려내고 마시기 위한 다기로는 장쑤성 이싱(宜興)에서 생산되는 자사도기(紫砂陶器)가 유명하다. 이싱 다기는 바닥에 이싱 마크가 새겨져 있고, 품명과 등급, 제작자와 제작 시기가 사진과 함께 기록된 보증서도 발급한다. 장시성 징더전의 다기도 평판이 높다. 좋은 다기는 뚜껑을 몸체에 부딪치면 낭랑한 쇳소리가 나는 것으로 판단할 수 있다.

찻집 다기는 때가 낀 것처럼 누리끼리하여 지저분한 것이 아닌가 하는 의심이 들 때가 있다. 다기에 낀 때는 일반 때가 아니라 찻물에 색이 배여서 그런 것이다. 중국에서는 일부러 다기가 오래되었음을 나타내기 위해 다기에 낀 찻물 때를 지우지 않고 살짝 헹구기만 한다.

중국인들이 일상생활 속에서 차를 즐기는 까닭은 다도 속에 담긴 정신을 중요시하기 때문이다. 차는 중국의 전통적인 유불선의 화해와 화합처럼 화(和)가 담겨있고, 수양을 통해 심신의 정화를 느끼게 하는 정(靜)도 담겨있다. 거기에 덧붙여 차향과 차 맛에서 희열과 즐거움을 느끼는 이(怡)가 담겨있다. 중국 차의 장점은 다음과 같이 표현할 수 있다.

중국차는 역사가 유구하고 품질이 특출 나서 사해에 이름 날린다.
(中國茶葉, 歷史悠久. 品質超群, 名揚四海.)
침이 생기고 갈증이 해소되며 정신이 맑아 생각이 자유로워진다.
(生津解渴, 提神益思.)
음식을 소화하고 느끼함을 제거하며 건강하게 살을 빼 준다.
(消食除膩, 健美減肥.)
해를 거듭할수록 장수하며 건강을 증진한다.
(延年益壽, 增進健康.)

• 지역별 음식과 음식문화

중국은 음식의 천국이다. 사람 빼고는 다 먹을 만큼 요리 종류가 풍부하고 그만큼 조리법도 다양하다. 예를 들어 면이나 두부로 만든 요리만 해도 수백 가지가 넘는다.

중국대륙은 광활하여 지역마다 토양이나 기후 조건도 달라서 생산되는 물산도 다르다. 더욱이 문화 환경이 오랜 기간이 지나면서 서로 달라서 지역마다 색다른 음식문화가 형성되어왔다.

지방마다 특색 있는 요리가 많은데, 크게는 산둥성의 노채(魯菜), 산둥요리의 영향을 받은 베이징의 경채(京菜), 쓰촨성의 매운 천채(川菜), 광둥성의 담백한 월채(粵菜), 상하이·쑤저우 등지의 소채(蘇菜) 또는 회양채(淮陽菜), 후난성의 상채(湘菜), 그리고 안후이성, 저장성, 푸젠성의 요리로 나눌 수 있다. 색(色)·향(香)·미(美)·형(形)과 함께 영양도 추구하기 때문에 그들은 식사법은 상당히 미학적이고 과학적이다.

중국인은 아침 식사를 상당히 풍성하고 든든하게 즐기는 편이다. 평소 즐겨 먹는 아침 식사로는 묽은 쌀죽이나 조죽인 시판(稀飯), 고기나 해산물 등을 넣은 짙은 죽인 저우(粥), 콩국인 더우장(豆漿), 밀가루를 반죽하여 긴 막대 모양으로 만든 후 기름에 튀겨서 더우장에 적셔서 먹는 유탸오(油條), 소가 없는 만터우(饅頭)와 짠지인 셴차이(咸菜), 고기나 채소를 소로 넣어 만든 둥근 바오쯔(包子), 물만두나 찐만두인 쟈오쯔(餃子)와 육즙이 많은 샤오룽바오(小籠包), 계란부침인 허바오단(荷包蛋), 차잎을 넣은 간장에 조린 계란인 차예단(茶葉蛋) 등이 있다.

산둥의 노채(魯菜)는 지난과 교동 두 지역에서 형성된 지방요리다. 바다에 근접해 있어서 해산물 요리가 많은 편이기도 하다. 조개류인 거(蛤), 복어인 하이툰(河豚), 해파리인 하이저(海蜇), 개불인 하이창(海腸), 생선 대가리인 위터우(魚頭), 조기인 황화위(黃花魚) 등의 해산물로 만든 요리가 많다. 칭다오에 가면 바오하이썬(爆海參)과 변발 모양의 생선 볜쯔위(辮子魚)을 즐길 수 있다. 특히 더저우(德州)의 우샹바지(五香扒鷄)는 뼈까지 통째로 먹을 수 있도록 오랫동안 쪄서 부드럽고 쫀득쫀득하다. 이 지역 음식은 약간 짭짤한 편이다.

베이징요리는 원래는 산둥요리의 영향을 받아 발전하였다. 한랭한 기후로 인해 추위에 견디기 쉬운 고열량 음식이 발달하였는데, 강한 화력을 이용한 볶음이나 튀김 요리가 많은 편이다. 베이징의 궁중요리는 요나라와 원나라 시절 중국의 수도였던 베이징 지역에 산둥, 동북, 그리고 네이멍구를 포함한 지역 요리가 전해진 후 고유의 맛과 결합하면서 만들어졌다. 대표적인 궁중요리로는 만한전석(滿漢全席),

(그림 8-16) 만한정석

(그림 8-17) 베이징오리구이

전양석(全羊席), 제비집 수프인 연와(燕窩), 상어 지느러미인 어시(魚翅), 그리고 어두(魚肚) 등이 있다.

대표적인 일반요리로 베이징오리구이(北京烤鴨, Peking duck)가 있다. 최근에는 전취덕(全聚德) 같은 오리구이 식당이 전국에 분점을 두고 있으며 가격도 합리적인 편이다. 구이용 오리는 사육단계부터 강제로 사료를 먹여 살을 찌우고 목탄으로 오리를 굽기 때문에 부드럽고 고소하면서도 향긋하다. 요리사가 108편으로 자른 껍질을 전병에 싸서 먹는데, 탕과 오리 혓바닥 튀김, 오리 내장 요리 등과 함께 먹기도 한다.

이밖에도 장바오지당(醬爆鷄丁, 닭고기를 네모 난 편으로 썰어 장으로 볶은 요리), 충바오양러우(蔥爆羊肉, 양고기와 파를 볶아 만든 요리), 솬양러우(涮羊肉, 얇게 썬 양고기를 육수에 데쳐서 양념장에 찍어 먹는 요리) 등이 있다. 음식을 잘 모르면, 이 식당에서 가장 잘 하는 요리(拿手的菜, 招牌, 特色菜)가 무엇이냐고 물으면 된다.

매콤한 쓰촨요리 천채(川菜)는 청두(成都)와 충칭(重慶)[20] 두 지역에서 주로 형성된 지방 요리이다. 양자강 상류 산악지대인 윈난과 구이저우 지역의 요리도 포함하기도 한다. 바다가 멀고 기후가 한랭하여 악천후를 이겨내기 위해 향신료가 발달하였다. 요리의 특색은 매운맛으로 생강, 고추, 그리고 산초와 유사한 화초(花椒)가 들어간다. 지역적으로 겨울이 춥고도 습해서 몸 안의 한기와 습이 들어오는데, 이를 제거하고 겨울을 건강하게 나기 위해 매운 요리가 개발되었다. 산악지대의 특성상 소금절이와

20) 충칭은 원래 쓰촨성에 속한 도시였으나, 1997년 쓰촨성으로부터 분리되어 별도의 시로 승격되면서 베이징, 톈진, 상하이와 함께 4대 직할시 중 하나가 된다.

건조된 저장식품도 발달하였다.

쓰촨요리로는 마라더우푸(麻辣豆腐, 두부에 매콤하고 걸쭉한 소스를 얹은 요리), 궁바오지딩(宮保鷄丁, 닭고기에 매운 고추와 땅콩을 넣어 볶은 요리), 위샹러우쓰(魚香肉絲, 채로 썬 고기를 어향이 나는 소스로 볶은 요리), 더우반위(豆瓣魚, 익힌 생선 위에 콩으로 만든 장을 얹은 요리), 탕추위(糖醋魚, 생선을 새콤달콤하게 튀긴 요리로 탕수육 맛과 흡사함) 등이 있다.

(그림 8-18) 위샹러우쓰

(그림 8-19) 궁바오지딩

이밖에 온도 유지를 위해 기름을 둥둥 띄운 시뻘건 매운 육수에 들어있는 샤오룽샤(小龍蝦)와 수이주러우펜(水煮肉片), 간샤오밍샤(乾燒明蝦)는 중국 전역에 보편화한 쓰촨음식이다. 중국사람뿐만 아니라 외국인도 선호하는 요리로 자리를 잡았다.

사실 쓰촨요리 중 가장 대표적인 요리는 쓰촨훠궈(四川火鍋)다. 여기서 훠궈(火鍋)란 전골과 유사하다고 보면 된다. 매운탕에 각종 채소와 해산물 및 고기를 넣어 익혀 먹는데, 샤브샤브와 유사한 음식이지만 맛은 아주 매우면서도 얼얼하다. 중국인들은 '쓰촨훠궈를 먹으며 장강(양자강)삼협을 유람하는 것'을 단꿈으로 여기고 있다. 정통 훠궈를 먹어보면 그 맵고 얼얼한 맛에 혀를 내두를 정도여서, 타지 식당에서는 매운맛을 순화시켜 손님에게 내어놓는다.

광둥요리 월채(粵菜)는 광저우, 차오저우, 둥장 세 지역에서 주로 형성된 요리이다. 광둥요리는 중국뿐만 아니라 세계적으로 유명하며, 전국 대도시에는 빠짐없이 광둥식당이 있다. 항구에 위치하면서 16세기부터 해외와의 교류가 빈번함에 따라 전통요리에 서양 요리법이 결합하여 음식의 영역이 넓어지면서 다양한 재료로 다양한 음식을 만들어내었다. 특히 뱀이나 고양이, 쥐 등 대담하면서도 괴이한 음식 재료들이 사용되고 있다.

기후가 더워서 비교적 담백한 맛을 내는 요리가 발달하였고 자연의 맛을 살려 지나치게 익히지 않고 싱거우면서 기름기가 적은 점이 특징이다. 또한 해산물과 기이한 재료를 이용하면서도 서양의 요리법인 쇠고기와 서양 채소, 그리고 캐첩과 굴소스를 사용한 요리가 발달하였다. 우리에게 익숙한 딤섬(點心)도 광둥요리의 하나이다.

장쑤성과 상하이 등지의 소채 또는 회양채는 상하이, 난징, 쑤저우, 양저우 지역의 요리다. 이 지역은 예로부터 어미지향(魚米之鄕)이라고 불릴 정도로 양자강 유역의 풍부한 해산물과 미곡 등 농수산물이 풍부하고 경제가 발달하여 음식이 풍요롭고 색상이 다채로우며 사치스럽다. 이 지역의 특산인 간장을 이용하여 만들기 때문에 맛이 달콤하고 기름지면서도 담백한 맛이 특징이다. 훙사오러우(紅燒肉)와, 두부 요리인 스진더우푸(什錦豆腐), 만두 요리인 화쥐안(花卷)과 각종 생선요리로 유명하다.

중국요리 이름을 보면 대략 재료와 요리 방법을 알 수 있다. 요리 방법 중에서 차오(炒)는 볶음, 카오(烤)는 구이, 정(蒸)은 찜, 자(炸)는 튀김, 주(煮)는 삶음, 둔(炖)은 푹 고음, 젠(煎)은 지짐 또는 졸임을 나타낸다. 재료를 자르는 방법 중에서 폔(片)은 얇게 저미는 것, 쓰(絲)는 채로써는 것, 콰이(塊)는 재료를 크고 두껍게 토막 내는 것, 딩(丁)은 정육면체로 썬 것을 나타낸다. 맛의 표현 중에서 톈(甜)은 단맛, 쏸(酸)은 신맛, 라(辣)는 매운맛, 쿠(苦)는 쓴맛, 센(咸)은 짠맛, 써(澀)는 떫은맛을 나타낸다.

중국인의 음식 습관은 먼저 요리를 즐기고 난 후, 밥이나 면 또는 만두를 마지막에 탕을 곁들여 먹는다. 밥과 함께 먹으려면 음식 주문 시에 밥(米飯)을 미리 주문해야 한다.

중국인들은 또 찬 음식이나 찬 음료, 날것은 잘 먹지 않는다. 음식이 하나씩 나오므로 천천히 이야기하면서 식사를 즐기는 것도 그들의 음식문화 중 하나다. 음식문화 속에는 중국인의 여유가 담겨있다. 중국요리의 풀코스 정식은 보통 아홉 가지에서 열 몇 가지까지 다양한데 먼저 담소를 즐길 수 있도록 차가 나온 후 음식이 하나씩 나온다.

중국인은 음식이 나오는 동안 서로 대화를 나누며 천천히 식사를 즐긴다. 식사시간이 짧은 우리의 식문화와는 대조적이다. 식당에서 식사하거나 초대를 하는 경우가 아닌 집에서 식사할 때는 밥과 반찬 그리고 탕을 함께 차려놓고 먹기도 한다.

중국음식은 담백한 우리 음식보다 기름기가 많은 편이다. 중국음식이 기름져서 외국인에게는 익숙하지 않을 수도 있다. 채소도 기름에 볶아서 먹기 때문에 익숙하지 않다고 말하기도 한다. 그래서 중국에서 유학하는 한국학생은 설사로 고생하고, 한국에 유학을 온 중국학생은 변비로 고생한다는 말이 있을 정도다. 한국에 교환교수로 온 중국인 교수 대부분 학내 식당에서 밥을 먹으면 돌아서자마자 배고픔을 느낀다고 말을 할 정도다. 중국인은 평소 기름진 음식을 습관적으로 먹어왔기 때문에 한국의 담백한 음식을 먹어도 근기가 없다고 체감하는 것이다. 그들이 기름진 음식을 많이 먹고도 체중을 유지하는 이유는 음식과 함께 마시는 차가 기름기를 제거해주기 때문이다.

중국의 독특한 음식 습관을 소개하면 다음과 같다.

우선 중국인도 지역에 따라 개고기를 먹는다. 주로 동북 3성과 산둥 칭저우, 광저우성 및 소수민족 거주지인 구이저우성 등에서 즐겨 먹는다. 명나라 때 이시진의 『본초강목(本草綱目)』에도 개고기의 약효가 소개되고 있고, 풍습을 제거하고 시체

(그림 8-20) 개고기탕 국수

(그림 8-21) 곤충모듬요리

(그림 8-22) 비둘기요리

를 따뜻하게 한다고 하여 우리와 달리 겨울에 보신용으로 먹는다. 수육을 차게 해서 먹는 점이 우리와 다르다.

다음으로 닭요리와 함께 비둘기(鴿)요리와 당나귀 고기, 전갈, 누에 애벌레(蚕), 매미, 바퀴벌레 볶음, 오리 혓바닥 튀김도 즐겨 먹는다. 곰 발바닥 요리는 현재는 금지하고 있지만, 대신에 낙타발(駝掌) 요리를 먹는다.

우리는 어두육미라 하여 생선 대가리를 맛있다고 생각하지만, 중국인들은 배 부위를 가장 맛이 있는 부위로 여겨 손님에게는 배 부위 살을 권한다.

만두전문점에서는 만두를 접시나 개수가 아닌 근으로 달아서 판다. 만두 속에는 부추, 각종 고기, 새우, 개불, 배추 등 우리보다 다양한 소가 들어간다. 해산물 요리 전문점에서도 손님이 주문한 재료를 무게로 계산하여 판다.

일반적으로 담백하게 먹지만, 쓰촨, 충칭, 후난, 산시, 장시 증 지역에서는 상당히 매운 요리를 즐긴다.

중국인들도 날것을 먹는다. 다만 일반인들은 거의 못 먹고 산둥성 교동지방과 광둥성 등 해안지역 사람들이 주로 특정 음식을 날로 먹는다.

북방 사람들은 빵, 면, 만두를 주식으로 삼고 음식이 짭짤한 편이고, 남방 사람들은 주로 쌀밥을 주식으로 삼고 달콤한 맛을 좋아한다.

정식 회식이 아닌 경우, 식사하는 데 격식을 별로 따지지 않는다. 도시락을 사서 서서 먹기도 하고 길을 걸어가며 먹기도 한다. 한편 중국인들은 주로 음식을 따뜻하게 데워 먹고, 물도 찬물보다는 따뜻한 물을 즐겨 마신다.

김은 탕에 넣어 김탕(紫菜湯)으로 먹고, 계란을 삶을 때 찻잎을 넣어 향을 돋우며, 토마토는 생으로 먹기보다는 기름에 계란과 함께 살짝 볶아 먹는다.

소금 간을 한 땅콩 볶음은 전채요리로서 밥과 함께 먹는다.

중국에서는 깻잎을 먹지 않는다. 한국에서 깻잎에 고기를 싸서 먹으면 신기해하는 편이다.

중국에 가면 간판에 '열구(熱狗)'라고 쓰인 포장마차 같은 노점이 있다. 개고기를 따뜻하게 해서 파는 곳이 아니라 '핫도그(hot dog)'를 파는 곳이다. 핫도그는 중국어로 '열구'로 의역하였기 때문이다. 그리고 중국에서는 돼지고기가 소고기보다 비싼 경우가 많은데, 그 이유는 수우(水牛)를 많이 사용하는데, 이 고기는 우리 한우처럼 맛이 나지 않기 때문이다. 그래서 중국에는 소고기보다는 돼지고기, 양, 닭 또는 오리를 주재료로 해서 만든 요리가 많다.

위에서 소개한 것 외에 우리 입맛에 맞는 음식을 소개해보자.

양저우차오판(揚州炒飯): 야채와 고기 볶음밥 / 단차오판(蛋炒飯): 계란 볶음밥 / 샹자주파이(香炸猪排): 소스를 뺀 돼지갈비 튀김 / 차오주차이(炒韭菜): 부추 볶음 / 구라오러우(咕咾肉): 탕수육과 비슷하지만 소스가 좀더 끈적한 요리 / 쏸라탕(酸辣湯): 버섯, 죽순 및 선지를 매콤 새콤하게 끓인 탕 / 간더우푸(乾豆腐): 간장에 절여 말린 두부 / 창위훙오(鲳魚紅燒): 병어조림 / 다쏸러우쓰(大蒜肉絲: 파와 고기 채 볶음 / 자창더우푸(家常豆腐): 간장에 조린 두부 / 양충러우쓰(洋蔥肉絲): 양파와 돼지고기 채 볶음 / 쯔차이지단탕(紫菜鷄蛋湯): 김이 들어간 계란탕 / 샹구칭차이(香菇青菜): 버섯과 야채 볶음 / 성차이카오러우(生菜烤肉): 상추 쌈 고기구이 / 주차이사오단(韭菜燒蛋): 부추 계란 볶음 / 쏸라바이차이(酸辣白菜): 중국식 김치

글을 마치며...

이상으로 중국의 지역문화에 대해 살펴보았다. 중국문화를 좀 더 깊이 있게 파악하려면 중국의 지역문화에 대한 이해를 높여야 하며, 이를 위해서는 각 지역의 생활 모습이나 사회구조를 몸소 체험하고 우리 문화와의 비교를 통해 장점과 단점, 도입해야 할 점과 버려야 할 점 등을 직접 탐색해보아야 한다. 아울러 긍정적이고 적극적인 자세로 사물을 보려고 노력하는 자세가 필요하다.

중국이라는 나라는 지역이 광활하여 짧은 기간에 자세히 이곳저곳을 살펴보기는 힘들다. 그래서 미리 가볼 지역을 선정한 후, 그 지역에 대한 역사문화 유적 관련 자료를 찾아보는 것이 중요하다. 그리고 음식이나 문화 또는 역사 등 한 가지 주제를 정해서 사전에 준비하는 것도 좋다. 최근에는 서적과 인터넷 매체를 통해 중국답사 관련 정보들을 쉽게 얻을 수 있다. 귀중한 해외체험의 시간을 허비하고 유적지나 유물을 보아도 "별거 아니네."라는 식으로 사진 몇 커트 찍고 휙 지나가는 자세는 지양하는 것이 좋다.

해외여행이 예전처럼 빈번하고 자유롭게 이루어졌을 때, 이웃 중국을 방문하여 그들의 지역문화를 직접 체험해보기를 추천하며 글을 마치고자 한다.

〈참고문헌〉

공상철 외, 『중국, 중국인 그리고 중국문화』, 다락원, 2011

권기영, 『마르크스와 공자의 화해』, 푸른숲, 2016

권석환 외, 『중국문화답사기3 : 파촉지역의 천부지국을 찾아서』, 다락원, 2007

김시준 외, 『한반도와 만주의 역사 문화』, 서울대학교출판부, 2003

다케우치 미노루(竹內實) 지음, 김숙이 옮김, 『(가면을 벗어던진) 중국인 중국문화 이야기』, 아주좋은날, 2009

리궁밍 지음, 남종진 옮김, 『광저우의 사람과 문화읽기』, 다산미디어, 1995

소재영, 『동북문화기행』, 집문당, 2002

스위즈 지음, 박지민 옮김, 『중국, 엄청나게 가깝지만 놀라울 만큼 낯선』, 애플북스, 2006

이기훈, 『중국지역문화리포트』, 차이나하우스, 2011

이은상, 『중국, 로컬로 읽다』, 한국학수령보, 2014

이인택, 『문화여행차이니즈』, UUP, 2017

『중국문화의 이해』, UUP, 2013

『중일문화의 이해』, UUP, 2014

『차이나개론』, UUP, 2020

『타이완 원주민 신화의 이해』, 학고방, 2016

『현대중국의 이해』 UUP, 2015

이중톈 지음, 유소영, 심규호 옮김, 『中國도시 중국사람』, 풀빛, 2002

조관희, 『베이징 800년을 걷다』, 푸른 역사, 2015

『中國各民族宗教與神話大詞典』, 學苑出版社, 1993
陳健憲, 『神祇與英雄』, 中華文庫, 1994
顔其香 編, 『中國少數民族風土漫記』, 農村讀物出版社, 2000

안영은, 「소수민족 민간전설 <劉三姐>, 대형 실경공연 <印象劉三姐>로 부활하다.」, 『중국학연구』 57, 2011

<참고사이트>
주한 중국 문화원 http://cccseoul.org
중국 국가 여유국 http://visitchina.or.kr
青海民族文化網 http://www.qhwh.gov.cn/
湖北省文化廳 http://www.hbwh.gov.cn/
安徽省文化廳 http://www.ahwh.gov.cn/
허베이성 경제특구http://news.naver.com/main/read.nhn?mode=LSD&mid=sec&sid1=001&oid=001&aid=0009155497
"해외 인재 끌어오자" 중국, 화교에 5년 장기 비자 발급 http://naver.me/xVmohw4L
시사IN: 중국 정부가 탐내는 2280조 원 화교 자본, http://me2.do/GQFtq7ck
혀끝에서 만나는 중국(산시성 면요리) http://www.sohu.com/a/200109323_100040190
잊지 못할 안후이:https://www.iqiyi.com/v_19rrjd0hx8.html
신문기사, 연합뉴스 / 네이버뉴스